LE MÉTIER DE PATRON

Du même auteur :

Le Pouvoir d'informer, Robert Laffont, 1972.
L'Entreprise à visage humain, Robert Laffont, 1974.
A mi-vie, Stock, 1977.
Questionnaire pour demain, Ramsay, 1979.
L'Art du temps, Fayard, 1983.
Le Retour du courage, Fayard, 1985.

Jean-Louis Servan-Schreiber

LE MÉTIER DE PATRON

suivi de

DIX GRANDS PATRONS

Bernard Arnault. — Carlo De Benedetti.
Vincent Bolloré. — Francis Bouygues.
Alain Chevalier. — Jean-Luc Lagardère.
Antoine Riboud. — André Rousselet.
Bernard Tapie. — Gilbert Trigano.

par Perla Servan-Schreiber

Fayard

Sommaire

Enfin !

C'est bien d'être patron. Enfin !

C'est bien vu. Les patrons ne sont plus des exploiteurs de l'ombre, des licencieurs sadiques, des laquais de la finance internationale. Les voici désormais créateurs de richesses, espoirs de l'emploi, légionnaires de l'export, sentinelles anti O.P.A., voire vedettes médiatiques.

C'est bien vécu. Dans un système social où les politiciens voient fondre leur prestige et leur pouvoir, où les militaires n'osent plus se mettre en uniforme, où les enseignants sont prolétarisés et où chacun n'a pas le talent pour être artiste, être patron vous situe vers la pointe de la pyramide, même quand vous n'avez pas fait Polytechnique.

Dans un pays menacé, ce sont les généraux qui comptent. Dans une nation secouée de conflits, les politiques dominent. Dans une société apaisée et enrichie, les patrons et les amuseurs captivent désormais l'imagination. En attendant, peut-être, le retour des leaders spirituels...

Quelles qu'aient été les vicissitudes de leur image passée, les patrons ont toujours été moins à plaindre que les autres. Mais, aujourd'hui, ils s'éclatent vraiment. La fin du XXe siècle leur est propice.

Que sait-on au juste des chefs d'entreprise ? Qu'ils résolvent des problèmes, disent aux autres ce qu'ils doivent faire, et sont bien payés. C'est un peu court pour décrire une fonction qui peut passer pour le second plus vieux métier du monde : diriger un système humain dans un but productif.

Si beaucoup y aspirent, seuls quelques-uns s'y risquent et peu y excellent. On sent que c'est un métier complexe et multiforme, mais on a du mal à en discerner les facettes et le fonctionnement.

Des ouvrages de management expliquent la problématique des entreprises et de leurs responsables : comment s'organiser, quels choix stratégiques opérer, par quels moyens agir sur le marché, comment optimiser les produits, le service. Cette littérature est abondante et souvent de qualité.

Les souvenirs de P.-D.G. chevronnés se multiplient, ils racontent leurs conquêtes personnelles et leurs dilemmes de façon souvent instructive.

Ce livre résulte, lui, de la fréquentation des meilleurs d'entre eux, que j'ai questionnés comme journaliste ou rencontrés comme collègue, ainsi que des questions que je me suis posées en dirigeant mon propre groupe.

Un patron agit plus qu'il ne réfléchit et

réfléchit plus qu'il n'écrit. J'ai souhaité approcher de l'intérieur un métier qui reste aussi mystérieux que ceux de chef d'orchestre, de médecin ou de cuisinier. Ceux même où l'essentiel ne s'explique que difficilement. S'il existe maintes façons de l'exercer, je ne connais intimement que la mienne, j'ai pu, en observant depuis trente ans le monde des affaires et les bouleversements positifs qu'il a subis, établir quelques points de comparaison.

Il y a tant à dire à ce sujet que ce livre ne peut prétendre, tant s'en faut, être exhaustif. Je l'ai seulement voulu comme un témoignage organisé.

Chemin faisant, Perla, ma femme, et moi avons rencontré plus intensément dix des plus grands patrons, dont elle a tracé les portraits en seconde partie de cet ouvrage. Grâce à leur ouverture et à leur disponibilité, ils nous ont livré des expériences et des exemples qui ont enrichi ces pages.

Quand on les interroge et qu'ils en prennent le temps, les patrons ont beaucoup à dire, et ils aiment ça.

Certes, il existe aussi de mauvais patrons, des médiocres, des étroits, des pervers ou des malhonnêtes. Ni plus ni moins que dans toutes les autres couches sociales. Mais comme ils exercent un pouvoir sur les autres, ça se remarque davantage et les conséquences de leurs carences ou de leurs défauts sont plus graves.

Ceux-là, néanmoins, n'entrent pas dans le cadre de ce livre. Je voudrais seulement dire ici ma sympathie à ceux qui travaillent pour eux.

S'il est bien d'être patron, les patrons sont loin d'être tous bien. Pour le pays, comme pour les salariés, fort heureusement, les chefs d'entreprise consciencieux et performants sont les plus nombreux. Bien que d'envergure et de formation fort variées, ils ont beaucoup de choses en commun dans l'exercice de leurs fonctions. C'est à eux que je voudrais dédier ce livre, afin qu'il contribue à ce qu'ils se sentent moins seuls face à leurs responsabilités et à leurs problèmes.

Mais Perla et moi avons surtout voulu l'écrire pour tous ceux qui, n'étant pas à la tête d'une entreprise, se font souvent de fausses idées sur l'étendue du pouvoir des patrons ou, simplement, la nature exacte de leur activité.

Un métier aussi enviable que difficile ? Chacun répondra à sa guise après avoir lu ce qui suit.

I

La naissance

D'abord, le vouloir très fort. – Le succès plutôt que l'originalité. – L'intelligence du produit. – Caporal de Dieu. – Plus de pouvoirs qu'un ministre. – Faire fortune sans le faire exprès. – Ne pas subir. – Les mains sur les commandes. – Le gène de la réussite. Un raté qui a osé.

Souvent je me suis posé la question : pourquoi tout le monde ne veut-il pas être patron ? Les avantages sont pourtant ceux dont tout un chacun prétend rêver : liberté, pouvoir, argent, statut social.

Or, le club que constitue la gent patronale reste relativement intime. Ils ne sont que 725 000 en France à employer au moins une autre personne qu'eux-mêmes, face à 18 millions de salariés. Et n'est-il pas déjà abusif de mettre du même côté de la barrière François Duchemin, patron du café du coin, et... François Michelin ?

Ce dernier n'y verrait probablement pas d'inconvénients, lui qui déclare : « Vous êtes patron dès lors que vous n'acceptez pas d'être un employé. » Une envie commune à beaucoup de

Français, puisque plus d'un quart d'entre eux aimeraient « créer leur boîte ». Mais, comme le rappelait volontiers McLuhan, « quand tout aura été dit et fait, beaucoup plus aura été dit que fait ! »

Créer une entreprise ! Une pulsion mystérieuse qui vous fait passer de l'autre côté du miroir. Pourquoi un chômeur de Béziers lancera-t-il un service de dépannage, alors qu'un énarque-polytechnicien de Neuilly restera cadre de direction jusqu'à sa retraite ?

Certes, ce dirigeant diplômé aurait pu, après vingt ou trente ans de loyaux services, devenir lui-même patron du grand groupe qui l'employait. C'est d'ailleurs l'occasion de souligner que beaucoup de patrons ne sont jamais que des salariés révocables, ainsi que l'a reconnu Alain Chevalier en quittant L.V.M.H. Mais ils n'en sont pas moins patrons, investis, tant qu'ils sont là, de la décision finale.

Du petit entrepreneur au haut fonctionnaire d'entreprise, l'accès au club reste étonnamment varié. La chance y joue un grand rôle : absolue pour ceux qui, de naissance, s'appellent Martin Bouygues ou Serge Dassault ; ou relative pour celui qui se voit proposer la place de son patron, brutalement arraché à l'affection de ses actionnaires par un chasseur de têtes.

Mais, la chance advenue, encore faut-il conserver son fauteuil, c'est-à-dire manifester des « qualités de patron », expression fourre-tout qui inclut une grande partie de ce qui sera évoqué dans ces pages. Qu'ont donc déjà en commun ceux qui, à vingt-cinq ou soixante ans, font leur entrée dans le club ?

Pour devenir patron, il faut d'abord le vouloir très fort.

Assez pour, un jour, ouvrir boutique avec ses économies et une hypothèque sur son appartement, ou assez pour avoir semé les concurrents au long de l'interminable rallye qui mène à la tête d'une multinationale.

D'abord, donc, la volonté, voire l'obsession. La compétence, les diplômes, les idées ne viennent qu'après. C'est peut-être pour cela que d'anciens cancres comme Antoine Riboud deviennent de grands industriels, et que bien peu d'ingénieurs des Ponts, la crème des brillants sujets, finissent à la tête d'une entreprise.

Un patron, c'est une énergie. C'est pourquoi la volonté qui le porte vers ce rôle me paraît être plus proche d'une pulsion, servie par l'inconscience. Celle même qui nous pousse à faire des enfants sans heureusement en mesurer toutes les conséquences ni évaluer la durée de ces dernières. Inconscience au moins partielle vis-à-vis des tensions, des dilemmes, des conflits et des coups durs qui l'emportent souvent sur l'aisance et la liberté du patron. Mais pulsion tenace, envie irrépressible de sortir du lot, de connaître un destin singulier.

Quant à la manière de l'assouvir, de donner corps à cette urgence d'être patron, elle prend, chez ceux qui choisissent la voie de l'entrepreneur, des masques variés :

L'INNOVATEUR. — Il porte l'idée d'un produit ou d'un service que, croit-il, personne n'a encore eue avant lui. Ce peut être Philippe Kahn : ce professeur de mathématiques français lance à trente ans un logiciel qui fera de lui un milliardaire de la Silicon Valley. Mais ce peut être aussi une jeune femme déterminée qui implante une laverie automatique dans un quartier qui en manquait.

Le patron innovateur est rarement un véritable inventeur, talent qui ne va pas toujours de pair avec le sens du commerce :

Roland Moreno, après avoir mis au point la carte à puce, a végété dix ans avant d'empocher de vraies royalties. L'innovateur préférera même que l'idée ait fait ses preuves ailleurs. Imiter ne l'embarrasse pas, il recherche moins l'originalité que le succès.

L'innovation ne réside donc pas forcément dans un produit nouveau : elle peut se manifester par un prix ou un tarif, une façon de faire, un segment de public auquel elle s'adresse.

L'IMPATIENT. — Il repère vite les manques ou les défauts d'une organisation ou d'un système. Au lieu de se contenter de les analyser, il décide d'y remédier au sein de son équipe, de son service ou de sa firme. Un tempérament qu'on aime bien compter au nombre de ses collaborateurs et à qui l'on est ravi de donner de l'avancement.

Mais, comme toutes les firmes ne supportent pas ces réveilleurs, ils décident souvent d'aller exercer leurs talents ailleurs. Lee Iaccoca a ainsi quitté Ford, où il était numéro 2, pour devenir président de Chrysler et... entrer au Panthéon des managers.

Avant de devenir le patron fonceur de Carnaud, Jean-Marie Descarpentries s'était, par son activisme, rendu un peu insupportable chez Saint-Gobain.

En France, l'impatient-type est le haut fonctionnaire qui « craque » devant les lenteurs de l'Administration, comme Antoine Jeancourt Galignani qui abandonna en 1973 la direction du Trésor pour devenir banquier. Il est maintenant patron d'Indosuez.

L'ARTISAN. — Sous la veste croisée de beaucoup de grands patrons vibre encore quelquefois l'artisan qui aime les objets, le travail bien fait, et qui regrette à l'occasion de ne plus mettre lui-même les mains dans le cambouis.

André Rousselet, maître de Canal +, mais aussi des Taxis G7, évoque avec gourmandise l'intérêt qu'il y a à peser les boulons plutôt qu'à les compter, quand on veut optimiser les stocks dans ses garages. Le bureau de Maurice

Roger, P.-D.G des parfums Dior, est encombré de flacons d'essences précieuses : ce polytechnicien s'est découvert sur le tard une vocation de « nez », et ne laisse à personne le choix final de l'effluve sur lequel Dior investira 25 millions de dollars de promotion planétaire.

Dire d'un patron qu'il est un artisan ne passe pas pour un compliment, mais indiquerait plutôt qu'il a du mal à prendre de la hauteur. Pourtant, ceux d'entre eux qui ont su grandir tout en restant « artisans » disposent d'un *plus* qu'on ne peut apprendre dans aucune business-school : l'intelligence du produit.

On reconnaît d'ailleurs les entrepreneurs-artisans à ce qu'ils ont donné leur nom à leur entreprise, comme Ford, Bouygues, Hermès ou Afflelou... plutôt que C.G.E., U.A.P. ou SNECMA.

LE FILS. — Peut-on se trouver patron « de naissance » sans avoir pour autant hérité de l'entreprise familiale ? Les biologistes n'ayant pas encore pu identifier de chromosome patronal, il s'agirait plutôt d'un effet de l'environnement, bref, d'un mimétisme. Pour ma part, je reconnais ce type d'influence. Dernier enfant d'une famille de patrons — mon père le fut dans la presse, comme ensuite mon frère, ainsi que certains de mes beaux-frères —, je n'en étais pas moins, à dix-huit ans, tenté par le service public. Puis une sorte de naturel a dû reprendre le dessus : ça se faisait, chez nous, de lancer son journal. Un jour, vers ma vingt-huitième année, l'envie m'en a pris et j'ai suivi ma pente...

LE FUTÉ. — A l'école de la vie, il a compris deux ou trois choses utiles sur un métier ou sur le monde des affaires. Il se découvre bientôt l'envie de faire pour lui-même ce qu'il a appris à faire chez les autres et pour les autres.

C'est la tradition du compagnonnage : une fois accompli son tour de France, le bon ouvrier se mettait à son compte. La version moderne en serait l'histoire des débuts de Bernard Tapie : après avoir assimilé, dans un cabinet de conseil, les raisons pour lesquelles les entreprises faisaient faillite et les moyens de les redresser, il a décidé de se lancer lui-même dans la reprise d'affaires en péril ou en naufrage pour assouvir son envie de s'amuser et de gagner beaucoup d'argent.

Plus couramment, c'est par dizaines que des ingénieurs commerciaux, formés par cinq ou sept ans d'I.B.M., créent ensuite leur propre société de service informatique. Il arrive même que la grande maison les y aide, car elle y voit un moyen d'étendre en profondeur son réseau.

Ces quelques exemples n'épuisent évidemment pas la palette des tempéraments d'entrepreneurs, et les chances de réussite sont d'autant plus importantes si le futur patron sait doser un savant cocktail de toutes ces motivations.

A notre question de départ : « Pourquoi devient-on patron ? » — et ce, que l'on ait créé ou non son entreprise —, les réponses les plus évidentes n'en semblent pas moins être les bonnes : pouvoir, argent, liberté, création.

Dans le meilleur des cas, le patron parvient à les réunir toutes en proportions égales. Mais, à l'observation, il paraît plutôt obéir à une dominante.

POUVOIR. — Pour être patron, il faut du pouvoir, mais devient-on patron pour avoir du pouvoir ?

Depuis que l'Éternel nous a astreints à gagner notre pain à la sueur de notre front, on mange de moins en moins de pain et l'on ne transpire au bureau que lorsque le climatiseur est déréglé. Pourtant, aux yeux de l'immense majorité des salariés, le travail reste — au mieux — un mal nécessaire. De ce fait, le rôle de patron comporte une dimension de contrainte sur les autres qui en fait, en somme, le caporal de Dieu.

Être patron, c'est donc aussi faire faire aux autres ce qu'ils se passeraient bien de faire, ou le leur faire faire autrement qu'ils n'auraient eux-mêmes choisi de le faire.

A l'instar de Zazie qui affirmait vouloir plus tard « être prof pour faire chier les mômes », certains patrons prennent plaisir à cet aspect de leur rôle. A chacun ses obscures revanches. Mais j'ai constaté que la plupart le relègue plutôt au rang des servitudes du métier.

Car même si le patron n'est guère loquace, sa fonction l'oblige à employer au moins quatre expressions : « non », « si » (en réponse à un non), « on y va » et « c'est fini » — des mots qui, pour trouver leur efficacité, doivent émaner d'un pouvoir solide. Le sceptre du patron, qui confère le poids nécessaire à ses injonctions et fait admettre leurs éventuelles conséquences déplaisantes, c'est sa légitimité : cette source de son pouvoir méritera un chapitre particulier.

Même si l'exercice de ce pouvoir suscite parfois une satisfaction fugace, comme celle que procure l'usage des muscles dans l'effort physique, je l'apparente davantage, pour ma part, au maniement d'un outil qu'à un plaisir recherché. Mais peut-être suis-je en l'occurence resté naïf...

En France, reconnaissons-le, une portion non négligeable de notre système économique demeure à cet égard entre chien et loup. Outre un secteur public et nationalisé encore solide et plantureux, n'entretenons-nous pas un remarquable élevage d'animaux racés, les grands commis de l'État, pour qui, passé la quarantaine, les affaires ne sont rien d'autre que la continuation de la politique par d'autres moyens ?

A un maroquin, les plus avisés d'entre eux

préfèrent la présidence d'une banque ou d'une compagnie d'assurances. C'est plus durable (malgré quelques accidents post-électoraux), mieux rémunéré, et, à cette place, au moins sont-ils vraiment patrons. Car bien plus qu'un ministre, un P.-D.G. dispose d'un pouvoir considérable sur les investissements, les projets, les personnes. Même celui d'un Président de la République, quoique infiniment plus étendu, est, dans le concret, moins absolu. De nos jours, si l'on préfère ne pas être second à Rome, on choisit de devenir Président-Directeur général.

Personnellement, je n'ai pas recherché le métier de patron de presse pour le pouvoir qu'il conférait. Je me suis ainsi évité une déception, car le temps des Bavastro n'est plus. Le patron de *Nice-Matin* s'était rendu célèbre dans la profession par la dictature qu'il exerçait sur le contenu de son journal, interdisant à sa rédaction de mentionner quiconque lui déplaisait, allant même jusqu'à faire retoucher les photos de groupe pour en éliminer ceux qu'il voulait — au sens propre — anéantir !

Depuis vingt ans, en même temps que le professionnalisme, s'est développé chez les journalistes un esprit de corps doublé d'une éthique d'indépendance aussi fondée que sourcilleuse. Un patron de presse qui souhaite que son entreprise soit saine tient en priorité à ce que ses journaux soient bons, pour être lus et compétitifs. Aussi doit-il recruter et surtout conserver les meilleurs rédacteurs, qui ne travaillent bien qu'en liberté et n'acceptent qu'une tutelle exercée avec délicatesse et discernement.

Les récentes tentatives d'utilisation directe d'organes de presse pour défendre les idées politiques de leurs propriétaires se sont soldées en 1987 par la vente de *L'Express* par Jimmy Goldsmith et, en 1988, par le recrutement à la tête de la rédaction du *Figaro*, fleuron du groupe de Robert Hersant, de Franz-Olivier Giesbert, qui venait de passer seize ans au *Nouvel Observateur*, autrement dit dans le camp d'en face.

Cependant, ne sous-estimons pas tout à fait le pouvoir d'un patron de presse : s'il entretient un rapport confiant avec sa rédaction, il pourra obtenir que, plutôt que d'assassiner le livre ou le film d'un ami, on le passe complètement sous silence...

ARGENT. — Plus que celle du pouvoir, la recherche de l'argent est reconnue et de plus en plus admise parmi les motivations patronales.

Chez le petit entrepreneur à ses débuts, la récompense est d'échapper aux normes trop strictes du salariat. S'il fait précisément ses comptes, il s'apercevra souvent que, les premières années, son revenu reste inférieur à la paie qu'il aurait perçue en tant que cadre. Mais il continuera néanmoins à préférer les contraintes du réel à l'arbitraire d'un supérieur.

Plus tard, quand son entreprise sera sortie de couveuse et qu'elle commencera à faire plaisir à ses banquiers, le patron pourra arrondir ses émoluments, mais, surtout, ses avantages en nature. Il pourra enfin goûter aux délices du Monopoly fiscal dont les salariés ne connaissent que quelques menus reliefs. En contrepartie, il sera probablement amené à défendre un jour son point de vue devant un contrôleur des Impôts.

Quant aux grands patrons, nous verrons qu'un seul, dans notre échantillon, reconnaît avoir voulu être patron pour faire fortune. Les autres sont peut-être plus hypocrites, mais beaucoup n'y ont simplement pas pensé à temps. Des hommes qui ont construit des firmes mondiales, comme Antoine Riboud ou Gilbert Trigano, n'ont accumulé qu'un patrimoine relativement modeste. Il leur arrive de le regretter.

Pour ma part, j'ai dirigé mon groupe pendant dix ans, content de percevoir une bonne rémunération, avant de me rendre compte que je m'étais dans le même temps, comme actionnaire, constitué un capital. Faire fortune sans le faire exprès, ne serait-ce pas là le fantasme de nombre de patrons qui n'ont la tête financière que pour le bien de leur entreprise ?...

L'argent aussi méritera un chapitre spécial, mais, dès à présent, risquons cette affirmation : on choisit rarement de devenir patron pour faire fortune, mais, si l'on veut faire fortune, il faut être son propre patron.

Si le pouvoir et l'argent jouent ainsi un rôle dans l'attirance pour le métier de patron, ils sont rarement l'incitation primordiale des vrais patrons. La raison en est simple : ceux qui se lanceraient dans l'aventure pour l'un de ces deux motifs — ou pour les deux — risqueraient fort d'échouer, car ils auraient pris l'accessoire pour l'essentiel.

LIBERTÉ. — Pour affronter les incertitudes et les rigueurs (il y en a) du métier de patron, il faut une énergie plus fondamentale, plus durable et plus originale que la volonté de pouvoir ou l'appât du gain : le goût de la liberté. Dans notre société urbaine et salariée, la définition la plus simple du patron pourrait être : quelqu'un qui n'a pas de patron. Un privilège qu'il ne partage guère qu'avec les artistes, les agriculteurs et les inactifs. Voilà ce qui, pour beaucoup, fait l'intérêt décisif du métier.

La devise commune à tous les patrons pourrait être celle du maréchal de Lattre : « *Ne pas subir* ». Au demeurant, ceux qui ont goûté à cette indépendance ont bien du mal, le cas échéant, à rentrer dans le rang. L'entrepreneur qui se lance sent qu'il rompt les amarres. Si d'aventure il doit un jour s'y soumettre à nouveau, il conservera de cette liberté une nostalgie de tous les instants. S'il se remettait alors facilement de l'avoir perdue, c'est qu'il n'avait pas un tempérament de patron et s'était trompé d'emploi.

Chez tout patron authentique, il y a du Jean Bart, corsaire mais pas pirate. A la tête de l'équipage sans lequel il ne peut rien, c'est lui qui choisit la course, désigne le cap et prépare les coups. Maître après Dieu — éventuellement aussi après son Conseil d'administration —, il peut donner leur plein essor à ses goûts de liberté.

Telle est en tout cas l'image d'Épinal qu'ont dans la tête ceux qui n'ont pas encore accédé à la dunette. Bien entendu, la réalité est embellie : on oublie les tempêtes, les avaries, les vents contraires. Mais, quel que soit le chemin emprunté, ces turbulences ne sont-elles pas inhérentes au fait de vivre ? Même simpliste, le mythe du patron qui, en contrepartie des risques, échappe aux contraintes de la masse, joue aujourd'hui un rôle déterminant, car il contribue à sélectionner les individus qui vibrent à cette idée.

Les candidats patrons les plus réalistes préfèrent eux-mêmes affronter les ennuis et les nuits blanches plutôt que recevoir des ordres. Certes, une fois qu'ils auront des actionnaires, ils devront accepter de leur rendre des comptes. Mais en renouvelant ainsi périodiquement leur contrat, ils continueront d'éviter les injonctions trop directes, car ils savent que tant que les comptes seront bons, ils conserveront leur autonomie. Sauf, bien sûr, si leur capital devient la proie d'une O.P.A. ou si, patrons d'entreprises publiques, ils appartiennent au camp qui vient de perdre les élections...

Enserrés dans un réseau de rapports sociaux, financiers, juridiques, soumis aux lois du marché et à la conjoncture, dépendants de leurs banquiers, surveillés par les syndicats et par leurs actionnaires, les chefs d'entreprise ne sont-ils pas, malgré tout, plus libres que ceux qui, dans le cadre du même système, ne sont pas patrons ?

Quelles que soient la sophistication et la taille de l'entreprise, voilà en tout cas un fantasme royal pour roturier !

CRÉATION. — Si l'appétit de liberté est commun à tous les patrons, un autre trait est requis de chacun : le goût de l'action créatrice.

Toute création est transgression. Décider qu'il y aura quelque chose là où auparavant il n'y avait rien, n'est-ce pas se prendre peu ou prou pour le Bon Dieu ? Perspective dérangeante pour la plupart, mais fascinante aux yeux de quelques-uns, même si ceux-ci savent que ce sera dur, comme pour certaines femmes de donner le jour à un enfant, ou pour l'artiste de réaliser son œuvre. Imprimer sa marque sur son environnement, modeler la réalité, n'est-ce pas à la fois un orgueil insensé et l'expression naturelle de sa vitalité ?

Une famille, une maison, un empire... pourquoi pas une entreprise, cette invention de l'époque moderne où se combinent le goût de l'action, celui des échanges humains et de l'argent ? Une création sur mesure, dont la taille, la complexité, les développements exprimeront au mieux le tempérament de son auteur.

Plus que la moyenne de ses contemporains, le chef d'entreprise recherche des résultats rapides et tangibles. Il s'est avisé que le meilleur moyen d'y parvenir était encore d'avoir les mains sur les commandes. L'impatience est son moteur. Les frustrations dues aux déperditions d'énergie, aux rivalités de clans, aux délais inutiles, propres aux grandes organisations, ont fait naître bien plus de vocations d'entrepreneurs que l'envie de frimer en B.M.W...

Ce tempérament en quête de liberté et d'action, le patron l'a en commun avec tous les créateurs, qu'ils soient architectes, écrivains ou fondateurs d'ordres religieux, et il se manifeste non seulement à la naissance de l'entreprise, mais chaque jour de son existence. Par ses innombrables micro- et méga-décisions, le chef d'entreprise façonne sa « maison » comme un sculpteur, avec son ciseau, dégage peu à peu les traits de sa statue.

Sans mettre d'emphase ni de transcendance dans ce terme, répétons qu'une entreprise est avant tout une œuvre. Tout être humain en liberté est habité par ce besoin de se consacrer à une œuvre, qu'elle soit petit potager ou grande pyramide. Même à son insu, le patron fait l'entreprise à son image. S'il est modeste, elle restera petite ; s'il est esthète, il finira par se construire ou s'aménager un siège social marquant ; s'il aime les voyages, il recherchera des alliances internationales ; s'il a besoin de stimulation intellectuelle, il s'entourera de hauts diplômés ou de brillants journalistes.

Dès que j'ai commencé à travailler, j'ai senti que l'un des privilèges du patron était de pouvoir façonner son environnement.

Créer les produits dont on ressent soi-même le besoin, quelle délectation ! J'avais envie de lire *L'Expansion* : je l'ai lancée. Je recherchais des agendas plus raffinés que ceux qu'offrait le marché ; je les ai fabriqués. Je rêvais d'une radio émettant de la grande musique en continu : j'ai fait naître *Radio Classique*, dont je profite encore chaque jour.

Qu'il ait créé sa firme à partir de rien, comme Darty, ou qu'il l'ait construite en redéfinissant une forme préexistante, comme Lagardère, le patron est un créateur. Il peut se dire intérieurement (et pourquoi s'en priverait-il ?) : « Si, certain jour, je ne l'avais pas voulu, il n'y aurait pas là cent ou dix mille personnes en train de travailler ensemble. » A partir de l'idée fondatrice, l'édifice n'a pu se constituer que parce qu'une foule de collaborateurs se sont montrés créatifs et laborieux ; mais il a bien fallu qu'au départ, un seul sème la graine. Je ne pense pas qu'il y ait lieu d'en tirer une gloire particulière ;

du moins doit-on apprécier la chance qu'on a eue de pouvoir le faire.

Compte tenu des nombreux avantages de la position de patron, on s'étonne que si peu de ceux qui rêvent d'y accéder passent à l'acte, même si l'on sait combien il est souvent difficile de réunir les conditions et les moyens nécessaires pour y parvenir. Il en va des patrons comme des acteurs ou des écrivains : ceux qui ont envie de l'être sont bien plus nombreux que ceux qui ont les compétences et, surtout, le tempérament requis.

Le tempérament d'un individu joue assurément un rôle décisif dans son destin, mais on distingue encore mal entre ce qui lui est donné à la naissance et ce qui résultera ultérieurement de son éducation et de l'influence de son environnement. Peut-être la science du cerveau, en fulgurants progrès, permettra-t-elle un jour de mieux le comprendre ? Pour l'heure, il semble plus pratique de distinguer entre ce qui nous échoit de la première phase formatrice, vécue sans effort conscient (chromosomes + élevage familial précoce), et ce que l'on apprend par la suite (école + expérience).

Ce qui s'apparente à un instinct (comme le désir d'autonomie, le goût pour l'action) ou à des traits de caractère (comme l'aptitude à diriger les autres, à préférer les premiers rôles), se forme vraisemblablement dès les premières années de la vie. Pour sa part, Bernard Tapie est persuadé que l'on « naît avec le gène de la réussite » — ou sans. On peut toutefois se tromper : adolescent, Gilbert Trigano ne se croyait-il pas fait pour les planches ?

Le reste, qui est moins important — c'est-à-dire les connaissances et certaines compétences — peut s'apprendre. S'apprendre où ? Bien plus sur le tas, à l'expérience, qu'en classe.

Il n'y a pas d'écoles de patrons. Peut-être parce qu'on ne verrait s'y inscrire que des prétentieux. Les écoles commerciales ou les *business-schools* n'enseignent pas le métier de patron, mais une culture générale des affaires qui intellectualise (un peu) les futures fonctions de cadres dirigeants. Elles ne peuvent guère aller au-delà, car le patron ne se révèle et ne s'instruit qu'au contact de la réalité. C'est dans sa manière de l'aborder et de la traiter qu'il se distinguera des autres.

Le réel, les jeunes cadres supérieurs s'y frottent au cours de leurs premières années dans une entreprise, jusqu'au jour où quelques-uns se sentent à même de créer la leur. Quant aux jeunes entrepreneurs qui n'ont pas pris le temps de fréquenter les comités de direction, ils apprendront au feu. S'ils survivent...

L'ENA, H.E.C., Polytechnique n'enseignent pas le métier de patron. Elles forment des gens qui ont plus de chances que d'autres de devenir patrons de grandes firmes, mais rarement des entrepreneurs.

A croire que l'entrepreneur, ce Zorro des statistiques du chômage, serait le raté d'un système qui lui proposait des voies plus balisées, plus convenables. Mais c'est un raté qui a eu assez de confiance en soi pour oser...

L'entrepreneur qui vient de lancer sa première entreprise est aussi ému qu'une mère tenant son nourrisson contre elle. La créature bouge, crie, mais va-t-elle durer ? Même si l'on croit avoir tout imaginé d'avance, préparé des étapes, organisé le financement, soigné la promotion, on est toujours étonné de constater qu'en définitive, ça marche !

Les clients vont-ils continuer à acheter les produits ? Et si, dans un mois, ils cessaient subitement de le faire ? Et tous ces collaborateurs grâce auxquels l'affaire semble tourner, reviendront-ils demain matin ?

Il faudra au nouveau patron un certain temps pour surmonter l'angoisse de la précarité. Vingt ans après, on peut en rire. Mais j'y pense quelquefois : comment cela a-t-il même pu durer vingt ans ?

Deux étonnements successifs : d'abord, que cette boîte existe, puis qu'elle dure !

De même que, pour créer, il a fallu des dispositions particulières, on peut décrire d'emblée ce qui garantira la longévité de ce nouvel et fragile organisme. (La mortalité des entreprises est d'environ 20 % avant un an, et 30 % avant deux ans.) Bien entendu, il y faudra des collaborateurs de qualité, un financement adéquat, une bonne organisation, et pas mal de chance. Plus important encore, en particulier de la part du patron, il faudra faire montre d'une capacité à changer constamment, afin de maintenir la vitalité de l'entreprise, comme une bicyclette demeure en équilibre par l'effet de son mouvement en avant. Cette aptitude à anticiper les modifications alentour, puis à s'y adapter, génère de la fatigue et parfois des drames, mais elle est encore plus nécessaire qu'un solide capital ou un équipement dernier cri.

On voit ainsi se dessiner le profil du patron naissant : au départ, plus que d'autres, il aspire à l'indépendance, aime l'action et les résultats ; puis il préserve le plus longtemps possible son aptitude au changement : savoir changer soi-même de rôle et de point de vue, pour que l'entreprise ne soit pas bridée par les propres limites de son chef.

Nous verrons en effet que l'entreprise, en voguant vers l'inévitable croissance, exigera de son patron qu'il accepte de nouvelles fonctions tout aussi nécessaires, mais de plus en plus abstraites. Constatant alors qu'il n'a plus le temps de traiter que de négociations, de recrutements et de restructurations, il regrettera l'époque où il s'occupait directement des produits, comme on a la nostalgie de ses années de jeunesse. Mais c'est le métier !

II

La fonction

Ce qu'il faut pour que la boîte tourne. – Un comité n'oserait pas. – La capacité de simplifier. – Trancher, c'est parier. – Et il doute en secret. – La solitude de l'homme-orchestre. – Inventer son propre job. – Savoir ce qui se passe mal. – Le joueur devenu arbitre. – Faire ce que personne d'autre ne fera.

A la Boulonnerie Savoyarde, le patron, c'est Maurice. Comme il habite le pavillon attenant à l'usine, c'est lui qui ouvre les ateliers à 7 heures. Puis il distribue les plannings de production et en discute avec les contremaîtres. Plusieurs fois par jour, les ouvriers le voient passer dans les travées, il les tutoie tous, plaisante un peu, plonge la main dans les bacs pour en sortir une pièce. En cas de panne, il est tout de suite là et fait le diagnostic : on répare si ce n'est pas grave, ou on appelle le représentant du fabricant allemand. De temps à autre, les salariés le voient partir en costume-cravate ; ils savent que ce doit être pour une visite à son banquier, à Annecy, ou qu'il va faire un saut à Paris afin de négocier avec le chef des achats de P.S.A., principal client de la boulonnerie.

Rue d'Astorg, à Paris, l'entrée ordinaire d'un immeuble datant du XIXe siècle. En fait, c'est tout le pâté de maisons qu'occupe l'état-major de la Générale des Eaux, l'un des géants de l'industrie et des services (120 000 employés, 1,2 milliard de profits nets en 1988). Tout de suite à gauche, par un escalier privé d'un étage, Guy Dejouany, le président, accède par une antichambre rouge à son immense bureau. Deux grandes tables et deux consoles sont entièrement couvertes de centaines de dossiers parmi lesquels il est évidemment le seul à pouvoir se retrouver.

Cet homme qui règne sur des dizaines de sociétés et filiales, qui construit des hôtels en Corée du Nord et assure le câblage de la France, est encore plus discret que puissant. Dès 8 h 15, petit-déjeuner de travail, dans sa salle à manger mansardée, avec un directeur de cabinet, un journaliste ou un partenaire étranger. Puis il reçoit, préside des réunions, visite des ministères, participe à de nombreux conseils d'administration grâce auxquels il entretient son réseau d'alliances et d'amitiés. Il questionne, s'informe, mais ne révèle presque rien, malgré une courtoisie appuyée. De temps à autre, il contrôle la rédaction d'un communiqué annonçant une fusion, un rachat ou quelque contrat international.

Qu'y a-t-il de commun entre ces deux hommes, tous deux P.-D.G. d'une société anonyme ? Peu de choses en apparence, et pourtant deux traits essentiels : c'est à eux de décider en dernier ressort, et ce sont eux qui assument la responsabilité des résultats de fin d'année. Pour le meilleur et pour le pire.

Si l'on souhaite préciser exactement la fonction d'un patron par rapport à celle d'un cadre de direction, impossible de trouver la réponse dans les manuels. Le droit commercial et les statuts des sociétés anonymes définissent pouvoirs et responsabilités, mais ne disent pas en quoi consistent le rôle et le travail du patron.

A quoi sert Maurice ? A faire lui-même les livraisons si le chauffeur est malade ? A quoi sert Guy Dejouany ? A entretenir un bon contact avec le ministre des Finances ? Ils font ce qu'il faut pour que leur boîte tourne.

Si l'on veut synthétiser ce qu'il y a de commun dans leur fonction, quatre termes paraissent recouvrir les bases de ce métier mal défini : MODÉLISER, FAIRE FAIRE, INCARNER, et, bien sûr, DÉCIDER.

Le dernier est central et fera à lui seul l'objet du prochain chapitre. Les autres ne sont pas moins essentiels.

MODÉLISER. — Warren Bennis, un des meilleurs observateurs du *business* américain, a consacré une étude à près de 900 chefs d'entreprises parmi les plus « *successful* », afin de percer le secret de leur réussite. Le point auquel, après réflexion, il accorde priorité, est ce qu'il nomme la « vision ». Le patron doit définir l'horizon vers lequel va l'entreprise, et savoir le communiquer à ceux avec qui il travaille.

On oscille là entre le simpliste et le complexe.

Dans le genre simple, Bernard Arnault qui, après avoir racheté Boussac et Dior, se promet à lui-même et déclare à ses troupes, à la fin de 1986 : « Nous devons être, d'ici dix ans, le numéro un mondial du luxe. » Moins de dix-huit mois plus tard, il devient l'actionnaire de référence, puis le président de L.V.M.H. Coup de chance et d'habileté, certes, mais orienté par ce défi qui aurait pu paraître à première vue enfantin...

Dans le complexe, Jean-Luc Lagardère à qui les circonstances ont permis de bâtir un ensemble regroupant Matra (armement et électronique) et Hachette (communication). Sa vision très personnelle : en dix ans, faire de ces deux pôles, *a priori* sans grands rapports, un ensemble cohérent et « synergique ». Seul un individu est à même de définir et assumer un pareil objectif ; un comité n'oserait pas.

Au terme de « vision », je préfère toutefois celui de « modèle », plus pragmatique et moins emphatique. S'appliquant à une entreprise, qui reste par définition une organisation à but lucratif, les termes de « philosophie » et de

« vision » m'ont toujours paru habiller un peu large...

Le patron doit donc imaginer, puis communiquer aux autres un modèle de l'entreprise. Je prends le mot dans ses deux acceptions : un idéal dont on essaie de se rapprocher ; la maquette en réduction d'un système, qui permet de mieux appréhender son fonctionnement. Le modèle idéal décrit un horizon, un objectif à long terme ; la maquette permet de savoir où on en est par rapport au but recherché.

Pour remplir ce rôle de modélisateur, le chef d'entreprise a besoin d'imagination et d'une bonne aptitude à simplifier.

Une entreprise est un système vivant, donc très complexe. Il s'y passe chaque jour des milliers de petits événements, et chacun de ceux qui y travaillent a son point de vue sur ce qui doit se faire. Les directions, les choix possibles sont à tout moment multiples. Si l'on s'évertue à avoir tout cela à l'esprit, on est aussitôt débordé par la profusion des éléments.

Simplifier, c'est se dire par exemple : « La production, ça va, les ventes, ça va, les responsables sont bons. Mais le budget, depuis trois mois, dérape sur le prix d'achat des matériaux de base. Y a-t-il mauvaise organisation, manque d'énergie pour trouver d'autres fournisseurs, un peu trop de copinage, voire pire ? C'est des achats qu'il faut que je m'occupe sans tarder. Il y a probablement aussi des problèmes à la production et aux ventes, mais j'estime qu'il sera temps de m'en occuper plus tard. »

Comme l'entreprise est le monde du relatif, la simplification quotidienne s'impose pour faire ressortir les priorités, car il est impossible d'être disponible pour tous en même temps.

Partout, dans ce grand système, des respon sables à divers niveaux choisissent, chaque matin, chaque mois, les priorités de leur sous-système. Avec son petit modèle, le patron doit définir celles de la globalité de l'entreprise, afin de ramener constamment l'attention sur ce qui pourrait mettre en péril les objectifs.

Le patron d'une grande firme devra ne veiller que d'un œil sur les affaires courantes, mais concentrer sa réflexion, ses contacts, ses négociations sur la solution de problèmes qui conditionnent l'avenir à cinq ou dix ans.

Hélas, la bonne priorité ne vient pas toujours à l'esprit du patron. Devenu vieux, Jean Mantelet n'a pas su tirer les conséquences du fait que tout le monde faisait désormais du Moulinex (petit électro-ménager bon marché). Ayant conduit sa firme au bord du gouffre, il fut contraint de laisser la définition des priorités à un état-major plus jeune et plus averti.

Il arrive que ce « jeu des priorités » confine le patron dans un rôle obtus. Face à des collaborateurs qui lui présentent quotidiennement leurs urgences et leurs propres priorités, il doit les rappeler obstinément à l'essentiel, donc souvent dire « non » ou « plus tard ». Pour éviter le plus possible d'en arriver là, il lui revient de se faire en permanence le propagandiste de son modèle, afin que chacun le partage et s'aligne spontanément sur les mêmes priorités.

Mais comme l'entreprise évolue dans un environnement changeant, ce modèle doit à son tour s'ajuster constamment aux circonstances.

Ainsi, dans mon métier, la presse, les recettes de publicité sont la variable cruciale dont dépend le profit. En préparant le budget de l'année, nous établissons pour chaque journal des prévisions de recettes assez faibles. De leur niveau peut se déduire un bénéfice, lequel détermine le niveau de l'investissement à consacrer par exemple à la diffusion d'un des grands titres du groupe. Mais il peut arriver que, vers le mois de mai, on enregistre un creux anormal dans les rentrées publicitaires. Réunions, discussions : est-ce un incident de parcours qui va se résorber au second semestre, ou bien est-ce l'amorce d'une mauvaise conjoncture ? Or, les grosses campagnes de recrutement d'abonnés sont lancées fin août. Le dernier délai pour décider de l'impression des milliers de messages de *mailing* est fixé en mai. Dans ces conditions, la priorité donnée à la diffusion reste-t-elle valable ? Ou bien, pour ne pas mettre en cause le profit, faut-il décider de réduire le *mailing* de rentrée ?

Comme ce qui est en cause, c'est le profit de

l'année, dont dépendent entre autres le dividende versé aux actionnaires et l'intéressement revenant aux collaborateurs, il me revient de trancher — c'est-à-dire, dans une bonne mesure, après avoir écouté tout un chacun, de parier.

Pour savoir si son modèle est toujours valable, s'il peut donc continuer à l'appliquer, le patron a besoin d'un flux régulier de bonnes informations sur ce qui se passe un peu partout : ventes, coûts, rapidité des livraisons, carnet de commandes, évolution de la concurrence, etc.

En théorie, c'est tout simple : on lit le tableau de bord, on a l'expérience qu'il faut pour l'interpréter, et l'on corrige le cap en fonction de ce qu'on constate.

Dans les faits, c'est moins évident : il y a souvent trop de chiffres qui font ressembler les tableaux de bord à celui d'un Airbus, doté de dizaines de cadrans.

Pour réduire le modèle à des dimensions praticables, ou bien l'on diminue le nombre des indicateurs chiffrés, ou bien l'on finit routinièrement par n'en plus regarder qu'un nombre limité. D'où le risque de passer à côté d'une sérieuse dérive, et de ne s'en rendre compte que six mois plus tard, quand on aura déjà perdu pas mal d'argent.

Question : pourquoi ne lit-on pas tous les chiffres ? Est-ce que ça ne fait pas partie du métier ? Réponse : parce qu'on n'en a pas le temps.

Si un patron est constamment obligé de

« prioritiser », c'est parce qu'il a toujours plus à faire qu'il n'a de temps disponible. Au point qu'il n'entre plus dans sa fonction de lire tous les chiffres dans le détail. Ce qui ne l'empêche pas de se demander souvent s'il ne se trompe pas de priorités. Car, comme tout le monde, l'homme qui doit donner le cap doute en secret.

Le vertige du patron, c'est de ne plus bien savoir où il en est. Dans ces moments, les crises (départ d'un responsable clé), les déceptions (résultats en baisse), les conflits (désaccord politique avec un partenaire), et la fatigue qui en résulte lui brouillent la vue.

A qui demander conseil ? S'ouvrir de ses doutes à ses plus proches collaborateurs, les seuls à partager le même niveau d'information, c'est risquer de leur communiquer son désarroi et de perdre un peu de son crédit à leurs yeux. L'idéal serait d'avoir un conseil extérieur, administrateur de confiance ou banquier avisé. Mais le sage disponible et informé est un oiseau rarissime.

On évoque souvent la solitude du patron, assimilable d'ailleurs à celle de tout chef de gouvernement. Elle n'est pas vécue de la même manière par les petits et les grands.

Le P.-D.G. de haut bord aimerait être plus souvent seul et pouvoir travailler tranquille. Car s'il n'est pas vigilant, les rendez-vous, les réunions, les collaborateurs, les conseillers, les actionnaires et les administrateurs lui font bourdonner la tête ! Quand il a vraiment besoin de conseils, la puissance de son entreprise lui permet de les trouver auprès des meilleurs.

Le patron de P.M.E., homme-orchestre, souffre de solitude professionnelle aiguë. Rarement entouré de collaborateurs de haut niveau, il manque de dialogue avec des hommes d'expérience ou des spécialistes. Il doit décider aussi bien de la finance, de la production, du commercial, du recrutement, et se débrouiller avec les réglementations. De quoi s'angoisser à juste titre. C'est pourquoi il recherche le contact avec ses pairs. Mais un déjeuner au Rotary ne remplace pas un directeur financier.

Petits ou grands, tous savent néanmoins que devant une décision vraiment difficile, ils se retrouvent vraiment seuls. Mais n'est-ce pas au bout du compte ce qu'ils ont voulu ?

FAIRE FAIRE. — Combien de temps l'entreprise peut-elle se passer de son patron sans que des perturbations viennent affecter son fonctionnement ? La réponse variera évidemment selon qu'il s'agira d'une toute jeune boîte ou d'une multinationale. Si le patron est une vedette comme Bernard Tapie, beaucoup de négociations, même mineures, ne pourront aboutir en son absence, les interlocuteurs se vexant de ne pas avoir affaire à lui personnellement. A l'opposé, les patrons successifs d'une des plus grosses firmes du monde, la Shell, se sont fait une tradition du profil bas (connaissez-vous le nom de l'actuel P.-D.G. ?), et ont suffisamment de directeurs à leur service pour décentraliser leurs prestations.

Quand Francis Bouygues, en février 1976, apprit qu'il était atteint d'un cancer du poumon, il ne lui fallut que quelques jours pour désigner les responsables clés et quitter l'entreprise. Pendant plus de quatorze mois, il se consacra à sa guérison, sans revenir, sans même demander qu'on le tienne au courant de la marche de sa société. Or, quel groupe était plus identifié au nom et à la personnalité de son patron ? Il affirme qu'à son retour, ayant constaté que tout pouvait fonctionner autrement, il avait vraiment appris à déléguer.

Ne pas en déduire pour autant que tout patron pourrait ainsi disparaître pendant quatorze mois. Si Francis Bouygues l'avait fait pour aller se ressourcer dans quelque ashram de Pondichéry, ses collaborateurs ne l'auraient pas compris. C'est parce que leur patron luttait pour sa vie qu'ils ont fait face et se sont serré les coudes.

Se demander combien de temps on peut être absent sans trop d'inconvénients revient à mettre en lumière la seconde base du métier : faire faire. Quel degré d'implication personnelle a choisi le chef d'entreprise, et quelle est l'étendue de la délégation qui en résulte ?

Sur les principes, tout le monde est d'accord : pas un livre de management qui n'affirme que le patron doit faire le moins possible lui-même. Il vaudrait même mieux qu'il décide le moins souvent possible, incitant ainsi ses collaborateurs à prendre leurs responsabilités : « Je suis à votre disposition pour parler des problèmes que vous vous posez, mais, à la fin de la réunion, n'attendez pas de moi une décision. Ce sera à vous de la prendre. »

Ascèse rarissime. Le tic des patrons est de décider de tout et de rien, parce qu'ils aiment ça, parce qu'ils croient ainsi affirmer leur pouvoir. Le tic des collaborateurs est souvent de laisser le patron décider et de s'en repartir avec un parapluie.

Même chez les super-patrons, on observe beaucoup de variantes. Quand Ambroise Roux régnait à la C.G.E. sur le plus grand empire industriel français, il revendiquait une certaine paresse, tenait à prendre deux à trois mois de vacances et se targuait de ne pas dicter plus d'une demi-douzaine de lettres par mois. A l'inverse, on a vu Gilbert Trigano appeler lui-même une entreprise pour traiter quelque litige sur facture portant sur un million de francs (le Club représente six milliards de francs de chiffre d'affaires).

Gageons qu'il y a beaucoup plus de Trigano que d'Ambroise Roux quand il s'agit de faire faire. Question de tempérament, certes — Gilgert Trigano est un perfectionniste angoissé —, mais aussi d'itinéraire personnel.

Comme tous les entrepreneurs, Trigano a

grandi avec son entreprise, depuis ses tout débuts où elle ne pouvait se permettre de perdre un client, d'admettre un impayé. Bien sûr, il a su déléguer : sinon, le Club ne serait jamais devenu ce qu'il est. Mais l'idée qu'il se faisait à l'origine de son métier de patron — la surveillance directe — perdure forcément quelque peu.

Comme tous les patrons issus des grands corps, Ambroise Roux a commencé non pas dans les affaires, mais dans l'administration et les cabinets ministériels, où l'on ne se crée pas d'insomnies à cause d'une échéance. Quand ils prennent la tête d'une entreprise, les inspecteurs des Finances ou les ingénieurs des Ponts sont déjà rompus à la décentralisation et à prendre de la hauteur. En revanche, ils ont rarement eu l'occasion de muscler leur obsession du profit...

La nécessité de faire faire, plutôt que de faire soi-même, n'est pourtant contestée par personne, y compris même par ceux qui reconnaissent y parvenir difficilement. D'abord, parce que le bureau du patron ne doit pas devenir un goulot d'étranglement, comme chez ceux qui retardent les paiements parce qu'ils croient indispensable de signer de leur main tous les chèques... alors qu'ils n'ont pas le temps de le faire.

Mais si la délégation est indispensable, c'est avant tout pour que le patron soit disponible. Si son agenda est bourré, qu'il est obligé de faire des contorsions pour dégager une plage d'une heure dans les quinze jours qui viennent, on peut être assuré qu'il ne fait pas au mieux son métier, parce qu'il n'a tout simplement pas le temps de réfléchir. Or il est d'abord payé pour cela.

Rares sont les patrons qui sont sûrs, à tout moment, d'être bien en train de faire ce que leur fonction exige. Comme il n'y a pas de manuel du parfait patron, comme ils n'ont pas eux-mêmes de patron pour leur dire ce qu'ils doivent faire, ils inventent leur job au fur et à mesure qu'ils le font.

Quand on hésite sur la conduite à tenir, quand toutes les réponses n'apparaissent pas avec limpidité dans la tête, la voie de la facilité consiste à être très occupé. Il suffit de rentrer dans plus de détails, de se dire un peu plus souvent : « Il *faut* que j'assiste à cette réunion », pour que les semaines et les mois soient d'avance saturés et que l'on perde toute capacité de prendre du recul.

Pour l'homme d'action qu'est nécessairement le patron, faire faire ne va pas de soi. Souvent, il doit se refréner, accepter que d'autres fassent moins vite, parfois moins bien que lui, si c'est au bénéfice de l'organisation.

« Notre société américaine, racontait Alain Chevalier, alors à la tête de L.V.M.H., veut lancer l'un de nos produits de luxe dans la grande distribution. Je suis persuadé qu'ils vont se planter et que ça va nous coûter dix millions de dollars. Mais il faut qu'ils en fassent eux-mêmes l'expérience. Si je le leur interdis *a priori*, leur démotivation me coûtera plus cher encore. »

Pour faire faire et pour que ça marche bien, il faut des collaborateurs de qualité. Les choisir, puis entretenir constamment leur motivation, est une des toutes premières responsabilités du patron.

« Les hommes », c'est l'obsession de tous ceux qui ont compris comment marche un système performant. Il n'est rien qu'on ne puisse tenter si on possède une bonne équipe. Mais trouver les hommes et les femmes à la fois compétents et compatibles est peut-être le plus difficile du métier de patron. Les chasseurs de têtes et les annonces de recrutement ne sont qu'un instrument. Il faut du flair pour discerner ceux qui sauront s'adapter et grandir. Il faut de la patience pour refuser ceux qui sont seulement « presque bien ». Il faut du culot pour aller débaucher celui qui peut faire toute la différence, et lui avancer les propositions qui le convaincront, même si elles risquent de bouleverser la hiérarchie existante.

L'excuse de ceux qui délèguent peu ou mal est souvent l'insuffisante compétence de leurs subordonnés. Mais ne les ont-ils pas choisis eux-mêmes ainsi dans le but inavoué de rester indispensables dans le traitement des détails ?

Une autre forte raison de faire faire est de garder une distance suffisante entre les événements de l'entreprise et soi-même. La responsabilité la plus quotidienne du patron est de savoir ce qui se passe, surtout ce qui se passe mal. Pour s'en assurer, il vaut mieux ne pas être juge et partie. C'est un des aspects les plus délicats de la fonction que de devoir en même temps être en osmose complète avec l'entreprise, concerné par tout ce qui s'y produit, et de conserver le sens critique d'un observateur impartial et exigeant. Alain Minc le résume d'une formule : il y a plus d'avenir pour les patrons qui ont les mains dans les poches que pour ceux qui les ont sur le guidon.

C'est pourquoi, quand il arrive au patron de se faire chef de projet, il perd de sa distance. On aura tôt fait de craindre, dans la maison, que, pour la « petite folie » du patron, les investissements soient plus rapidement décidés, les coûts internes moins sourcilleusement calculés. S'il triomphe, tant mieux : il aura astiqué ses galons de chef de commando. Mais, dans le cas contraire, les relations entre ses collaborateurs et lui peuvent devenir épineuses.

En 1980, j'ai voulu créer un « *city-magazine* », *Paris Hebdo,* genre inhabituel pour mon groupe, plutôt spécialisé dans l'information économique. Je pensais qu'à l'instar du *New York Magazine,* un hebdomadaire de style de vie, de culture et de loisirs, destiné aux Parisiens, pouvait réussir. Par goût personnel, et parce qu'il s'agissait d'un risque important, je pris la direction du projet.

Rapidement, je me rendis compte que j'avais choisi un rédacteur en chef et une rédaction trop « branchés » (le terme n'existait pas encore) pour un public B.C.B.G. Les ventes, espérées à 100 000, ne dépassaient pas 70 000, et surtout les publicitaires, qui avaient cru au concept, étaient devenus réservés. Le déficit se creusait plus vite que prévu.

Au bout de deux mois, je ne m'occupais plus que de *Paris Hebdo*, et dormais même sur place. Mon souci n'était plus de veiller aux grands équilibres du groupe que je présidais, mais de réécrire les titres des articles du prochain numéro, tout en essayant de remanier la formule du magazine. C'est alors que le directeur général et le directeur financier de la société, mes plus proches collaborateurs, demandèrent à me voir.

Pas très à l'aise, ils entrent avec une feuille de budget à la main : « Voilà, Jean-Louis, nous avons refait tous les calculs. Au rythme actuel, si les courbes ne se redressent pas, nous aurons perdu, dans trois semaines, les 15 millions de francs que vous vous étiez vous-même promis de ne pas dépasser. C'est notre devoir de vous le dire, afin que vous puissiez vous-même tirer les conclusions. »

J'appréciai leur courage, car cette brève séance était encore plus difficile pour eux que pour moi.

Trois semaines plus tard, je décidai d'arrêter et je réunis les quarante collaborateurs de

Paris-Hebdo pour leur annoncer qu'ils n'avaient plus d'emploi. Par chance, tous se sont à peu près bien reclassés.

Sur le moment, cet échec en rase campagne m'a déçu, mais, paradoxalement, il a aussi contribué à me faire une réputation de gestionnaire. Certes, disait-on à l'intérieur et à l'exté rieur du groupe, il aurait mieux valu réussir, mais il a su arrêter à temps, avant que les pertes ne mettent en danger l'ensemble. Depuis lors, je me suis servi de cet épisode pour convaincre des partenaires ou des financiers de prendre avec moi des risques sur d'autres projets.

Avec le recul, je me demande si, à cause de ma double position de chef de projet et de patron, je n'ai pas pris, en arrêtant *Paris-Hebdo*, une décision trop hâtive. Ma priorité du moment était de montrer à mon équipe de direction que j'agissais avec d'autant plus de rigueur qu'il s'agissait d'un lancement que j'avais moi-même conçu et dirigé. Mais si quelqu'un d'autre que moi avait été en charge du projet et que j'avais eu à en juger en ma seule qualité de P.-D.G. de la société, j'aurais probablement nuancé mon jugement.

Car 70 000 exemplaires vendus sur Paris, même si la performance était inférieure à nos attentes, ne constituaient pas un si mauvais début. Quant à ce premier investissement de 15 millions de francs, pour un hebdomadaire, même il y a dix ans, ce n'était pas démesuré.

J'aurais pu choisir entre réinvestir, trouver un partenaire, voire vendre le journal à une maison plus puissante. Je ne dis pas aujourd'hui que c'eût été mieux que d'arrêter les frais ; je constate seulement que, dans la situation particulière où je m'étais mis, je m'étais presque forcé à faire tomber le couperet.

Ceux qui ont lancé leur affaire en créant un produit ou un service connaissent, quand la croissance les contraint désormais à faire faire plutôt que faire eux-mêmes, une véritable frustration. Au début, on se croit un peu créateur, un peu magicien, et l'on se retrouve très vite super-contrôleur, recruteur et juge de paix. Comme un joueur devenu arbitre : il court toujours, mais ce sont les autres qui tapent dans le ballon. Lui n'a plus droit qu'au sifflet.

INCARNER. — Partons de l'hypothèse qu'un patron n'est pas forcément le plus intelligent ni le plus compétent, mais que ça ne l'empêche nullement d'être un bon patron. En comprenant pourquoi, on parviendra à mieux cerner ce qu'il incarne. Car le fait d'incarner l'entreprise pour l'extérieur, et davantage encore pour ceux qui y travaillent, est aussi inéluctable que crucial.

Hormis certains êtres d'exception, les Léonard de Vinci du *business*, le patron n'est pas un génie omniscient. Les chambres de commerce ne sont peuplées ni de bêtes à concours, ni de brillants causeurs. Mais, pour être limités en maints domaines, ils n'en sont pas moins performants. Ainsi Francis Bouygues ne prétend pas être cultivé, il lit très rarement, ce qui lui a valu les sarcasmes des saltimbanques de TF1 et de nombre de journalistes. Mais, dans le B.T.P., cette lacune n'a jamais gêné personne. Carlo De Benedetti, lui, aimerait lire, mais n'en a jamais vraiment le temps. Quant à moi qui vends de l'information financière, je n'arrive à déchiffrer un bilan qu'en visite guidée.

On ne demande au patron que d'être suffisamment astucieux pour concevoir son modèle d'entreprise, le décrire aux autres, l'enrichir des idées et des informations de ses collaborateurs, l'adapter aux événements et s'y référer pour ses décisions. C'est déjà beaucoup.

Le patron est à tout moment redevable d'une synthèse pragmatique (et, espérons-le, suffisamment visionnaire) de l'entreprise. Si sa synthèse ne rallie pas les suffrages de ses équipes ou de ses clients, les unes comme les autres déserteront, ou bien c'est lui qui devra céder la place.

Mais si cette synthèse est acceptée et donc partagée, le patron constitue la référence dont chacun a besoin dans la société pour clarifier des choix, justifier une option, trancher un différend. Lui-même n'a pas nécessairement besoin, pour ce faire, d'être présent ni de se prononcer explicitement.

Les plus primitives des tribus se sont donné

des chefs. Chaque organisation humaine a besoin de quelqu'un au sommet à sa pyramide, qu'il soit capitaine d'une équipe de onze gaillards ou chef de gouvernement d'un pays d'un milliard de citoyens. Ce chef n'est pas forcément un dictateur, et son autorité peut s'exercer de mille manières. Mais, en son absence, il y a crise dans le système.

A cette fonction symbolique mais bien réelle, aucun patron, adulé ou détesté, n'échappe. Elle résulte de sa légitimité personnelle, dont les sources feront l'objet d'un examen précis. Mais elle se déduit aussi d'un fait qui s'impose à tous : il faut un patron. Les quelques idéologies rêveuses, souvent généreuses, qui affirmaient qu'on pouvait s'en passer, se sont toujours dissipées devant une évidence millénaire : tout groupe d'individus orienté vers un but — bande, nation, monastère, entreprise — demande un patron. On peut en contester la personne, l'aptitude, le mode de désignation, jamais la nécessité. Serge July, qui a réussi la prouesse de créer un journal de qualité sans argent, à partir d'une équipe de journalistes contestataires et gauchisants, en est de nos jours une preuve. Aucun quotidien n'est plus « incarné » à travers son patron que *Libération*.

Cet aspect immanent de la fonction, qu'il s'en soit senti ou non la vocation, nul patron n'y échappe. C'est le regard des autres qui le lui impose. Il en va comme de la paternité *(padre/padrone)* : au moment où l'on donne naissance, on n'est qu'un géniteur ; mais ce qui vient au monde a besoin d'un père, et, avant deux ans, vous décrétera « papa » avec un sourire convaincant. Qu'on se comporte ensuite en père admirable, détestable ou absentéiste, nul ne peut échapper au rôle qui découle de l'existence même de l'enfant.

C'est un des drames de la vie d'avoir un mauvais père ; il est plutôt pénible de travailler pour un mauvais patron. Beaucoup de pères ont engendré sans mesurer ce que leur rôle comportait de « sacré » ; bien des patrons, qui ne l'ont pas compris, aimeraient de même se dérober aux attentes, voire aux fantasmes que, par-delà leur personne, suscite leur fonction. Or, on ne peut arracher cette tunique de Nessus qu'en renonçant à la position qui la crée.

En bref, ne cherchez pas à devenir patron si vous manquez totalement de fibre paternelle. Ce qui, pour autant, ne condamne pas à verser dans le paternalisme...

Avoir le modèle d'une entreprise dans sa tête, faire faire pour pouvoir faire ce que personne d'autre ne fera à votre place, incarner enfin un des grands emplois traditionnels du répertoire humain, voilà à quoi sert en priorité un patron. Mais ces caractéristiques, comme d'autres, convergent vers ce que tout le monde attend en fait de lui : décider.

III

La décision

Savoir qu'on n'en saura pas davantage. – On vous réserve les choix impossibles. – Partager le pouvoir de décider, comme des chocolats. – Décider avec humilité et grandeur. – L'enjeu n'est pas d'avoir raison, mais de réussir. – Savoir prévoir au pire. – Revenir sans honte sur ses pas. – On ne façonne pas le destin des autres sans trembler. – On ne réfléchit plus, on réagit.

Ils étaient tous les six devant moi : silencieux autour de la table ronde où se tiennent à déjeuner, le mardi, les conseils de direction du groupe Expansion. Jean Boissonnat venait de conclure la discussion : « Pour ma part, je suis plutôt contre, mais si votre décision était positive, je consacrerais sans réserve mon énergie à la faire réussir. » Puis il s'est tu, et les autres avec lui. Il y avait pour le moins consensus sur un point : que c'était trop important pour que l'on vote. Au patron de trancher.

Si nous en étions arrivés là, c'est que le choix n'était pas évident : devions-nous conserver *La Tribune* ou nous en séparer ?

En rachetant en 1987 le groupe Agefi, nous avions trouvé dans la corbeille un quotidien financier professionnel très rentable (*L'AGEFI*), un hebdomadaire à bon potentiel, *La Vie française* et un quotidien économique, *La Tribune*, qui allait perdre cette année-là, et probablement les années suivantes, plus de 35 millions de francs. Le conserver, c'était obérer lourdement la rentabilité de l'entreprise pendant les trois ou quatre exercices nécessaires à son redressement. Mais c'était aussi, en cas de succès, donner à ce groupe de presse son faîte naturel : un journal quotidien au cœur de la communauté décisionnaire du pays.

Nous ne pouvions d'avance être sûrs de disposer des moyens nécessaires. D'autres, avant nous, s'étaient épuisés à vouloir redresser des quotidiens (*Le Matin, France-Soir, Le Quotidien de Paris*, etc.). Notre seule certitude était que ça coûterait cher, et exigerait un gros travail, en particulier de Jean Boissonnat. D'où l'importance et l'élégance de sa déclaration.

C'était à moi de trancher. Je savais... que je n'en saurais pas davantage. Au vu des chiffres du journal et de son marché, aucun expert ne pouvait m'assurer d'un succès ni me garantir l'échec. J'avais longtemps analysé et pesé les avantages et les inconvénients. Restait ma conviction intérieure.

« Nous allons conserver *La Tribune* et nous battre pour son succès. Certes, ce problème nous est posé trop tôt dans l'évolution de notre développement. Dans trois ans, nous serions plus solides pour l'affronter. Mais si nous abandonnons maintenant, nous regretterons, dans trois ans, de n'avoir pas de quotidien, et à ce moment-là, sur ce marché étroit, les places seront prises. Nous risquons de perdre ce pari, ce qui nous condamnerait à traverser quelques années maigres. Mais nous pouvons faire en sorte qu'un échec éventuel de *La Tribune* n'entraîne pas le reste du groupe par le fond. Comme je sais que je peux compter sur vous, je considère que nous avons les meilleures chances de notre côté. »

La séance était close. Ils avaient accepté mon *oui*, comme ils auraient accepté mon *non*. Seule les aurait perturbés une hésitation de ma part.

Au moment où j'écris ces lignes, je ne sais toujours pas si, à ce déjeuner de juin 1987, j'ai eu tort ou raison de parier dans ce sens-là. Les résultats actuels semblent néanmoins encourageants.

Des décisions aussi engageantes, on n'en prend pas tous les jours. Mais, ce mardi-là, il faisait clairement partie de mon métier de la formuler seul, après avoir entendu s'exprimer mon équipe.

Qu'entend-on souvent à propos d'une entreprise en crise ? « Les décisions ne se prennent plus ! » Car les décisions du patron ne sont que la pointe émergée de l'iceberg. La vie de ce ballet qu'il orchestre suppose quantité d'options et de choix quotidiens à tous les échelons. De la plupart d'entre eux il n'entendra jamais parler, sauf s'ils tournent mal. Du reste, même dans ce cas, hélas, il n'en sera pas toujours informé !

On pourrait dire de la fonction de *décideur* (selon un néologisme discutable) ce que Harry Truman affirmait à son successeur : « Vous pouvez être sûr chaque matin, en arrivant dans le bureau ovale, que vous serez confronté à des choix impossibles, car s'ils étaient possibles, d'autres les auraient faits avant vous. »

Que l'acte de décider soit la justification ultime du patron de toute organisation est une évidence pour tout le monde. Ceux qui cherchent à s'y soustraire ne sont pas taillés pour cette course-là. Mais la prise de décisions, leur rythme et leur ampleur varient considérablement selon la taille de l'entreprise.

A la tête d'une P.M.E., le patron en vient souvent à se demander s'il n'est pas devenu une machine à décider. Le manque de moyens pour développer des structures intermédiaires, et souvent une réticence personnelle à déléguer, font qu'atterrissent sur son bureau non seulement les décisions « impossibles », mais *toutes* les décisions.

A l'autre extrême, plutôt que de décider directement, le patron de multinationale observe la manière dont les autres prennent les décisions, les siennes ne devant être que rares et stratégiques. A moins que cela ne se passe comme dans l'histoire du cadre qui annonce à son collègue : « Le patron a eu une idée géniale : il a adopté ton idée... »

JOUISSANCES ET ANGOISSES. — Décider est grave et infantile à la fois. Ceux qui n'ont pas le pouvoir de décider la manière d'accomplir leurs tâches, ni même l'heure à laquelle ils peuvent quitter leur bureau, autrement dit la plupart des salariés, envient ceux à qui on ne fixe que des responsabilités et des objectifs... et qui peuvent faire leur affaire du reste.

A l'inverse, dès l'instant où l'on décide de quelque chose, on est un peu patron. Il importe donc de savoir partager avec les autres les aspects jouissifs ou ludiques du pouvoir de décider, comme on offre quelques chocolats de la boîte qu'on vient de recevoir en cadeau. Car décider est le meilleur moyen pour chacun de se prouver sa marge de liberté. Seuls les patrons sans envergure — ou un peu « parano » — font tout remonter jusqu'à eux. Ils s'assurent ainsi de rester petits pour deux raisons : d'abord parce qu'ils finissent par constituer un goulot d'étranglement en matière de temps et de compétence ; mais, surtout, parce qu'à les priver de leur part du jeu de la décision, ils ne peuvent retenir aucun de leurs cadres de qualité.

L'apanage du patron étant de décider, on

peut être tenté de prendre des décisions pour se poser et s'imposer comme tel. Ayant eu la chance d'être patron très jeune, j'avoue en avoir alors usé (abusé ?) pour bien montrer mon pouvoir, marquer mon territoire, et sans doute aussi parce que c'était amusant comme un nouveau jouet. Mais si un seul joueur entend tirer tous les buts, il n'arrive pas à constituer une équipe.

Le dilemme devient vite le suivant : si je décide de ce qu'il faut accomplir et que je l'explique par le menu à celui qui devra le mettre en œuvre, je sais qu'il agira précisément dans la direction que j'ai indiquée, mais il est peu probable qu'il y mette autant d'énergie que s'il avait décidé lui-même. A l'inverse, si je le laisse définir l'objectif, celui-ci risque de ne pas être exactement conforme à celui que j'aurais moi-même fixé, mais les chances d'aboutir seront plus grandes, du fait que les motivations de l'autre en seront accrues.

L'alternative se pose presque toujours en ces termes, sauf dans deux cas. Il arrive que l'autre soit plus apte que vous à régler un problème sur lequel vous manquez d'expérience ou de compétence technique. Qui prétendrait prodiguer des conseils ou recommander un itinéraire à un chauffeur de taxi dans une ville visitée pour la première fois ? Second cas de figure, encore plus radical : le manque de temps lié au développement même de l'entreprise. Quand on se retrouve contraint de dire :

« Je ne participerai plus à ce type de réunions », puis : « Ne m'envoyez plus ces rapports, j'en reçois déjà beaucoup trop avant le week-end », c'est que la délégation est en bonne voie.

Par ses côtés agréables, le droit de décider peut constituer le dessert de la fonction patronale. Le plat de résistance auquel doivent s'attaquer les vrais patrons, ce sont les décisions qui empêchent de dormir : soit parce que leurs conséquences sont humainement pénibles, soit parce que celles-ci sont financièrement lourdes ou très difficiles à évaluer.

IGNORANCE ET INTUITION. — Le paradoxe de la décision, c'est qu'aucune, jamais, ne peut être prise en pleine connaissance de cause. Au moment crucial, on ne connaît pas tous les chiffres, les études de marché ne photographient qu'un aspect de la réalité, l'appréciation du potentiel de ceux qui devraient exécuter la tâche comporte trop de flou. De surcroît, on manque de temps pour réunir tous les éléments, les discuter à fond, étudier les alternatives, méditer ensuite sur les choix. Pour couronner le tout, certaines incertitudes sont irréductibles. Par exemple : les fluctuations du cours d'une monnaie.

Gilbert Trigano raconte qu'un jour, il devait prendre la décision de contracter — ou non — un emprunt de plus de cent millions de dollars pour assurer les développements internationaux du Club Med : « Je préside donc cette réunion entouré de six personnes, toutes plus compétentes que moi en matière financière. Trois me démontrent que le dollar va baisser dans les six mois à venir, cependant que les trois autres défendent avec autant de conviction l'hypothèse inverse. Je suis retourné dans mon bureau en me disant : la seule chose que je sais, c'est que c'est à moi de décider, et avant ce soir... »

Il n'y a pas à regretter que décider soit un acte dominé par l'ignorance. Si tous les paramètres étaient connus, n'importe quel micro-ordinateur pourrait trancher à votre place.

Philosophiquement, tout choix difficile est à la fois témoignage d'humilité et de grandeur. Humilité de devoir reconnaître, ne serait-ce qu'en soi-même, à quel point nous savons peu de chose. Grandeur de prendre malgré tout le risque d'avancer.

Ce n'est évidemment pas une raison pour ne pas considérer tous les scénarios possibles et ne pas rechercher le maximum d'informations. Puisque, quoi qu'on fasse, subsistera toujours une part d'inconnu, il est capital de la réduire le plus possible.

Ce que révèle l'analyse du *raid* manqué de Georges Pébereau sur la Société Générale, c'est que cet homme qui passait pour un des grands stratèges de l'industrie française n'avait pas suffisamment préparé son opération. Fort d'un encouragement des pouvoirs publics, il avait mal apprécié les limites de leur soutien effectif en cas de difficultés. Convaincu de la pusillanimité de son adversaire, Marc Viénot, il n'avait pas assez réfléchi à ce qu'il lui faudrait faire si ce dernier venait à lui résister.

Confronté à l'absence d'évidence, le patron doit avoir recours à sa boîte noire personnelle : l'intuition. C'est grâce à elle que Trigano a finalement choisi d'emprunter, et ne s'en est pas mal trouvé. Indéfinissable par nature, l'intuition ne relève pourtant pas du hasard. Celui qui en est doté dans son domaine de compétence perçoit des données, des signaux, des rapports qui complètent ce que rationalité et information sont incapables de lui fournir.

Puisqu'aucune décision ne peut être complètement informée, elles sont donc toutes plus ou moins intuitives. Il ne suffit pas d'avoir de l'intuition pour être patron, mais on ne peut exercer ce métier sans une bonne intuition.

Au demeurant, cette qualité qui avait été reléguée par les théoriciens du management scientifique au même rang que la pratique du vaudou, reprend droit de cité dans l'enseignement du *business*. Combien de fois n'a-t-on pas constaté que la bonne intuition d'un simple entrepreneur pouvait mettre en échec les comités stratégiques des plus grandes firmes ?

Il faudra revenir sur ce rôle crucial de l'intuition, attribut patronal aussi vague mais aussi décisif que le *leadership* ou le charisme.

QUE DÉCIDE-T-ON ? — Incertitude et imprécision dans les bases du raisonnement, aléas des résultats : la décision d'affaires paraît s'apparenter à de nombreux choix humains aux termes desquels le but est simplement de ne pas se tromper. Elle est pourtant radicalement différente, car, à l'inverse de bien d'autres, elle est active.

Si je parie aux courses sur trois chevaux, si je mise une plaque sur le 8 au casino, si je spécule en Bourse sur telle ou telle valeur, je n'ai aucune influence sur le résultat. Je me limite à réserver d'avance ma part d'un éventuel hasard favorable.

Si je fournis une réponse à une question, ou une solution à un problème mathématique, j'essaie de la faire coïncider avec une réalité qui, étant déjà connue par d'autres, ne variera pas en fonction de mon intervention.

Si j'émets un jugement ou un verdict, j'apporte, en espérant tout particulièrement ne pas faire erreur, une conclusion à un problème ouvert auquel, après l'avoir apprécié, il conviendra d'appliquer une règle.

Dans les trois cas, en me prononçant, j'ai bien pris une décision, mais celle-ci clôt une problématique. Mon rôle s'arrête là, il se borne ensuite à attendre le résultat. Dans ce type de décision, tout l'enjeu est d'avoir raison.

La grande différence, pour le chef d'entreprise, c'est qu'il décide non pas pour avoir raison, mais pour réussir. Sa décision ne conclut rien, sinon le débat préalable. Elle débouche sur l'action.

Ce que décide un patron, c'est de se mettre en mouvement, lui, son équipe et son entreprise, afin d'atteindre le résultat qu'il vient de définir. Rien n'est écrit d'avance, car l'effet de l'action ainsi déclenchée est aussi incertain que les bases sur lesquelles s'est fondé le choix d'agir.

Le risque, là, n'est pas de se tromper, mais d'échouer. Dans l'histoire de *Paris-Hebdo*, j'ai échoué en grande partie parce que je m'étais trompé dans le choix du rédacteur en chef. Mais, avec du temps, de l'argent, des idées, cette erreur était sans doute rattrapable. On peut commencer par se tromper, mais finalement réussir d'une autre manière, grâce à un changement de stratégie. C'est le côté grisant de cette liberté d'inventer soi-même les règles du jeu pendant le déroulement de la partie.

Lorsque, en 1968, Antoine Riboud décide de lancer une O.P.A. sur Saint-Gobain, il espère évidemment réussir. Si un devin avait pu alors lui révéler que son O.P.A. échouerait, il se serait évidemment abstenu. Et il aurait probablement eu tort, car cette opération a apporté à B.S.N. une notoriété et une crédibilité qui ont déclenché sa métamorphose et permis sa réussite.

Pour le patron, décider revient donc à parier,

mais c'est parier sur soi et son organisation. Il est alors à la fois le parieur, le cheval et l'écurie ! Il décide de courir et de déployer les meilleurs efforts pour gagner. Mais, comme à un pur-sang, on lui pardonnera d'avoir perdu cette course si, en fin d'année, il a rapporté sensiblement plus qu'il n'a coûté.

Si, pour acheter une nouvelle entreprise, j'endette lourdement ma société, c'est parce que je crois pouvoir la rentabiliser au-delà de l'intérêt des capitaux que j'ai empruntés. Il se peut que je n'y parvienne pas. Ce n'est pas pour autant un drame, car je trouverai peut-être à la revendre à quelqu'un qui la paiera plus cher, si lui-même fait le pari de s'en débrouiller mieux que moi.

D'ailleurs, dans leur processus de décision, les patrons à succès savent « prévoir au pire ». Avant de se lancer, ils étudient aussi le scénario de l'échec éventuel, alors que bien d'autres se contentent de rééditer *Perrette et le pot au lait*. Eux s'obligent à se poser la question : « Et si tout tourne mal, l'entreprise et moi-même pourrons-nous traverser la tempête sans sombrer ? » Ce n'est que si la réponse leur paraît positive qu'ils acceptent de se jeter à l'eau.

Ce faisant, ils exorcisent d'avance un des éléments les plus inhibants pendant une bataille : la peur.

Le côté actif de la décision d'affaires explique peut-être pourquoi on voit peu de chefs d'entreprises aux tables des casinos. Ils n'ont guère besoin de la roulette pour se fabriquer leur part de suspense, et, de surcroît, ils supportent mal d'attendre un résultat sur lequel ils n'auraient aucune influence.

TOUS LES CHEMINS... — Parmi les maximes du *business*, on entend souvent répéter : « Mieux vaut une mauvaise décision que pas de décision du tout. » C'est vrai, et on comprend mieux, par là, la vraie nature de l'entreprise, qui est une machine à faire, peuplée d'hommes et de femmes d'action.

Elle agit certes pour le compte de ses actionnaires et dans l'intérêt de ses clients (à moins que ce ne soit l'inverse !). Pour réussir, elle doit être à l'écoute du marché et respecter un certain nombre de règles, dont beaucoup sont financières. Mais il s'agit là de son fonctionnement, non de sa nature.

Un avion peut transporter des passagers, éteindre des incendies ou lancer des bombes. Ses fonctions sont devenues innombrables. Mais toutes découlent de sa nature, encore étonnante à nos yeux en cette fin du XXe siècle, qui est de voler.

La diversité des fonctions des entreprises est bien plus grande. Elles peuvent fabriquer, entretenir, transporter, dispenser des conseils, gérer de l'argent, organiser des vacances, construire. Elles peuvent même changer radicalement de finalité, comme B.S.N., passée du verre aux produits alimentaires, du contenant au contenu.

Ce qui est commun à toutes, ce qui constitue la nature de l'entreprise, c'est d'être un groupe humain qui se consacre à une action dans un but lucratif. Des hommes, de l'action, de l'argent : les deux premiers produisant le troisième.

A l'intérieur de ce schéma, de même que tous les chemins mènent à Rome, toutes les combinaisons possibles sont imaginables. La plasticité, l'autocorrection, la redéfinition permanente découlent de la nature de l'entreprise, radicalement différente des trois autres principales formes contemporaines d'organisations humaines : les associations, l'administration et l'armée.

Ces dernières sont définies assez étroitement par les problèmes qu'elles ont à traiter. Au point que s'il advient que ceux-ci se règlent définitivement, l'organisation n'a plus de raison d'être. Nous avons longtemps connu un ministère de la Reconstruction, jusqu'à ce que la France soit reconstruite. Il en sera de même un jour avec les rapatriés et les anciens combattants.

Pour l'armée, il en va différemment, puisque c'est la seule institution humaine qui puisse rester indéfiniment en chômage technique. Même si, face à un désarmement réel et à une paix mondiale durable, elle aurait de plus en plus de mal à défendre ses crédits.

En revanche, la nationalisation du canal de Suez par Nasser n'a pas sonné le glas de la compagnie privée qui l'exploitait. Celle-ci s'est promptement reconvertie en Compagnie Financière de Suez, pour devenir un des fleurons de la finance européenne.

Le caractère contingent de la décision du patron devrait contribuer à tamiser ses angoisses. On scelle parfois son destin sans le savoir, comme Alain Chevalier en faisant fusionner Moët Hennessy avec Louis Vuitton, mais, la plupart du temps, en cas d'imprévu, on peut se rattraper aux branches. Une seule condition : disposer d'une équipe compétente, souple et soudée.

Plus que d'avoir raison, il est essentiel pour le patron d'être suivi et soutenu. C'est en cela qu'une mauvaise décision vaut mieux qu'une absence de décision. Si l'on s'est égaré, il n'est pas honteux de revenir sur ses pas jusqu'au carrefour à partir duquel il est loisible de reprendre une autre direction.

A la fin des années 80, la mode européenne est à l'Espagne. Chacun veut s'implanter dans ce pays en plein rattrapage économique. C'est alors qu'on nous propose d'investir dans un groupe de presse économique madrilène qui publie un quotidien *(Cinco Dias)*, un hebdo et une lettre. Mais nous arrivons presque tard. Nos principaux concurrents en France (la

C.E.P.) et en Europe (le *Financial Times*) sont déjà sur les rangs. Négociation-séduction rapide avec le dirigeant et principal actionnaire, un homme jeune, ombrageux, mais qui paraît sympathique. Finalement, il accepte par écrit de nous céder 60 % : d'abord 50 %, puis les derniers 10 % d'ici quelques mois, afin de ne pas brusquer le gouvernement espagnol qui doit avaliser cette prise de contrôle. Nous signons en avril à la barbe du *Financial Times*. Ollé !

A l'automne, je réclame la cession, prévue par contrat, des 10 % restants. Notre associé espagnol, qui s'est révélé entre-temps aussi évasif que secret, revient sur sa signature et refuse le transfert. Or le quotidien, dont il s'occupe peu, perd ses rédacteurs et ses lecteurs. Un redressement est d'autant plus urgent que le *Financial Times,* persévérant, vient de prendre une participation chez notre principal concurrent ibérique.

Nous voici bloqués, sans majorité, face à un actionnaire avec lequel nous sommes en conflit. Nous ne pouvons agir ainsi à distance sur un marché dont, de surcroît, nous pratiquons à peine la langue. Quant à avoir recours à la justice, on nous explique qu'en Espagne, il faut attendre en moyenne cinq ans avant d'obtenir la moindre décision.

Notre investissement de 60 millions de francs a une drôle de mine. Je commence à me dire que si je n'avais pas été aussi pressé de conclure, j'aurais pu prendre davantage de renseignements sur le vendeur. Si j'avais su alors à quel point le garçon avait des problèmes de caractère ou de personnalité, je n'y serais pas allé ! Mais le vin est tiré. Mon équipe et moi consacrons alors un temps disproportionné à aller pour rien à Madrid ou à téléphoner à notre avocat qui s'échine, là-bas, à débloquer la situation. C'est notre guerre d'Espagne.

Là-dessus, un des plus puissants groupes espagnols, Zeta, annonce qu'il va à son tour lancer un quotidien économique. Trois à la fois sur un marché moitié moindre que celui de la France ! Il va perdre de l'argent, mais nous aussi. Est-ce cette menace qui inquiète enfin notre rebelle ? Au terme d'une négociation-marathon, il accepte de nous céder... 1 %, au lieu des 10 % promis. Mais cela suffit pour faire la majorité !

Fort de cette nouvelle position, je pars négocier une alliance avec d'autres groupes de presse locaux. Pour faire face à la concurrence, l'appui de professionnels nationaux bien implantés me paraît en effet indispensable. La chance veut que je parvienne à intéresser le plus solide et le plus prestigieux d'entre eux : *El País*, qui domine le marché espagnol en qualité et en rentabilité.

L'annonce de l'accord avec *El País* retourne la situation : le personnel de l'entreprise que préside notre vendeur le presse d'accepter l'augmentation de capital qui fera tomber sa propre part à 30 % et donnera en fait le pouvoir au partenariat conclu entre *El País* et nous-mêmes. Là-dessus s'annonce la sortie d'un quatrième quotidien économique à Madrid. Ils sont gonflés, ces Espagnols !

Notre homme cède enfin en février, abandonnant ses pouvoirs. Nous allons réellement commencer à travailler !

Des histoires comme celle-ci, chaque patron peut en raconter. La réalité est trop complexe pour être prévue avec précision. Tout commence souvent par une impulsion comme : « Nous devons nous placer sur le marché japonais ! » La mise en œuvre se révèle toujours plus longue, plus compliquée, et beaucoup plus coûteuse que prévu. Mais quatre ou cinq ans plus tard, quand la greffe commence à prendre, on a quelque peu oublié les souffrances du début...

Ce qui fait, en pratique, la différence entre une bonne et une mauvaise décision, ce sont souvent les ressources dont dispose l'entreprise. Puisqu'il faut compter avec les aléas, encore faut-il avoir les moyens de tenir. Si vous voulez savoir, suggérait Marcel Boiteux, alors président d'E.D.F., combien va vous coûter une centrale nucléaire, vous demandez trois devis... et vous les additionnez !

Ces moyens ne sont pas forcément financiers. Encore que ça aide... Lorsque, en 1954, le groupe Time Inc lança à New York l'hebdomadaire *Sports Illustrated*, il dut attendre dix ans avant que ce magazine ne sorte du « rouge ».

Il est ensuite devenu une affaire très rentable. Beaucoup de bons projets, de nouvelles idées prometteuses sont prématurément asphyxiés faute d'argent, parce que l'entreprise qui les a lancés n'y consacre pas un capital de départ suffisant ou ne bénéficie pas elle-même de la confiance de son banquier.

Mais, une fois le minimum financier assuré, c'est la concentration de bons cerveaux autour du patron, et le temps dont disposent ces derniers pour affronter et résoudre les difficultés, qui constituent les meilleures sauvegardes.

DIFFICILES ET RAPIDES. — Quelles sont les décisions les plus difficiles à prendre pour un patron ? Celles qui font du tort à d'autres, celles qui sont financièrement périlleuses, celles qui peuvent porter atteinte à l'image de l'entreprise ou de son patron. Le comble, c'est de se confronter aux trois à la fois, comme lors d'un abandon ou d'une cession d'activité. Pour redresser Renault en perdition, Georges Besse, puis Raymond Lévy en ont eu l'un après l'autre des expériences précises.

Mais l'échelle de la difficulté est perçue par chaque patron en fonction de son propre tempérament. Bernard Arnault, à qui on a fait une réputation de licencieur sans états d'âme, affirme que ce sont les problèmes humains qui lui sont le plus pénibles. Gilbert Trigano, qui dort déjà peu, se flanque des insomnies pour des engagements financiers à long terme. Carlo De Benedetti a réellement souffert au moment où il a dû admettre publiquement qu'il n'avait pas réussi sa conquête de la Société Générale de Belgique. Ce qui s'explique par des paramètres personnels : Arnault se reconnaît timide ; Trigano a connu les affres financières dans l'entreprise familiale ; De Benedetti estime avoir encore des choses à prouver à la face du monde.

Mais, dans l'ensemble — et c'est heureux! — ce sont les décisions qui touchent aux hommes qui remuent le plus ceux qui doivent les prendre. Il ne s'agit pas seulement ici de l'inévitable injustice du licenciement collectif, ou de cet instant où l'on fait entrer dans son bureau quelqu'un qu'on côtoie depuis des années pour lui dire, avec ou sans circonlocutions : « C'est fini ! »

Il n'est guère plus facile de refuser à quelqu'un la promotion pour laquelle il se croit qualifié ; ni de repousser son augmentation, alors qu'on sait pourquoi il en a vraiment besoin ; ni même de confier une nouvelle tâche à un candidat sans être tout à fait sûr qu'il a les épaules suffisantes ; ni simplement, dans le cadre normal d'une procédure de recrutement, d'annoncer à l'un des deux finalistes, qui s'y voyait déjà, que ce ne sera pas lui.

On ne façonne pas le destin des autres sans

trembler, même si les anxiétés du patron restent subsidiaires au regard de celles de la victime de sa décision. Pourtant, certains leaders parmi les plus renommés, qui sont tout à fait capables de décider de mille suppressions d'emplois au sein d'un comité de direction, ne parviennent pas à dire non, en face, à l'un de leurs collaborateurs ; encore moins à lui annoncer eux-mêmes, s'il le faut, son renvoi. Aux yeux de ceux à qui ils délèguent ces cruautés, leur image n'est guère rehaussée.

Il était plus facile aux pilotes américains survolant le Viet-nam de larguer un tapis de bombes à 10 000 mètres d'altitude, qu'aux G.I.'s d'attaquer un poste l'arme au poing, et de tuer les yeux dans les yeux. Mais ce n'est pas tous les jours la guerre dans l'entreprise. La plupart des décisions d'affaires se révèlent plutôt aisées. Quelquefois même, trop...

Les patrons ne sont pas des intellectuels. L'action est leur domaine, plus que la théorie ou le système. Ils ne formalisent guère leur pensée par écrit, et même s'ils reçoivent notes et rapports, ils préfèrent souvent l'information parlée, l'échange au cours duquel naissent les idées.

Certains, comme Jean-Luc Lagardère, portés à la stratégie à long terme, aiment s'entourer de grosses têtes issues des grands corps, qui explorent pour eux le terrain tout en leur servant de mur de rebond. Après quoi ils laissent éclore en eux l'intuition qui aboutira à une conviction.

La plupart des décisions relèvent du bon sens informé. Face à un problème élaboré, aussi difficile à comprendre qu'à expliquer, la majorité des patrons se méfient et, souvent, abandonnent. Les décisions idéales pour eux sont celles dont ils parviennent à dégager l'évidence après avoir un peu secoué le problème.

Certaines de ces évidences tardent à mûrir. Or, nous ne leur accordons pas toujours la durée de maturation nécessaire.

Car on croit que le chic est de décider vite. Ne serait-ce que pour éviter une nouvelle réunion ! Il est vrai que, devant le buisson de problèmes à traiter chaque jour, on est tenté de ne point trop en remettre au lendemain, sachant qu'inévitablement de nouvelles questions se poseront alors. D'autant que neuf décisions sur dix peuvent, sans inconvénients majeurs, être prises séance tenante.

Le métier de patron consiste à sentir celles qui, en raison de leurs implications, ou plus simplement de leur impréparation, devront attendre. A force de pratiquer la décision en réunion ou par téléphone, on ne réfléchit plus, on *réagit*. On finit par diriger l'entreprise avec des réflexes plus qu'avec des réflexions.

Les vrais patrons savent pratiquer l'arrêt du geste au moment où ils allaient *smasher*. Ils se contraignent alors à atermoyer, parlent aux uns et aux autres, jouent au golf, fument un cigare, les yeux au plafond, discutent avec leur femme. A chacun sa routine pour favoriser la naissance et l'affermissement de l'indispensable intuition. Pour Antoine Riboud, comme en son temps pour Churchill, ça se passe dans son bain. Peut-être parce que les grandes idées ont besoin de mariner ! Ce qui expliquerait aussi la prédilection de certains pour les yachts, forcément équipés d'un télécopieur...

Il m'est plus fréquemment arrivé de regretter une décision trop rapide que trop lente. Mais ce sont souvent les collaborateurs, les concurrents, le calendrier qui vous poussent à trancher au nom de l'opportunité qui ne reviendra pas. A chaque fois que je cède (même si je m'en suis souvent bien trouvé), j'ai le sentiment de faire preuve de faiblesse. Mais, comme les autres, j'aime aussi tourner la page de la décision, pour découvrir la suivante : celle de la mise en œuvre.

L'APRÈS-DÉCISION. — Une fois la décision prise, il ne s'est encore rien passé. Entre le moment où l'on conclut : « C'est d'accord, recrutons un directeur financier », et celui où celui-ci entre en fonction, le réalisme suggère de prévoir six mois. Il m'est ainsi arrivé de décider, deux fois en dix ans, de vendre un de nos titres... qui fait toujours partie du groupe à notre satisfaction ! Pas de rapport de cause à effet entre ce qui se décide et ce qui se fait.

Combien de fois, après avoir pris quelque décret en réunion, nous croyons avoir réglé tel ou tel problème ! Un mois plus tard, quand est posée la question de savoir où en est la réalisation, un ange passe...

Très jeune, j'avais mis au point un système de suivi, primitif mais efficace, avec des fiches auto-carbone comme en ont les maîtres d'hôtel pour inscrire les commandes. Quand une décision était prise, je l'inscrivais sommairement et confiais la fiche à l'heureux élu. Puis je classais le double dans mon agenda à une date choisie pour reposer, ce jour-là, la question. Mes collaborateurs détestaient le côté implacable du système. Maintenant, je ne le pratique plus, car j'ai pu déléguer ce contrôle à d'autres (que je contrôle à leur tour, plus en souplesse !).

Il y a des moteurs à vapeur qui offrent un rendement énergétique de 20 à 40 % ; d'autres, électriques, dépassent les 80 %. On pourrait classer les entreprises selon le rendement des décisions qui y sont prises. Et l'on ne trouverait probablement pas les plus grandes en tête.

Le patron ne s'en avise pas toujours, car ses propres décisions bénéficient assez souvent d'une priorité. Ce sont celles qui devraient en découler, deux ou trois échelons en dessous, qui ont tendance à se perdre dans les sables.

Pour avoir commencé à la direction d'une toute petite maison monoproduit, puis échafaudé un ensemble de plus d'un millier de personnes, j'ai dû me résigner à ce qu'une décision dont l'application prenait à nos débuts une semaine, requiert désormais un bon trimestre pour passer dans les faits. Une loi pour le chef d'entreprise : quand le pouvoir gagne en étendue, il perd en efficacité.

IV

Le risque

Gâcher beaucoup de semence. – Tout patron de race est un prédateur. – Seuls survivent les plus prudents. – Avoir des dettes plutôt que des associés. – Ne faire ni envie ni pitié. – Les joueurs d'échecs et de poker. – Une check-list *en quatre points. – L'art de présenter un budget. – La rapidité, un péché pas toujours mignon.*

La ligne Paris-Genève est aussi bien fréquentée que le Ritz. Ne fait-elle pas le lien entre la capitale des affaires de l'Europe continentale, le monde de la finance secrète et les Alpes du luxe ? On rencontre souvent dans l'avion une connaissance qui vous empêche de lire le *Herald Tribune*. Ce jour-là, mon voisin est un publicitaire qui a connu une gloire un peu sulfureuse avant de se mettre en veilleuse sous l'effet de quelque inculpation. Fripon, mais astucieux ; il ne joue pas cinq minutes les *has-been* : « Jamais je n'ai gagné autant d'argent que depuis que je n'ai plus mon agence. Je fais des transactions dans l'immobilier, sur les tableaux. Ça me rapporte beaucoup plus et je travaille beaucoup moins. Et vous, ça va ? »

Moi, je reviens de Madrid et repars pour Lausanne m'occuper de nos dernières acquisitions. Moi, j'emménage mille personnes dans 15 000 m². Moi, je me bats avec des budgets aux marges insuffisantes. Moi, le patron installé, j'ai, en l'écoutant, une envie fugace de sa liberté de réprouvé.

La même semaine, Jean-Louis Guillaud, qui a redressé en trois ans l'A.F.P. moribonde, m'explique comment il y est parvenu. Son histoire ressemble à celle du milliardaire qui a débuté en achetant une pomme qu'il a bien nettoyée et revendue deux fois son prix, pour en racheter deux, puis quatre, puis huit, seize, et c'est à ce moment-là... qu'il a hérité de son oncle ! Guillaud, lui, a réduit les coûts, procédé à des mises à la retraite anticipée, augmenté ses tarifs, fermé certains bureaux, et c'est à ce moment-là qu'il s'est aperçu que l'A.F.P. possédait, dans le patrimoine immobilier qu'elle s'était constitué pour loger ses chefs de bureau, un terrain à Tokyo qui valait dans les 80 millions de dollars. Il l'a vendu et a épongé d'un coup ses dettes.

En principe, selon la théorie du capitalisme, d'Adam Smith à Marx, l'entrepreneur devient patron et risque ses capitaux pour maximiser leur rendement. Dans la vie réelle, ce n'est pas aussi évident. L'ex-patron d'agence de pub s'aperçoit que c'est en tant qu'intermédiaire, bien plus que comme chef d'entreprise, qu'il réalise des profits étonnants. En une seule décision spéculative, le P.-D.G. de l'A.F.P. règle un problème financier qu'une année de travail de fourmi ne pouvait qu'à peine entamer.

Si l'argent était vraiment la motivation dominante des patrons, leurs profits devraient être remarquables. Or, combien d'entreprises sont sérieusement rentables (le classement des 100 premiers profits en France établissait, pour 1987, le 100e — sur 700 000 — juste au-dessus de 100 millions de francs : une misère), combien de patrons font réellement fortune ?

Pendant ce temps, le vrai argent se multiplie dans la finance pure, à tel point qu'une énorme firme industrielle comme Thompson a fait l'essentiel de son profit grâce à l'établissement financier qu'elle a créé à sa périphérie, jusqu'à ce qu'en octobre 1989 « on » lui conseille de céder cette filiale peu orthodoxe à une grande banque nationalisée.

Certes, l'argent reste au centre du métier de patron ; ce sera le sujet de notre prochain chapitre. Mais le risque, ce piment du système capitaliste dont les patrons sont les capitaines, se vit sous bien d'autres dimensions.

QUE RISQUE-T-ON ? — Comme pour obéir à la célèbre et lamentable apostrophe de Claudel sur la tolérance — « Il y a des maisons pour cela ! » —, se sont inévitablement créées, à notre époque d'hyperspécialisation, des maisons de capital-risque.

Pour survivre, dans le métier du risque financier, il faut à l'évidence... étaler les risques. Un décideur de capital-risque ne peut savoir à l'avance lequel de ses investissements dans de nouvelles entreprises lui rapportera vingt fois sa mise. Pas plus qu'un éditeur ne publie que des *best-sellers* ! Donc, même si, comme ce dernier, il s'évertue à flairer le succès, son métier est bordé par des lois statistiques. En effectuant un nombre suffisant d'investissements, choisis d'une façon qui ne soit pas radicalement stupide, il peut espérer que certains produiront le rendement miraculeux qui compensera les performances médiocres de tous les autres.

Mais à la tête de chacune des entreprises dans lesquelles investit la maison de capital-risque, il y a un patron qui, lui, n'étale pas les siens. Il mise tout sur son projet, et bien plus que de l'argent.

Jean-Louis Guillaud savait que s'il ne parvenait pas à assainir l'A.F.P., viendrait le jour où, comme ses prédécesseurs trop peu gestionnaires, il perdrait son job.

Notre publicitaire trop malin a pris des risques pour maximiser ses commissions ; il s'est assuré des rentrées d'argent, mais a perdu sa réputation.

Alain Chevalier a pris le risque de mettre les bouchées doubles en vue de développer Moët

Hennessy ; la fusion qui a donné naissance à L.V.M.H. a déstabilisé le capital qui le soutenait, et, malgré d'excellents résultats, il en a perdu le contrôle et son fauteuil.

Philippe Rouvillois accède à la présidence de la S.N.C.F. en février 1988, précédé de la meilleure des réputations professionnelles. Le 27 juin, un grave accident en gare de Lyon fait cinquante-six morts. Comme c'est le troisième en six semaines, l'opinion gronde. Rouvillois démissionne de son poste. La malchance fait partie des risques.

Georges Pébereau prend le risque de monter un coup politico-financier un peu « mégalo » sur la Société Générale. Il trébuche, s'enlise et voit chuter sa crédibilité.

En 1986, Jean Dromer accepte du gouvernement Chirac la présidence de l'U.A.P. Nul ne conteste sa compétence. Mais il a pris le risque d'accéder au podium à la faveur d'une nomination considérée comme politique. En 1988, changement de majorité : Rocard verse une larme sur son sort, mais le remercie quand même.

Jean-Charles Lignel triomphe en mars 1979 en rachetant — cher — *Le Progrès de Lyon*, fondé par son grand-père. Bien vite, il prend le risque de se fâcher successivement avec son confrère et concurrent *Le Dauphiné* (auquel le liaient des accords lucratifs), puis avec ses journalistes, enfin avec sa régie de publicité, Havas. En janvier 1986, criblé de dettes, il doit vendre à celui-là même qu'il avait voulu défier : Robert Hersant. Depuis, lui aussi préfère le métier de marchand de tableaux à celui, plus périlleux, de patron.

Le métier de patron n'est cependant pas fait que de risques aussi lourds de conséquences. Chaque décision, on l'a vu, en comporte, puisque l'avenir ne peut être écrit. Mais si Danone se voit contraint de retirer des rayonnages, au bout de trois mois, son nouveau dessert au caramel mentholé, peu de gens, au sein même de l'entreprise, en entendront parler. Si une grande banque de la place a bu un bouillon sur le MATIF, on essaie de s'arranger pour que la nouvelle reste entre gens bien élevés. L'économie de marché n'a-t-elle pas en commun avec la nature de devoir gâcher beaucoup de semence pour réussir une fécondation ?

Le marché est une cible mouvante et floue que l'on n'atteint pas à coup sûr. Le bon sens suggère donc à chaque responsable de prévoir des marges de précautions pour le cas où il faudrait un peu plus de temps, de frais de recherche ou de promotion. Le patron a intérêt à n'annoncer à ses actionnaires qu'un résultat légèrement inférieur à celui qu'il espère. Dans le même temps, ses responsables de divisions prévoient dans leurs budgets respectifs des « tiroirs » pour les imprévus. La machine, en marche normale, s'assure des amortisseurs.

Quand les turbulences sortent des normes,

on lance un plan d'austérité. Hélas, ce qui permet de faire des économies rapides — comme les coupes sombres dans les budgets de promotion ou d'investissement — compromet l'activité ultérieure. Et ce qui, en revanche, engendre des baisses de coûts durables, comme les réductions d'effectifs, commence par coûter davantage qu'il n'engendre de gains.

Vite ou lentement, en douceur ou brutalement, le patron, pourvu qu'il garde son sang-froid, détient les moyens de faire face aux risques financiers. Mais la gestion de père de famille n'amuse pas longtemps. Il y a du prédateur chez tout patron de race. Les dimanches soir, Carlo De Benedetti réunit chez lui, à Turin, son équipe proche : « Là, nous élaborons la stratégie, en semaine nous chassons chacun de notre côté. »

Les risques majeurs sont le plus souvent voulus par le patron. C'est bien lui qui décide le lancement d'un nouveau produit, une extension d'activité, un investissement inhabituel, un rachat, une fusion, voire une O.P.A. Le risque est l'interface inévitable de la décision.

On peut faire faillite sans y être pour rien, du seul fait d'un retournement du dollar, mais c'est statistiquement aussi rare qu'un accident de la route pour un bon conducteur.

Le risque le plus fréquent consiste, comme à la guerre, à jouer sa propre peau. Les grands projets, les grands succès, les grands postes ne peuvent jamais se gagner à coup sûr ni à la petite semaine. La plupart découlent du croisement d'un travail acharné (sans lequel la plupart des jeunes entrepreneurs ne survivraient pas) et d'un minimum de chance.

Quant à ceux qui jouent en première division du *business*, ils atteignent les sommets par de hautes stratégies, des négociations complexes... ou un coup de culot. Au début de 1989, le président de Nabisco, F. Ross Johnson, proposa 17,5 milliards de dollars — empruntés bien sûr à ses actionnaires — pour racheter lui-même sa firme. Le comble de l'initié ! Il a perdu devant un plus gros rhinocéros que lui, K.K.R., mais, avant de partir, il s'était préparé ce que les Américains appellent un parachute doré...

Car si l'on perd à ces jeux-là, il faut s'en aller. L'exemple de Bernard Pagezy donne beaucoup plus à réfléchir aux patrons que le simple risque financier. Pendant vingt-cinq ans, il avait construit une puissante compagnie d'assurances, le « Midi » ; ne contrôlant pas son capital, il a été renversé du jour au lendemain par un revirement des actionnaires.

Le seul vrai risque, en fin de compte, est celui que l'on court soi-même, y compris par le surmenage. Jeune, le patron risque sa santé ; devenu vieux, sa statue.

PRUDENCE ET SÉCURITÉ. — Pourtant, des connaisseurs aussi différents que Peter Drucker ou Bernard Tapie sont formels : beaucoup plus que le risque, c'est la prudence qui caractérise l'entrepreneur.

L'un a observé et analysé trois générations de patrons ; l'autre, entre ses rachats, ses exploits, ses émissions et ses élections, pourrait passer pour un funambule. S'il est toujours là, insiste-t-il, c'est que « je ne reprends une boîte que quand je l'ai minutieusement étudiée et que je sais exactement quoi en faire. Sinon, ça fait longtemps que j'aurais sauté ! »

C'est à la fois vrai et faux. Pour gagner le Paris-Dakar, ou seulement le terminer, il faut une minutieuse préparation, un entraînement personnel, des équipes de soutien et un matériel impeccable. A défaut de cette prudence préalable, les chances sont faibles. Certes ! Mais pour se lancer dans le Paris-Dakar, il faut déjà être un peu fêlé. La vérité, c'est que les entrepreneurs sont tous des gens bizarres, mais que seuls survivent les plus prudents d'entre eux.

Le patron confirmé, qui ne peut déléguer à personne la gestion du risque dans l'entreprise, est contraint par le système même à la prudence.

Au premier degré, pour lui-même. N'est-il pas, de par la loi, révocable *ad nutum* ? Ce qui veut dire qu'il peut être renvoyé à tout moment par son Conseil d'administration, et, si ça se passe mal, sans indemnités. Il est plus difficile de se débarrasser d'un délégué syndical que d'un P.-D.G. Voilà qui est assez moral, eu égard aux pouvoirs considérables dont ce dernier dispose. Dans certaines sociétés primitives, celui qui était choisi comme roi n'était-il pas, son temps de règne écoulé, mis à mort ? Aujourd'hui, les conseils d'administration se sont peut-être trop éloignés des sociétés primitives...

Néanmoins, tout patron, sentant sa condition précaire, est conduit à consacrer une part non négligeable de son temps à assurer sa sécurité. Le seul moyen, imparable, est de disposer à soi seul de la majorité du capital. Pour la Boulonnerie Savoyarde, ce n'est pas trop problématique ; mais dès que l'on souhaite grandir, il faut faire entrer des actionnaires qui apportent des capitaux frais et diminuent d'autant votre contrôle.

« C'est bien pourquoi, dit Robert Hersant, j'ai toujours préféré avoir des dettes que des associés ! » Dans ce cas, il faut pour le moins des banquiers fidèles. Compte tenu des montants que ceux-ci ont dû prêter à Hersant, ce sont eux qui ont des insomnies — pas lui...

La plupart des autres grands patrons ne doivent pas avoir un sommeil aussi solide, car ils ont préféré ouvrir leur capital. Certains en ont pris leur parti et misent sur leurs qualités personnelles pour être pérennisés par leurs actionnaires. C'est le cas de Gilbert Trigano ou d'Antoine Riboud, qui ne possèdent qu'une miette du capital de leur société. Éclairés par les mésaventures récentes de certains de leurs confrères, ils ne pensent qu'à mieux arrimer leur actionnariat, même si, de ce fait, ils se fragilisent eux-mêmes à long terme.

Celui qui a évincé Alain Chevalier, Bernard Arnault, est un des plus brillants exemples, avec Vincent Bolloré, d'un nouveau système qui permet de concilier sécurité personnelle et croissance : le contrôle en cascade. Antoine Bernheim (de chez Lazard), qui conseille ces deux jeunes loups, l'appelle curieusement « tuyau de poêle ». Il suffit de détenir 51 % au moins d'une société-mère, purement financière, qui elle-même prend 51 % d'une autre société où l'on fait rentrer de l'argent afin de prendre le contrôle d'une affaire importante que l'on tient alors solidement en n'ayant mis finalement que 15 à 20 % des capitaux. C'est ainsi que Jean-Luc Lagardère s'est assuré la maîtrise de l'empire Matra-Hachette. C'est l'échafaudage théorique du haut duquel Georges Pébereau entendait escalader les remparts du 29, boulevard Haussmann, siège de la Société Générale.

L'idée est aussi ancienne que la société par actions, mais elle est promise à un brillant avenir, et ce, pour deux raisons. L'ère du libéralisme a réactivé dans le monde entier l'intérêt pour le capital ; les meilleurs des nouveaux patrons ne se satisfont plus seulement d'atteindre le sommet d'une pyramide ; ils souhaitent y rester et s'enrichir ; et ils ont compris la méthode. L'autre raison est plus simple encore : il y a aujourd'hui, de par le monde, beaucoup plus d'argent à placer que de talents capables de le faire fructifier. Ceux qui ont cette capacité n'ont pas de mal à se faire financer par des actionnaires qui leur laissent tout pouvoir en échange de sympathiques plus-values. Ce qui oblige un patron moderne à être tout à la fois chef d'entreprise et financier.

Mais ce patronat capitaliste du quatrième type n'en est encore qu'au stade des brillants spécimens. La plupart des entreprises en France relèvent en fait de trois grandes catégories : l'actionnariat familial (de l'épicerie de quartier à Peugeot), le capital d'État (bonjour, les lendemains d'élections !), et l'actionnariat diversifié (avec le P.-D.G.-manager doté de plus en plus souvent de *stocks-options*).

C'est cette dernière que Galbraith décrivait déjà, il y a vingt-cinq ans, sous le terme de technostructure. Il lui reprochait de pérenniser un management mou, puisqu'aucun actionnaire n'était assez puissant pour faire la loi. C'étaient les dirigeants eux-mêmes qui sélectionnaient les membres des conseils d'administration chargés de les élire...

Depuis lors, la jungle capitaliste a donné naissance à un fauve dont la seule menace empêche les patrons-managers de s'endormir : le *raider* et son arme de prédilection, l'O.P.A. La censure par les actionnaires, que le système ne sécrétait plus de l'intérieur, s'est recréée au-dehors sous une autre forme.

C'est ainsi que les patrons-managers doivent

désormais jouer les financiers non plus pour s'assurer quelque contrôle personnel, mais pour garder leur actionnariat au sec. Récemment, Riboud, Trigano, Bouygues, Suard, et bien d'autres ont joué à cet effet de l'augmentation de capital réservée, des votes doubles, des pactes, des participations croisées, de l'auto-contrôle, et même des samouraïs à vocation de « chevaliers blancs ». C'est la « guerre des étoiles » des P.-D.G...

Ces infortunés ne savent d'ailleurs plus comment gérer. Si leurs bénéfices sont faibles, leur cours de bourse s'aplatit : n'importe qui peut alors les racheter et se refinancer en vendant l'entreprise par appartements. S'ils affichent des résultats brillants, ils excitent les convoitises des géants planétaires, prêts à payer n'importe quel prix pour accroître leurs parts de marché. Bref, il ne faut faire ni envie, ni pitié !

Le métier de patron devient complexe. Il y a vingt ans, on privilégiait la croissance. Depuis dix ans s'est ajouté l'impératif de rentabilité. Désormais, on doit entretenir une triple obsession : croissance, rentabilité et sécurité !

Ce nouvel impératif de prudence ne concerne assurément pas que le patron. En tant que chef d'un ensemble humain, il fait aussi prendre des risques aux autres. A ses actionnaires, certes ; mais ceux-ci savent que cela fait partie du jeu : sinon, ils achèteraient des bons du Trésor ! Le plus pressant souci concerne plutôt les salariés, qui savent que redressements et O.P.A. se terminent le plus souvent par des licenciements. L'affaire de Télémécanique, où l'on a vu les employés acheter des pages de publicité pour contester l'O.P.A. de Schneider et descendre dans la rue, a montré qu'en France où le recours à l'État est un réflexe inné, n'importe quelle opération financière classique peut dégénérer en affrontement politico-médiatique.

LES OBSTACLES AU RISQUE. — Quand on énumère les nombreuses précautions dont un patron doit s'entourer, on peut se demander si, dans le système capitaliste moderne, ce n'est pas le risque lui-même qui est menacé...

Écoutons Carlo De Benedetti, figure emblématique du *condottiere* à l'affût de sa prochaine prise. Il a su conserver sa liberté de mouvement, grâce à un système sophistiqué de holdings aussi bien que par l'usage intensif de son *jet* privé ! Et pourtant : « Je ne peux pas me permettre de décevoir les actionnaires minoritaires qui m'ont fait. J'y pense tous les jours. C'est à cause d'eux que je mène une vie de moine conquérant. C'est ce qu'ils veulent que je sois, et je n'ai donc pas le choix. »

Dans un ordre de liberté décroissante, on trouve : le patron propriétaire à cent pour cent, qui a quand même des comptes à rendre à son personnel et à ses banquiers ; puis le patron majoritaire, qui doit tenir compte de ses actionnaires, de son personnel et de ses banquiers ; puis — et c'est là le grand saut — le patron d'une entreprise cotée en bourse, qui, non content de soigner tous les susnommés, doit veiller à la gestion de son cours de bourse, à mi-chemin entre la félicité du petit porteur et la convoitise du *raider*.

Le cours de bourse peut en effet devenir un mauvais piège, car il oblige, pour se maintenir, ou, mieux encore, grimper, à des résultats en amélioration constante. Pire : de bons résultats ne suffisent même plus à convaincre les analystes financiers, ainsi que le constate non sans amertume Jacques Calvet devant un cours de l'action P.S.A. chroniquement sous-évalué.

La contrainte de sortir année après année un bénéfice par action en progrès, peut empêcher de saisir de nouvelles occasions ou d'investir à long terme.

Si, pour l'année, je prévois un profit de 50 millions et qu'en mai, on me propose d'acheter une affaire, dans mon secteur, pour une bouchée de pain, parce qu'elle perd 15 millions, que faire ? C'est évidemment l'intérêt à moyen terme de la société que je dirige, et celui de ses actionnaires, que de reprendre cette affaire. Mais, en attendant de l'avoir redressée — ce qui peut prendre un an ou plus —, sa perte sera « consolidée » avec mon bénéfice, lequel tombera de ce fait à 35 millions. « Résultats en baisse de 30 % », titreront les journaux financiers ; ils expliqueront que la remise à flot de ma nouvelle acquisition n'est pas garantie, avant de conclure par un conseil péremptoire aux actionnaires, leurs lecteurs : « S'abstenir (d'acheter) ! »

Être jugé chaque année, alors qu'on sait qu'il faut une à deux décennies pour amener une entreprise à maturité, est une absurdité qui peut pousser à une gestion étriquée. Au Japon, la bourse admet au contraire que les entreprises s'endettent fortement pour leur développement, et que les investissements soient étalés sur plusieurs années.

Mais le pire, à cet égard, reste peut-être à venir. La France, fort heureusement, n'a pas encore adopté la contrainte que Wall Street impose aux sociétés américaines : le rapport trimestriel, qui oblige à prendre une photo avantageuse des résultats quatre fois par an, au lieu d'une. Pour qu'une affaire soit considérée comme bonne, il faut qu'on puisse écrire que ses bénéfices sont en progression depuis vingt-cinq trimestres !

Gilbert Trigano vit cette aberration depuis qu'il a tenu à coter à New York les actions du Club Med Inc. Il explique comment la gestion de son groupe mondial est ainsi devenue essentiellement comptable. Ne serait-ce que parce qu'il lui faut sortir toutes les treize semaines des comptes consolidés en provenance de trente-huit pays ! Il s'est pris lui-même à penser : « Nous ne pouvons prendre cette décision ce mois-ci, car elle pèsera sur nos résultats », ou bien : « Il faut passer cet amortissement tout de suite pour éviter qu'il n'obère le prochain trimestre. » Comme Gilbert Trigano est de tempérament optimiste, il admet que c'est un exercice intellectuel stimulant, mais il reconnaît aussi que, depuis lors, les soucis de rentabilité tendent à l'emporter sur la traditionnelle culture de croissance qui a fait le dynamisme du Club.

Certes, le patron est un souverain à la marge de liberté plus étendue que celle de n'importe quel ministre. Mais, comme Gulliver en Lilliput, il se retrouve, en grandissant, entravé par des milliers de petits fils qu'ont fixés les gnomes de la finance à ses membres. Ne prend plus des risques qui veut.

ÉCHECS OU POKER ? — Et pourtant, les patrons à valeur ajoutée devront s'arranger des contraintes et des pièges d'une planète en voie de « financiarisation » accélérée. Il y a une décennie, ils se plaignaient davantage des contraintes administratives ou juridiques. Celles-ci n'ont pas disparu, mais ils s'en sont relativement accommodés. En fait, le métier de patron consiste toujours à savoir comment et quand prendre des risques, au gré de son tempérament.

On a voulu classer les patrons en deux écoles : les uns seraient plutôt joueurs d'échecs, les autres de poker. Les premiers construiraient leur édifice pierre après pierre, comme l'a fait depuis un siècle Michelin, s'assurant la dominance sur son marché national, puis, méthodiquement, à l'étranger. Quand, sortant un peu de son rôle, il a voulu lancer une O.P.A. sur Firestone, il se l'est fait souffler par le japonais Bridgestone. Puis il a pris sa revanche en rachetant Uniroyal et en devenant ainsi le numéro un mondial. Dans ce dernier cas, cependant, il ne s'agissait plus d'une O.P.A., mais d'une transaction menée dans le calme, conformément au tempérament du patron.

On donnerait plutôt l'avantage, ces dernières années, aux joueurs de poker dont Tapie, De Benedetti, Bolloré, Arnault sont, chacun dans leur style, des adeptes. Ils partent sans trop d'idées préconçues. Pour eux, la croissance peut être assurée par des coups spectaculaires. Ils recherchent plus l'occasion que la stratégie préétablie. Ils achètent d'abord, et trient ensuite.

Certains, comme Vincent Bolloré, mettent même une insistance méritoire à expliquer qu'il y a entre les sachets de thé, le transport de combustibles et les agences de voyage, une cohérence et une complémentarité qui ne sauraient échapper à personne...

Pourtant, même si, par inclination naturelle, certains s'expriment mieux dans l'un des deux styles, tous sont conscients qu'il leur faut savoir jouer de l'un et de l'autre. Ainsi Jean-Luc Lagardère construit d'abord Matra pendant vingt-six années, puis, un beau jour de 1980, saute sur Hachette et réorganise son groupe autour de ces deux pôles. De même, Francis Bouygues, joueur d'échecs dans le B.T.P., lance en 1981 un coup de poker sur le groupe d'assurances Drouot, le rate, mais se vengera — et au-delà ! — en réussissant, en 1987, l'abordage de TF1.

Pour ma part, pendant exactement vingt ans, j'ai créé journaux et activités un à un. Mais quand l'occasion s'est présentée de doubler la taille du groupe par acquisitions, je l'ai fait d'un coup, en 1987. Depuis lors, la culture-maison s'en est trouvée modifiée, et nous avons continué à acquérir. A cette occasion, nous nous étions rendu compte que sur notre marché, l'information, la croissance en France par lancement de nouveaux produits serait trop lente.

Ce changement de rythme, que choisit le joueur de tennis quand il passe du fond de court au filet, est l'instant où se concrétise le goût personnel du risque chez les patrons qui en sont dotés. Pendant quinze ans, De Benedetti, obscur, a géré au mieux l'entreprise familiale ; un jour, il a compris le formidable levier des techniques financières, il s'y est lancé résolument, a repris Olivetti et a édifié son empire en l'espace de dix ans.

Chez les patrons, toutes les chrysalides ne donnent pas des papillons. La plupart sont déjà contents de commander leur vaisseau sans anicroches. Mais quelques-uns, après en avoir fait le tour et compris tous les rouages, s'appuient sur la confiance en soi qu'ils ont ainsi acquise pour oser.

Le fait qu'on entende surtout parler de ceux qui réussissent ne doit pas occulter le côté aléatoire de telles ambitions. Mais que ne ferait-on pas pour stimuler son adrénaline ?

LE CARRÉ DU RISQUE. — Face à un risque, c'est-à-dire devant toute action à entreprendre, je ne me suis pas trop souvent plaint d'avoir fait confiance à mon intuition. Mais, auparavant, comme tous mes collègues sur le point de prendre une décision, j'essaie d'introduire un peu de logique dans le processus qui y aboutit.

Juste avant le décollage, instant à ne pas rater, les pilotes repassent leur *check-list.* Même si les risques peuvent être considérés comme chaque fois différents (c'est même là l'intérêt du métier), je dispose d'une *check-list* en quatre points sur lesquels il vaut mieux obtenir, avant le « *Go !* », des réponses convaincantes : l'idée, les hommes, le financement et le temps.

L'IDÉE. — La variété en est infinie. Une décision, déclenchant une action qui implique un risque, ne porte que rarement sur l'acquisition qui va doubler la taille de l'entreprise. Le plus souvent, il s'agit plutôt d'une campagne de promotion, d'un recrutement, d'un lancement, d'une réorganisation, d'une cessation d'activité, d'un plan d'économies, d'une information, d'une mise en bourse, de l'ouverture d'un bureau à l'étranger, d'une recherche de partenaire, de la construction d'une unité de production... On pourrait noircir de nombreuses pages sans épuiser la diversité des problèmes et occasions que la vie réelle place sur le chemin de l'entreprise et de son patron, et qui doivent se concrétiser par une décision.

Cette idée qui se présente, soit au bout de deux minutes de discussion, soit à l'issue de trois mois de recherches, est-ce bien la bonne ? Comme on ne le saura jamais d'avance, c'est alors qu'il convient de suivre son intuition. Mais la recette n'est pas infaillible.

Fin 1985, nous avons l'idée de changer la périodicité d'un de nos produits réputés : *La Lettre de l'Expansion*. Pourquoi, d'hebdomadaire, ne pas en faire un petit quotidien de 4 à 6 pages, vendu très cher aux dirigeants, parce qu'il ne comporte que des informations exclusives ? Par prudence, nous effectuons un sondage auprès des abonnés de *La Lettre hebdo* afin de savoir s'ils sont prêts à la lire au quotidien, et, surtout, à la payer. Oui, répondent 27 % d'entre eux.

Or, pour que ce projet soit rentable, c'est au moins 40 % qu'il nous faudrait atteindre. Je me dis qu'ils ne peuvent pas vraiment imaginer le produit, qu'une fois qu'ils l'auront essayé, ils se laisseront convaincre en plus grand nombre. Et je décide de le lancer quand même.

Pour une fois, l'étude de marché avait vu juste. Nous n'avons jamais dépassé 30 % d'abonnés à la lettre quotidienne. Au bout d'un an, nous sommes revenus à *La Lettre hebdo*.

D'autres fois, fort heureusement, une simple intuition personnelle suffit. En 1974, j'avais besoin d'un agenda adapté à mes *desiderata* personnels. J'ai proposé à nos clients ce produit conçu à mes mesures. Depuis, *L'Agenda de l'Expansion* domine, avec Hermès, le marché de l'agenda de luxe, emploie vingt personnes et a engendré une ligne de produits très lucrative.

LES HOMMES. — Les idées, on en trouve ; l'argent et le temps aussi ; mais les hommes... Écoutez la longue complainte des chefs d'entreprise sur le sujet. Elle est authentique, poignante dans sa répétitivité. Tapie raconte : « J'ai racheté Testut, puis Terraillon, toutes deux à redresser. Pour Terraillon, j'ai tout de suite trouvé l'homme. Au bout d'un an, l'entreprise était à flot. Mais, pour Testut, ça a traîné six ans, jusqu'à ce que je trouve le patron qu'il fallait. » De fait, pour les responsables clés, il ne suffit pas de chercher : il faut avoir la chance de trouver.

Si une erreur de jugement sur un homme m'a coûté *Paris-Hebdo*, ce fut en revanche une chance, pour moi historique, qui me permit, au moment où j'étais habité par l'idée de *L'Expansion*, de rencontrer Jean Boissonnat sans qui ce groupe n'aurait évidemment pas pu devenir ce qu'il est.

Compte tenu de la rareté des hommes et des femmes de premier niveau, l'erreur patronale la plus tentante est de surcharger ces derniers de responsabilités supplémentaires : « Il est tellement performant qu'il pourra bien assumer ça en plus. » Souvent, par bonne volonté ou par défi, l'intéressé donne son accord. Or, même si sa santé y résiste, le risque est qu'il devienne partout un peu moins bon, parce que moins disponible pour chacune de ses tâches. C'est la responsabilité personnelle du patron d'essayer de bien mesurer à l'avance le juste dosage.

LE FINANCEMENT. — Traditionnellement, voilà le point sur lequel on se penche le plus, ne serait-ce que parce que dans chaque entreprise, il existe au moins un contrôleur de gestion ou un directeur financier chargé d'y veiller. Et puis, la finance est une discipline satisfaisante pour l'esprit, puisqu'elle possède l'avantage de pouvoir s'exprimer en chiffres. Propriété qui peut au demeurant se révéler dangereuse, car elle donne l'illusion qu'il s'agit là d'une science exacte...

Or, sans vraiment tricher, on tend à embellir

les comptes d'un projet qu'on aime bien, par exemple en ne lui imputant pas toutes les charges induites. Ou bien, lorsqu'on dispose d'une trésorerie positive qui permet de financer l'idée, on oublie de lui décompter des intérêts, sous prétexte qu'il s'agit d'argent-maison. Or, si cet argent était resté placé, il aurait rapporté des agios à l'entreprise. Il s'agit donc bien d'un coût, celui d'un revenu non encaissé.

Comme dans les comptes de la Nation, il y a ainsi, dans l'histoire financière des entreprises, surtout les plus grosses, des aventures dont on ne saura jamais exactement ce qu'elles ont coûté.

Le plus dangereux, avec l'argent, ce n'est pas sa rareté, mais, au contraire, le fait qu'on en trouve sans trop de mal, dès lors qu'on dispose d'un bon crédit. Le rôle du patron est de s'assurer que ses investissements vont finalement rapporter plus qu'ils n'auront coûté. Voilà qui va encore mieux en le disant.

LE TEMPS. — De même que l'exposé de Sciences-Po se rédige en trois parties (thèse, antithèse, synthèse), il existe une règle équivalente dans l'art de présenter le budget d'un nouveau projet : il rapportera dans sa quatrième année.

Si l'on voit affirmer que la rentabilité viendra en l'espace de deux ou trois ans, on se méfie, on met en doute le réalisme de celui qui a avancé les chiffres. On cherche quel gros poste de dépense il a sous-évalué. Ça paraît trop beau.

Si l'on voit placer l'équilibre au-delà du seuil des quatre ans, on dira que c'est trop aléatoire, impossible à présenter au conseil d'administration.

La quatrième année, c'est bien, même si nul n'ignore qu'on ne peut rien affirmer aussi longtemps à l'avance, à un an près.

Chaque exercice a ses codes et ses convenances. Ainsi en est-il de la budgétisation !

Pourtant, si le temps n'est pas gratuit, il reste, au moins dans la phase de préparation d'un projet, moins cher et plus souple qu'on ne le croit d'ordinaire. L'ultime soupape reste la possibilité de décaler la date de mise en œuvre, en se gardant de mettre dans son respect quelque orgueil mal placé. J'ai dû ainsi repousser de deux mois la date que nous avions prévue pour le lancement de la nouvelle formule de *La Tribune de l'Expansion*, qui a eu lieu en janvier 1988. Sur le moment, l'équipe a vécu ce décalage comme une remise en cause inquiétante. C'était pourtant indispensable, et aucun lecteur ne s'en est évidemment aperçu.

Mais, si le projet doit être affecté d'une date impérative de sortie, annoncée publiquement, il faudra s'assurer que le calendrier des opérations a été aussi minutieusement calculé que le programme financier.

Un des traits de comportement commun à la

plupart des grands patrons, si l'on en croit leurs secrétaires, est un penchant pour la rapidité. Comme s'ils rêvaient de pouvoir gommer tout délai entre leur idée et sa réalisation ! Certes, ils se tempèrent, et s'ils n'étaient pas réalistes, ils n'auraient pas réussi. Mais leur péché, que leurs collaborateurs ne trouvent pas toujours mignon, est d'imposer trop souvent des délais-record. Peut-être est-ce parce qu'ils savent que toute bonne idée a son prix et son heure ?

Le risque est le ressort du système économique, le sport préféré des dirigeants et de leurs équipes. Le droit au risque est une des prérogatives clés auxquelles ne devrait jamais renoncer un patron.

V

L'argent

Les riches ont des problèmes bizarres. – La grammaire de l'argent. – Le seul langage international. – Un minimum à 500 000 francs par an. – Faire fortune sans génie. – Le club des 500 premiers. – A moins d'un milliard, on ne fait pas le poids. – Il faut aimer l'argent. – Généreux sur l'essentiel, pingre sur l'accessoire. – L'équation implacable.

Un ami, entrepreneur, se livre devant moi à ce calcul troublant : « J'ai créé ma boîte il y a vingt ans avec presque rien. J'ai pu la développer en conservant le contrôle du capital. Voici un mois, on m'a proposé de racheter ma part pour cent millions. Jamais de ma vie je n'aurais imaginé accumuler une somme pareille. Mais, à présent, ce chiffre me trotte dans la tête. Par exemple, j'ai comparé ce que je gagne, ce que je m'attribue comme salaire, avec ce que me rapporterait le capital que je retirerais de cette vente. Jusqu'ici, je trouvais qu'avec 100 000 francs par mois, je me payais très bien. Peut-être même trop, par rapport aux autres salaires de la maison. Mais, au total, ça ne fait que 1 200 000 francs par an, dont il me reste, après impôts, 750 000 francs. Si je vendais ma boîte pour 100 millions et que je plaçais cette somme de la manière la plus conservatrice, j'arriverais, sans entamer mon capital, à en tirer 4 % nets d'impôts, soit 4 millions par an. Donc, le fait de garder mon entreprise me coûte 4 000 000 - 750 000 = 3 250 000 francs par an. Or, je travaille presque tous les samedis. Compte tenu de mon mois de vacances, je viens donc au bureau près de 320 jours par an. D'après mes petits calculs, chaque jour passé à travailler dans mon entreprise, loin de me faire gagner de l'argent, me coûte 10 000 francs de manque à gagner.

— Et tu vas continuer ?

— Je crois que oui ! »

Les riches ont des problèmes bizarres...

Art Buchwald, le journaliste le plus drôle du monde, fit observer dans un article que le système de rémunération des entreprises lui paraissait cul par-dessus tête. Pourquoi attribuer le plus mauvais salaire au travail le plus sale, le plus ingrat, le moins intéressant : à la femme de ménage ? Pourquoi payer trente fois plus celui qui se contente de réfléchir et de décider dans un bureau somptueux, ou au cours de repas fins payés par la maison, ou encore dans sa limousine avec chauffeur : le patron ?

Il proposait donc que la balayeuse soit propulsée au sommet de la pyramide des salaires, tandis que le P.-D.G., déjà comblé d'avantages, pourrait se contenter du SMIC.

Quel salarié modeste ou moyen, un jour de fin de mois pénible, à Sochaux ou ailleurs, ne s'est fait cette réflexion aigre-douce ?

Mais le paradoxe est souvent révélateur. Si la femme de ménage est moins payée que le P.-D.G., ce n'est pas parce que notre société serait absurde ou pervertie ; c'est parce que cette femme n'a pas les compétences nécessaires pour exercer le métier de patron qui, en dernière analyse, consiste à faire gagner le plus d'argent possible à l'entreprise afin de pouvoir rétribuer les salariés et rémunérer les actionnaires.

Car, pour le meilleur et pour le pire, notre système est organisé et régulé par l'argent. On gagne beaucoup non pas parce qu'on travaille beaucoup, mais parce qu'on peut rapporter beaucoup. Les aménités du standing patronal ne sont qu'une des façons de reconnaître et récompenser cette capacité d'augmenter les profits.

Dans une société riche comme la France, 85 % des salariés gagnent pourtant moins de 10 000 francs par mois. Comment n'auraient-ils pas été scandalisés d'apprendre que Jacques Calvet et Christine Ockrent touchaient vingt fois plus et Daniel Barenboïm quarante fois plus qu'eux ? Ces deux vedettes expiatoires se sont retrouvées au pilori du simple fait qu'on avait révélé leur rémunération. Pendant ce temps-là, des patrons propriétaires, bien moins talentueux, gagnaient bien davantage en bénéficiant de la considération générale.

La logique de l'argent est élémentaire et tautologique : l'argent va à l'argent. C'est-à-dire que l'on peut, grâce au taux d'intérêt, gagner de l'argent du seul fait de posséder de l'argent. Et cela, que l'on travaille ou non.

S'il est vrai que l'on rémunère la force de travail de la femme de ménage ou du directeur technique, ce que l'on rétribue chez le patron obéit en priorité à la grammaire de l'argent. S'il peut, par son action, ses idées, son charisme, faire produire financièrement à l'entreprise plus que le taux d'intérêt courant, son service vaut cher pour les actionnaires. Quant aux redresseurs de situations désespérées comme les Iacocca, Descarpentries ou Goutard, ils peuvent demander, en guise de rémunération, à peu près ce qu'ils veulent — et l'obtenir.

Même s'ils sont loin d'être les seuls à y contribuer, les patrons sont les responsables en dernière instance de ce que les Américains appellent la *bottom line* (la ligne du bas du compte d'exploitation) : le profit. Cette position leur permet de retirer du système, s'ils sont performants, plus d'avantages financiers que les autres.

Pourtant, la quasi-totalité des patrons interrogés semblent reléguer l'argent au second plan, quand ils ne le traitent pas par le mépris.

Pour Carlo De Benedetti, « ce n'est qu'un instrument de mesure du succès » ; pour Antoine Riboud, qui avoue ses cinq millions de revenus annuels, « un outil comme l'avion ou le téléphone » ; pour André Rousselet, qui ne dévoile rien, « la capacité de gagner de l'argent ne représente que 5 à 6 % des qualités d'un homme », et pour Jean-Louis Bouchard qui, à 40 ans, avait fait fortune dans l'informatique avec Econocom, « l'argent rend bête ; la plupart des gens riches sont emmerdants ! » Ces seigneurs seraient-ils des hypocrites ?

On a souvent affirmé que cette distance affectée à l'égard de l'argent était un snobisme bien français, point de convergence historique entre les traditions cléricale et jacobine. Les Américains, qui ne se privent pas d'afficher complaisamment combien ils « valent », sont dédaignés au pays de Tartuffe. Dans un pays où l'on a coupé symboliquement et parfois physiquement la tête aux possédants il y a deux siècles, où l'on a stigmatisé les « deux cents familles » il y a cinquante ans, on se méfie encore...

Ou plutôt on se méfiait, car, depuis une dizaine d'années, il semble que l'on vit l'argent de façon plus décontractée. Mais, quand la COFREMCA, qui ausculte les tendances de la société française, étudie les motivations des jeunes entrepreneurs d'aujourd'hui, l'argent continue à venir loin derrière le désir d'indépendance.

C'est pourquoi nos super-patrons ne sont pas vraiment des fourbes quand ils relativisent le rôle de l'argent dans leur vie. Même si c'est plus facile à dire quand on en a déjà beaucoup !

S'ils travaillaient pour de l'argent, pourquoi des quasi-septuagénaires comme Trigano, Dejouany ou Ambroise Roux se battraient-ils pour leur fauteuil et l'intégrité de leur entreprise ? A leur âge, ils ont déjà fait les économies qui leur permettraient de profiter de leur retraite et de goûter enfin au vrai loisir que leur réussite de patrons les a jusqu'ici empêchés de connaître. S'ils tiennent tant à rester à la table du casino, ce n'est pas dans l'espoir de gains, désormais marginaux, c'est pour continuer à jouer.

Freud ne nous a-t-il pas rappelé, au début de ce siècle, ce que la sagesse millénaire savait fort bien : que toute vie oscille entre deux pôles essentiels, l'amour et le travail ? Nul ne tient à poursuivre un travail pénible ou stupide : d'où l'aspiration à la retraite de la plupart des salariés. Mais le métier de patron, lui, offre d'évidentes dimensions ludiques.

Quand on rentre chez soi le soir, une « bonne journée » est-elle véritablement celle où l'on nous a annoncé quelque gain financier imprévu ? Ne serait-ce pas plutôt celle où l'on a eu le sentiment de bien jouer sa partie : idée novatrice, échanges intéressants, réussite d'une manœuvre, aplanissement d'un obstacle, épreuve de force gagnée, compliment reçu ? C'est ce qui explique d'ailleurs que l'on puisse même se mobiliser psychologiquement à la tête d'une société qui produit des objets d'une grande banalité.

Si le patron d'une cimenterie ou d'une entreprise de nettoyage industriel éprouve des satisfactions, ce ne sont pas celles de la novation ou de l'esthétique. Mais ce n'est pas non plus seulement pour l'argent qu'il se démène. Pour que ça marche chez lui, le patron doit savoir pétrir la pâte humaine, travail complexe qui fait appel à une gamme étendue de ses facultés. Bien plus que le lucre, se mettre soi-même en œuvre à un haut degré d'exigence, et réussir, justifie que l'on se donne à sa tâche.

A propos de l'argent, même les Soviétiques reconnaissent aujourd'hui que Marx s'est trompé. Je crois qu'il en va de même pour Adam Smith et sa théorie libérale. Car les deux, Smith et Marx, partaient de la même hypothèse : celle de l'*homo economicus* qui agit rationnellement dans un but essentiellement financier. Cette dimension existe chez chacun de nous, mais elle est rarement dominante. Elle ne suffirait pas, en tout cas, à expliquer la passion et l'acharnement déployés pour créer et diriger cet ensemble humain élaboré que constitue une entreprise.

Certains mettent néanmoins l'amour du gain, la construction d'une fortune au premier rang de leurs ambitions. Ils seraient alors plus avisés de choisir des métiers d'intermédiaires, de préférence à celui de chef d'entreprise. Comme l'a prouvé, avant sa déchéance, le flamboyant marchand d'armes saoudien Adnan Kashogi, on s'enrichit plus vite en touchant des commissions sur de gros contrats qu'en élaborant une complexe machine à profit.

Toutes ces constatations n'empêchent nullement que l'argent joue un rôle central dans le métier de patron, au moins pour trois raisons : d'abord parce que les patrons sont un peu plus *homo economicus* que la moyenne, même s'ils ne pensent pas qu'à *ça* ; ensuite parce que, quel que soit leur secteur d'activité, tous doivent poursuivre un même objectif : faire produire de l'argent à leur entreprise ; enfin parce que, sur cette planète, l'argent est devenu, avec la musique, le seul langage international.

ARGENT-LIBERTÉ. — Si l'argent régit la société humaine moderne, il faut en disposer pour agir. A cet égard, un ministre, un évêque, un président d'université ou un chef d'entreprise sont logés à la même enseigne : pas de crédits, pas de projets. La course au financement — le *fund raising* — est le parcours initiatique de l'époque.

Mais, à la différence des autres, le chef d'entreprise est le seul à pouvoir générer ses propres ressources, car il est directement branché sur le marché, c'est-à-dire sur la réalité. Je préfère de loin négocier avec les faits qu'avec un supérieur ou avec le budget de l'État...

Diriger une entreprise est un métier d'homme libre, et cette liberté se mesure précisément, puisqu'elle peut se chiffrer en argent. Même s'il doit tenir compte des profits, des fonds propres, des crédits bancaires et des échéances, tout patron d'une affaire saine est plus libre qu'un Président vénézuelien face au Fonds monétaire international.

Sauf conflits de personnes, on a rarement des problèmes avec ses actionnaires tant qu'on leur sert des dividendes. En revanche, le plus brillant, le plus créatif, le plus séduisant des patrons ne garde pas longtemps son indépendance s'il n'est pas d'abord un bon gestionnaire.

Le suffrage universel et le profit ont ce point commun : l'un légitimise le dirigeant politique, l'autre le patron.

ARGENT-SALAIRE. — La grande ligne de partage entre patrons passe entre salariés et actionnaires. Non seulement à cause du patrimoine que les uns se créent, et les autres pas, mais également pour ce qui est de leur niveau de rémunération.

Sur le plan des affaires, les hommes les plus puissants de France ne sont-ils pas les patrons des grandes firmes publiques ? Celui qui dirige Renault, l'U.A.P., le Crédit Lyonnais ou Air-

France est forcément un acteur dominant de l'économie nationale. Mais, financièrement, il gagne plusieurs fois moins que le propriétaire de trois brasseries bien situées.

On sait que le P.-D.G. d'Air-France ne perçoit que le 380e salaire de sa société, car s'il veut garder de bons pilotes, il faut qu'il les paie plus que lui. De même, celui des A.G.F. est beaucoup moins à l'aise que ses agents généraux rémunérés à la commission.

Cependant, ce sont là des cas extrêmes. Par rapport à l'ensemble des salariés, les patrons sont évidemment avantagés, soit qu'ils fixent eux-mêmes leur rémunération (dans le cas des petites firmes), soit qu'ils se voient généreusement dotés par leur conseil d'administration.

Combien gagnent-ils en cette dernière décennie du siècle ?

Certes, bien des jeunes créateurs d'entreprises ne peuvent se payer que deux à trois fois le SMIC pendant les inévitables années de vache enragée. Mais le minimum, pour un patron de P.M.E. lancée, semble s'établir autour de 500 000 francs par an. Dans la tranche de 1 à 1,5 million, on trouve les P.-D.G. des firmes publiques et le gros des chefs d'entreprises du privé[1].

1. Puisque le lecteur est déjà en train de se poser la question, précisons donc que c'est dans la fourchette haute de cette tranche que se situe ma propre rémunération.

Mais les dirigeants des mille plus grandes firmes françaises perçoivent bien davantage. En salaire, de 2 à 5 millions, auxquels peuvent s'ajouter les intéressements (30 à 50 % de plus) et les avantages en nature (logement, transports, réceptions, etc.).

Quant aux 70 plus grosses entreprises privées françaises, leurs patrons reçoivent entre 5 et 10 millions par an, ce qui reste notablement inférieur aux revenus de leurs homologues américains ou allemands.

De plus en plus, on n'attire les meilleurs qu'en leur permettant, de surcroît, de se constituer en quelques années un patrimoine. Le moyen le plus courant est inspiré des *stock-options* anglo-saxonnes. Il permet de réaliser des gains en capital sur des actions de la société obtenues au départ à des prix préférentiels, et dont la valeur peut doubler, voire tripler si le patron fait bien son travail. Ce système s'étend aux principaux cadres supérieurs de l'entreprise. Selon la base initiale et le taux de croissance des profits, les capitaux ainsi accumulés peuvent atteindre au bout de cinq à dix ans quelques millions, voire quelques dizaines de millions de francs.

C'est affaire de bon sens : on ne peut demander à un patron salarié de jongler avec les milliards, pour faire la fortune de certains actionnaires, si on ne lui permet pas, dans le même temps, de s'enrichir personnellement. Le monde du *business,* qui en a vu d'autres, est pourtant resté sans voix quand il a appris en avril 1989 qu'à Wall Street, un certain Michael Milken avait reçu, pour l'année 1987, 3,5 milliards de francs en salaire et rémunérations diverses — mille dollars la minute !

La polémique de l'automne 1989 autour des 2 millions annuels de Jacques Calvet, a eu deux conséquences. La première est favorable : la presse a trouvé le courage de braquer le projecteur sur les petits et gros secrets de fric du monde patronal. On est encore loin de la transparence d'outre-Atlantique, mais on sait en gros à quoi s'en tenir.

Certains hauts salariés se sont réjouis un peu vite en constatant que personne n'avait reproché à Antoine Riboud l'énorme salaire qu'il avait affiché à *L'Heure de Vérité*. Ils se sont dit : « maintenant, c'est admis ».

Or, une seconde conséquence — négative, celle-ci — chemine secrètement. La révélation de l'étendue de l'inégalité salariale en France (de 5 000 F à 1 million par mois) accréditera en profondeur l'idée que cette société prospère a fortement accru l'injustice de traitement, au détriment de l'égalité et de la fraternité. Même si c'est beaucoup plus vrai aux extrêmes qu'en moyenne, il y a là des germes de graves fractures sociales et de désespérance.

ARGENT-RICHESSE. — Créer, puis faire fructifier une entreprise dont on reste en tout ou partie propriétaire, est aujourd'hui le seul moyen de faire fortune sans génie.

En revanche, le talent est en soi insuffisant. Les Michael Jackson, Lendl, Platini, Jack Nicholson, Frédéric Dard ou Umberto Ecco peuvent gagner des dizaines de millions, presque partout dans le monde, le fisc en prendra la moitié voire plus. Le propriétaire d'entreprise, lui, accumule une valeur en capital. Tant qu'il ne la réalise pas, il ne paie pas d'impôts ; le jour où il vend, sa plus-value est rarement taxée à plus de 17 %. Et une P.M.E. en bonne santé, sur un bon créneau, peut se vendre de 100 à 500 millions de francs.

Si l'on prend la liste des Français les plus riches publiée par *L'Expansion*, on observera que dans les 200 premiers, on ne trouve évidemment pas d'artistes, d'écrivains ou de créateurs (à part Pierre Cardin qui est un bon homme d'affaires, et Yves Saint Laurent qui bénéficie des conseils de Pierre Bergé) ; il n'y a guère non plus de hauts diplômés, et c'est à peine si l'on compte une grosse poignée d'héritiers (très peu de familles, de nos jours, conservent leur fortune sur plus de deux générations).

Les Français les plus riches sont des chefs d'entreprises-actionnaires qui ont réussi, de leur vivant, à passer de pas grand-chose à vraiment beaucoup. Ce sont rarement des puits de connaissances ou des esprits scientifiques, exceptionnellement des inventeurs, mais avant tout des malins qui ont su tirer parti du marché et des facilités fiscales.

ARGENT-PALMARÈS. — L'importance d'une entreprise s'exprime en chiffres ; son unité de mesure est essentiellement d'ordre monétaire.

Avant le krach pétrolier, un patron pouvait se vanter d'être à la tête de dix mille salariés, tout comme un chef de guerre alignait naguère ses divisions. Aujourd'hui, il n'a pas de quoi en être aussi fier, car son entreprise, mieux gérée, pourrait vraisemblablement tourner avec huit mille, et serait de ce fait plus rentable.

Bien davantage, c'est le volume du chiffre d'affaires qui vous confère votre standing. Aux États-Unis, chaque *boss* rêve d'entrer dans le club des 500 premiers au classement de *Fortune* (en France, dans les « 1 000 » de *L'Expansion*). Dès qu'ils y accèdent, les patrons surveillent nerveusement, chaque année, leur rang comme à une distribution des prix.

Jusqu'à 100 millions de chiffre d'affaires annuel, on oscille entre la simple « boîte » et la « petite entreprise » (on en compte 400 000 en France). De 100 millions à 1 milliard, on devient une « grosse P.M.E. » (il y en a 8 000). De 1 à 5 milliards, une « grosse boîte » (il en existe 800). De 5 à 10 milliards, une « grande entreprise » (on en dénombre 70). Au-delà de 10 milliards, une « petite multinationale » à l'échelle mondiale (moins de 50).

Inutile de préciser qu'obsédé par ce classement, un patron n'est jamais content, puisqu'il y a et il y aura toujours plus gros que lui. Quand Jacques Calvet, s'il y parvient, aura gagné son pari de devenir le premier constructeur automobile européen, il se trouvera toujours un peu frêle par rapport à ses rivaux japonais ou américains.

La tendance à se ranger par ordre de taille est inévitable : elle commence dès l'école et était inscrite dans la nature humaine bien avant l'invention de l'entreprise. Au surplus, ce type de croissance n'est-il pas le plus facile à réaliser ? N'empêche que le vertige de la croissance risque de faire commettre aux patrons bien des bêtises, comme des acquisitions qui gonflent le chiffre (justifiées au nom de la sacro-sainte conquête des « parts de marché ») au détriment de la rentabilité.

Or, si l'on s'ampute d'une division qui représente 30 % du chiffre d'affaires, mais traîne des pertes sans grand espoir de redressement, on accomplit un acte de bonne gestion. Pourtant, maigrir soudain d'un tiers ne fait jamais plaisir à un chef d'entreprise.

Les connaisseurs et les analystes financiers accorderont plutôt leur considération à ceux qui gagnent chaque année au classement, beaucoup moins voyant, des taux de profits.

Il est vrai que les champions, comme Carlo De Benedetti, veulent à la fois croissance *et* profit.

ARGENT-PUISSANCE. — Depuis peu, on parle beaucoup de « trésors de guerre ». Pour jouer au Monopoly des affaires, rien ne remplace le *cash* disponible qui vous permet de fondre sans délais sur la firme-joyau qui manquait à votre couronne.

La mode des trésors de guerre a été lancée par les demi-solde des nationalisations de 1981, ces grands patrons — Moussa, Eskenazy, Pébereau... — qui, devenus soudain oisifs, ont utilisé leurs carnets d'adresses pour réunir des capitaux amis en vue d'acquisitions intéressantes. Il en est vite ressorti que celui qui n'avait pas au moins un milliard de côté (avec lequel, compte tenu des « leviers » financiers, on peut payer une acquisition jusqu'à quatre ou cinq milliards) ne faisait pas le poids autour du tapis vert des affaires.

Si l'on n'a pas de *cash*, au moins faut-il disposer d'une ou plusieurs filiales qui puissent être vendues rapidement pour réaliser un coup plus intéressant. Afin de faciliter sa prise de contrôle de L.V.M.H., Bernard Arnault a vendu Peaudouce pour plus d'un milliard de francs puis tout le reste du textile de l'ex-empire Boussac. Au moment où son raid sur la S.G.B. « siphonnait » ses réserves, De Benedetti a cédé Buitoni pour 1,7 milliard. Quand Seydoux et Derveloy, s'affrontant pour prendre le contrôle de Prouvost, se sont retrouvés, leurs bois enchevêtrés comme des cerfs au combat, tous deux se sont dégagés en scindant l'empire plutôt que de se saigner à blanc.

Au gotha de la puissance, le simple chef d'entreprise cède le pas devant le patron de groupe, mais ce dernier rend les armes au maître d'une holding financière, ce *nec plus ultra* de la technologie du *business*.

Ainsi, les Cerus et les Pargesa croisent silencieusement dans l'éther des affaires comme les vaisseaux cosmiques de Darth Vader. Mais ce ne sont encore que des corvettes à côté des cuirassés géants d'intervention comme l'omniprésente Caisse des Dépôts ou la nébuleuse U.A.P./B.N.P. Ces dernières jouent, en France, le rôle de forces de l'ordre financières, grâce auxquelles le « public » peut tenir en respect le privé. En pratique, cependant, la flotte nationale et les corsaires mènent de conserve la plupart des opérations de « prises ». Leur poudre à canon est bien la même : les barils de ducats.

ARGENT-CONFORT. — Les rares patrons qui deviennent un jour ministres mesurent tout à trac à quel point leur train de vie dans le privé était enviable. Sans parler de l'inévitable diminution de leur propre salaire, ils s'aperçoivent qu'ils ne peuvent payer convenablement leur secrétaire, qu'il faut une demande de crédit pour obtenir au bout de délais interminables un simple télécopieur, et que les frais de voyage ne permettent pas de loger décemment les collaborateurs qui les accompagnent. En revanche, ils peuvent mettre une cocarde à leur pare-brise, ce qui, chez nous, paraît valoir bien des sacrifices.

Que les patrons vivent bien, c'est peu dire. Ce qu'il y a de plus moderne, confortable ou luxueux dans les produits ou les services modernes est conçu pour eux — autrement dit, pour le pouvoir d'achat de leurs entreprises.

Pour le petit patron de province, ce sera au minimum la B.M.W. et les gueuletons dans les « deux étoiles ». Au *top*, on s'offre des assistantes, des suites au Pierre (New York), des séminaires à Marrakech, des *jets* privés. Hors catégorie, on trouvera ceux qui peuvent séjourner longuement sur leur yacht sans se déconnecter, puisqu'ils y disposent d'un standard téléphonique et d'une escouade de secrétaires. Quand ils y reçoivent un autre potentat, ils envoient l'hélicoptère de bord le chercher à sa descente d'avion. Si vous voulez joindre Maxwell ou Lagardère, il suffit de composer un numéro : quelqu'un vous répondra 24 heures sur 24 (mais, si c'est en pleine nuit, il vaut mieux avoir un bon motif !). Il n'y a guère qu'un chef d'État de pays développé pour disposer de plus de commodités d'existence qu'un grand patron international.

Mais, même chez ses collègues plus modestes des P.M.E., la position de décideurs suprêmes permet de se façonner un environnement matériel qu'ils vont regretter amèrement s'ils viennent, par mésaventure, à être débarqués par un *raider*...

ARGENT-TEMPS. — De cette profusion de moyens découle « le plus grand des privilèges », selon Bernard Tapie : un patron n'attend pas (ou si peu !).

Quand une entreprise acquiert une machine coûteuse, elle s'organise pour qu'elle tourne jour et nuit, en dehors d'une ou deux heures d'entretien. Le patron ne connaît pas un aussi bon taux d'utilisation : certains, sous prétexte de dormir et se laver, arrêtent de travailler jusqu'à 8 à 10 heures par jour ! Raison de plus pour que leurs 14 à 16 heures de « temps utile » soient employés à plein...

Quand quelqu'un coûte dans les 1 000 francs de l'heure, on ne va pas lui faire attendre vingt minutes un taxi sous la pluie, ou en gaspiller dix à garer sa voiture. On lui attribue un chauffeur qui, avec son véhicule, ne coûte que 100 francs de l'heure.

Le patron n'attend pas d'être arrivé pour passer un appel. Il travaille au téléphone à bord de sa limousine. Il ne consacre pas des heures à rédiger ses feuilles de Sécu ou sa déclaration d'impôts : on les lui prépare à sa signature. Il n'attend pas une lettre ou un dossier : on les lui *faxe*, on les lui porte par coursier, on les lui envoie par les moyens les plus rapides jusqu à l'autre bout de la planète.

Il n'attend pas que sa secrétaire revienne de déjeuner ou arrive après lui le matin. Une équipe de deux assistantes se relaie à ses côtés. Il n'attend pas dans les aéroports : on lui pré-réserve sa place, ou on lui loue un *jet* ; s'il rapporte beaucoup, on lui en achète un.

Il n'attend guère dans les embouteillages : on vient le voir, et il fait attendre. Il n'attend pas au restaurant : il convie dans sa salle à manger privée. Il n'attend pas que sa voiture, en révision, sorte du garage : il en loue une autre. Il ne va pas chercher du *cash* à la banque : on le lui apporte. Certains ne font même pas la queue au cinéma et envoient quelqu'un la faire à leur place.

Dans une société où la quasi-totalité des citoyens doivent tout faire par eux-mêmes, l'argent bien dépensé permet ainsi de fabuleuses économies de temps. Par rapport aux autres, le patron vit hors du temps, au point de ne même plus mesurer cet avantage exceptionnel.

Seuls, bien sûr, les plus puissants d'entre eux ont droit à la panoplie complète. Mais le simple fait de disposer d'une secrétaire personnelle vous met déjà au rang des *happy few*.

ARGENT-SÉCURITÉ. — La croissance a ses délices, mais, pour pouvoir s'y adonner, il faut d'abord durer. Pour le patron, l'impératif prioritaire est ici le même que pour tout organisme vivant : assurer sa sécurité.

Les années 80 nous ont appris que l'argent s'accumulait dans le monde et que sa circulation s'accélérait. Une aubaine pour ceux qui désirent vendre leur entreprise, mais une menace pour ceux qui préféreraient s'y maintenir. Cette prise de conscience a poussé bien des patrons à se pencher plus attentivement sur les règles de la sécurité financière. Car si l'argent est l'arme de la conquête, il constitue d'abord le vrai rempart de la défense.

Les zones de vulnérabilité financière de l'entreprise sont bien connues. On s'étonne pourtant de constater que certains ne font pas partie des clignotants figurant sur le « tableau de bord » de son capitaine. S'il n'y en avait qu'un, ce devrait être le taux de profit. Il indique la tension artérielle d'une affaire. Tant que le profit est maintenu à un bon niveau, on peut toujours s'expliquer avec les actionnaires, s'arranger avec les banquiers, bâtir des dispositifs de protection.

Si le profit ou résultat annuel est à réévaluer plusieurs fois en cours d'exercice, au jour le jour, le facteur le plus sensible reste la trésorerie. Beaucoup de jeunes entreprises prometteuses ayant pourtant déjà trouvé le produit idoine et des clients en nombre suffisant, n'en ont pas moins trébuché. Elles n'avaient pas su anticiper les passages à vide de leur trésorerie, souvent provisoires, certes, mais bien réels, qu'il leur fallait franchir avant de commencer à engranger des bénéfices.

Même au niveau sophistiqué des grandes firmes, la gestion de la trésorerie n'est pas toujours optimisée comme devrait le permettre le recours aux instruments financiers modernes. Les bons directeurs financiers savent pourtant en faire une source de profits qui peuvent dépasser ceux de l'exploitation industrielle proprement dite.

La sécurité implique de ne jamais perdre de vue son ratio d'endettement, le niveau de ses crédits, l'oscillation du cours de la Bourse, la rapidité avec laquelle on pourrait, en cas de besoin, réaliser les actifs non indispensables.

Un « ballast » de sécurité assez simple : la propriété d'un immeuble ou d'un terrain qui puisse être cédé alors même que l'on continue à l'occuper, grâce au *leasing*. L'exemple déjà cité du terrain japonais appartenant à l'A.F.P. illustre à merveille cette possibilité.

Ces sept manières de vivre, considérer et utiliser l'argent ne sont que les plus évidentes de celles que l'on rencontre dans l'exercice du métier de patron. Car même si l'argent n'est pas l'âme de l'entreprise, il en est le langage et mesure sa réussite ou ses échecs. Il en découle qu'un patron, pour réussir, doit posséder ce que l'on pourrait appeler tout bonnement le « sens de l'argent ».

Francis Bouygues l'affirme : « Si on n'aime pas l'argent, il ne faut pas se mettre dans ce métier. » Aimer l'argent, Ciel ! Ne serait-ce pas un peu vil ? Molière ne nous a-t-il pas appris à nous méfier de quelqu'un qui répéterait à satiété : « Mon argent, mon argent... » ? Mais si l'on a le droit d'aimer le steak-frites, pourquoi n'aurait-on pas celui d'aimer l'argent ? Pour être patron, il importe en tout cas de ne pas le dédaigner. Car à ceux qui font mine d'en être détachés, il manque souvent la connaissance de sa nature, de ses règles et de son maniement. Autant prétendre exercer la médecine en ne supportant pas la vue du sang.

Le sens de l'argent n'implique aucune cupidité névrotique. Il vaut même mieux qu'il ne tourne pas à l'obsession. Je l'assimilerais plus volontiers au sens du temps. Il y a ceux qui savent le temps que prennent les choses et qui n'ont nul besoin de se presser pour être à l'heure ; ils connaissent la patience, qui permet d'intervenir au bon moment, mais ils sont aussi capables d'accélérer s'il faut cueillir une occasion sur le fil. Ce bon rapport au temps est encore plus nécessaire aux patrons, pleinement insérés dans l'action, qu'à tout un chacun.

Il en va de même pour l'argent. Il faut sentir ses lois, ses rythmes, ses contradictions et ses tentations. Et il ne s'agit pas là seulement de technique financière, même si celle-ci est en train de se diversifier de façon quasi géométrique.

Cette compétence financière, le patron peut en disposer à travers ses collaborateurs. C'est ce que raconte Evelyne Prouvost qui s'est retrouvée à 36 ans à la tête du groupe *Marie-Claire* sans avoir jamais fait de gestion auparavant : « Au début je ne comprenais rien aux chiffres. » Mais dans les familles du Nord on compte ses sous de naissance. Elle s'est fait aider, ensuite elle a assumé directement.

Car le patron lui-même ne peut se passer d'un minimum d'agilité, d'imagination et de psychologie de l'argent. Dans une négociation, mieux vaut ne pas avoir besoin d'une calculette pour tirer un pourcentage. Gilbert Trigano sait même, de tête, convertir les francs en cruzados ou en dirhams plus vite que les interlocuteurs locaux avec lesquels il négocie. Cette aptitude lui a quelquefois rapporté gros.

Le sens de l'argent consiste avant tout à ne pas se tromper dans les ordres de grandeur : c'est savoir d'instinct combien coûtera un recrutement, un investissement, un lancement, un emprunt, une création de produit ; c'est sentir les sources de productivité encore possibles dans le fonctionnement de l'entreprise ; c'est arbitrer entre des demandes budgétaires souvent incompatibles, bien que toutes soient présentées comme indispensables ; c'est aussi ne point consacrer trop d'attention aux économies de détail, au détriment des grandes restructurations génératrices de plus-values ; surtout, c'est savoir à l'avance que l'on va payer trop cher un service, un salaire, un compromis, un rachat ou une promotion. C'est enfin savoir être généreux sur l'essentiel, et pingre sur l'accessoire.

Un cocktail, en somme, de ce dont les patrons ont besoin en toute situation : bon sens et caractère.

Le sens de l'argent culmine dans celui du profit. Curieusement, celui-ci ne va pas toujours de soi. Jusqu'aux années 1980, la culture managériale française considérait le profit comme une résultante plus que comme un objectif prioritaire. Du moment qu'on assurait ses investissements et qu'on servait un dividende honnête aux actionnaires (« Attention à ne pas trop les gâter », disait-on même), le contrat était rempli.

On a trop répété que nos entreprises devaient à des charges sociales excessives des profits plus réduits que ceux de leurs concurrents étrangers. Prétextes ! A conditions économiques comparables, le profit résulte d'une volonté presque farouche qui n'est pas si facile à mettre en œuvre, car elle bouleverse bien des conforts et des habitudes. Je me suis moi-même souvent reproché de ne pas l'exercer avec assez d'exigence. Mais dès que l'on fait entrer dans son capital des actionnaires extérieurs, on n'a même plus le choix. L'équation qui s'impose alors aux patrons comme à leurs salariés est d'une implacable simplicité : survie = profits.

VI

La légitimité

Combien de vrais patrons ? – Pourquoi lui, pourquoi pas moi ? – Est-il légitime d'être patron ? – Le sorcier de village. – Les identifications classiques volent en éclats. – Retenir les meilleurs d'aller chez les autres. – Plutôt que grignoter les parts de marché, les avaler. – Je ne fais pas de l'acier, mais de l'argent. – Un joker : être le fondateur. – Astiquer sa légitimité.

Au printemps de 1988, Jean Gandois n'était pas à l'aise. Pourtant, avec sa haute stature, son *look* de patricien et ses propos fermes, il jouait, quand il recevait rue Balzac, au siège de Péchiney, son rôle de haut P.-D.G. aussi bien que Michel Piccoli.

Polytechnicien, ingénieur des Ponts, ayant passé de longues années dans la sidérurgie, puis à la présidence de Rhône-Poulenc, nul ne pouvait lui contester, malgré son caractère brusque, son appartenance à la « botte » du management français. Pourtant, son pouvoir à Péchiney n'était pas si assuré.

Le gouvernement de cohabitation conduit par Jacques Chirac l'avait nommé en 1987 à la tête de ce fleuron des entreprises publiques afin d'en préparer la privatisation. Mais Jean Gandois n'avait pas renoncé pour autant à la présidence du groupe sidérurgique belge Cockerill-Sambre, qu'il s'était engagé à redresser. Gouverner deux énormes firmes sans liens entre elles, distantes de deux heures de train, ne lui permettait une présence très affirmée ni à Paris, ni à Bruxelles.

Aussi son management ronchonnait-il contre sa bigamie. Pire encore, les raisons mêmes de sa nomination venaient de s'évanouir. Après le krach d'octobre 1987, la privatisation avait été repoussée aux calendes grecques. Là-dessus, krach politique : les parrains de Jean Gandois perdirent les élections de 1988. Les privatisations furent suspendues pour un septennat. Manifestement, le double P.-D.G. commençait alors à se demander : « Qu'est-ce que je fais là ? »

Un an plus tard, plus personne ne se posait la question. Plus présidentiel que jamais, il soulevait les applaudissements au « Forum de *L'Expansion* » en expliquant comment il avait repris American Can et permis ainsi à Péchiney d'augmenter sa taille de moitié et devenir ainsi le premier mondial de l'emballage. Pour cette opération de grand capitalisme international — une « première » pour une entreprise publique —, il avait su soutirer 4 milliards à un gouvernement socialiste !

C'était César après Pharsale... Il n'était plus

seulement le président de son entreprise, il y avait pris le pouvoir. En menant Péchiney à la victoire, il y avait dissipé les états d'âme et lui avait donné un nouveau sens. Il venait d'établir sa légitimité.

Au sens étymologique, est légitime ce qui est conforme à la loi. Condition nécessaire, il est vrai, pour un patron, mais souvent insuffisante. Légalement, il y a un président ou un gérant à la tête de chaque société. Mais, parmi eux, combien de vrais patrons ? La différence semblant être de l'ordre de celle que Mark Twain établissait entre le mot juste et le mot presque juste : « La même qu'entre l'éclair et le ver luisant. »

On ne peut définir la légitimité d'un patron que par l'effet qu'elle produit : c'est la combinaison des facteurs qui le dotent d'un pouvoir effectif lui permettant d'exercer pleinement sa fonction.

Imaginons que le propriétaire d'une entreprise, dans une crise de népotisme, décide de nommer son fils de 18 ans à la tête de celle-ci. Le jeune héritier disposera juridiquement de pouvoirs considérables : il pourra vendre, acheter, embaucher, licencier. Mais si ses cadres et ses clients ne l'acceptent pas et le quittent, il ne pourra empêcher la maison de péricliter.

Pour que des individus travaillent ensemble à quoi que ce soit, il faut qu'un pouvoir définisse les objectifs, unifie l'action, fixe les règles et fasse accepter les inévitables contraintes.

Comment ce pouvoir est-il reconnu par une collectivité ? C'est le problème de la légitimité. Car il ne va pas de soi qu'un seul puisse imposer sa loi au grand nombre. Chacun n'est-il pas fondé à dire : « Pourquoi lui ? pourquoi pas moi ? »

L'histoire du pouvoir, des chefs de villages primitifs aux présidents d'États démocratiques, en passant par toute la gamme des royautés, est émaillée de remises en cause, d'oppositions, de conspirations, de violences et de meurtres. Ce qui prouve au moins une chose : tout pouvoir est aussi contestable qu'il est convoité.

Pour le patron dont le pouvoir est le principal instrument de travail, la légitimité doit être l'objet de soins constants. L'entreprise y trouve son compte, car lorsque la légitimité s'affaiblit, le corps social hésite et perd tout ou partie de son efficacité. Nul ne pourra comptabiliser exactement ce que les longs mois de combats des chefs à L.V.M.H. ont coûté à cette société.

Un an avant le départ de Michel Pecqueur de la tête d'Elf Aquitaine, des informations circulèrent dans la presse, annonçant son non-renouvellement en 1989 et son remplacement par Loïk Le Floch Prigent. Au 48e étage de sa majestueuse tour de commandement, il m'avait alors confié combien sa tâche était immédiatement devenue pénible. Même ses clients étrangers prenaient des positions attentistes, préférant, avant de signer les contrats, savoir à qui ils auraient affaire le lendemain. Pas plus que la vertu ou l'honnêteté, le pouvoir ne souffre d'être mis en doute.

Aujourd'hui, la légitimité des patrons pose une question à double détente. Non pas seulement : qu'est-ce qui fonde la légitimité d'un patron ? Mais aussi : est-il légitime d'être patron ?

Sur cette seconde question (en fait, préalable), nous revenons de loin ! Le principe même de tout pouvoir n'est-il pas en crise depuis deux siècles ? La Révolution a porté un coup fatal au pouvoir politique héréditaire de droit divin, devenu indéfendable et insupportable dès lors que la société commençait à échapper à l'obscurantisme. Au nom de quoi, en effet, justifier que l'arbitraire puisse échouer par naissance entre les mains de sous-doués ou de despotes ?

Mais, dans le corps d'idées des révolutionnaires de 1789, le pouvoir économique n'était guère contesté : malgré les Enragés, il s'agissait bien d'une révolution bourgeoise garantissant le droit de propriété.

Très vite, pourtant, l'onde de choc s'est propagée. C'est moins de soixante ans plus tard que Marx dénonce l'exploitation de l'homme par l'homme. Et quand Lénine, au début de notre siècle, lance : « Tout le pouvoir aux soviets ! », il s'agit bien, pour ces derniers, de remplacer politiquement la Douma, et économiquement... les patrons !

De ce fait, en Europe occidentale, pendant les trois premiers quarts du vingtième siècle, la vulgate marxiste, pénétrant la classe politique, intellectuelle, syndicale et médiatique, fera rimer patrons avec exploiteurs. Se considérant comme assiégés, ces derniers ont commencé par réagir en se crispant sur leurs prérogatives et principes hiérarchiques. Tension qui devait aboutir au psychodrame plutôt salutaire de Mai 1968.

Doublement salutaire, même, car non seulement il a purgé les comportements sociaux de bien des signes formels d'autorité, aussi inutiles qu'humiliants, mais il a simultanément démontré l'impasse de la voie révolutionnaire dans une société démocratique développée. C'est à partir de là que le mythe du patron « adversaire de classe » a commencé à faire place à des constatations plus réalistes. Un siècle après Marx, la question « Est-il légitime d'être patron ? » ne trouvait pas de réponse consensuelle. En l'espace de quelques années, les fondements de cette légitimité viennent de se reconstruire sur des bases modernes.

La tendance s'est presque inversée, puisqu'un sondage de la SOFRES datant de mars 1989 constatait que 75 % des salariés faisaient confiance à leurs patrons, et 31 % seulement à leurs représentants syndicaux. Durant les deux dernières décennies, sous l'effet de la crise économique, de la montée du chômage, de la concurrence mondiale, des grandes vagues de regroupements d'entreprises, la légitimité du patron est ainsi passée de l'inévitable au désiré.

Car si le problème du chômage ne concerne

directement que 10 % des salariés, celui du maintien de l'emploi préoccupe tous les autres. Chacun d'eux comprend désormais que le moindre dérapage des résultats de l'entreprise qui le fait travailler risque de se traduire par des allègements d'effectifs. Pire : chaque entreprise vulnérable devient une proie potentielle, et les rachats ou fusions aboutissent rarement à des embauches.

Longtemps, dans l'esprit des salariés, leur meilleur rempart fut constitué par leurs syndicats. A l'expérience, ils ont pu remarquer que les combats d'arrière-garde finissaient mal. Ils préfèrent désormais un bon patron ; au point, parfois, de l'ériger en sorcier de village, supposé être capable de miracles. Si le mythe actuel du leadership patronal dure, à son tour, autant que ceux que colportaient naguère les idéologies marxisantes ou leurs variantes autogestionnaires, le chef d'entreprise risque de se trouver surinvesti d'espérances pendant encore quelques décennies.

Longtemps vacillante, la légitimité du patron se fonde à présent sur un principe simple et communément admis : la reconnaissance de la nécessité de son existence. Un progrès de bon sens qui n'allait pas de soi, même si, dans les faits, à travers les vicissitudes politiques et les convulsions sociales qui ont jalonné le XXe siècle, la majorité des patrons demeuraient acceptés par la majorité de leurs salariés.

Pourtant, au-delà même des changements de

climat politique, c'est le fonctionnement contemporain des entreprises qui a rendu « volatiles » les constituants traditionnels de la légitimité du pouvoir.

Il n'y a guère plus d'une ou deux générations, une entreprise paraissait un système simple et facile à définir. Elle était industrielle (on disait même « industriel » plutôt que « chef d'entreprise »), centrée sur un produit ou une gamme de produits. Son actionnariat à dominante familiale assurait une transmission héréditaire (ou népotiste) du pouvoir. Les cadres et les ouvriers y faisaient leur carrière et se connaissaient donc intimement. Même la localisation géographique changeait peu, au point que Clermont-Ferrand c'était Michelin, comme Saint-Étienne s'identifiait à Manufrance, et de Wendel au Creusot.

A partir d'une société à dominante rurale s'était créé un tissu industriel unitaire, repérable, empreint de traditions. La légitimité du patron s'appuyait le plus souvent sur le contrôle personnel (ou familial) du capital. S'y ajoutait une connaissance directe, souvent transmise, du métier lui-même. Le chef d'entreprise pratiquait de longue date ses principaux clients, fournisseurs et sous-traitants. Ces liens humains étaient essentiels pour entretenir également un rapport solide avec le personnel qui, à défaut de l'aduler, le connaissait au moins de longue date. En l'absence d'une légitimité de la compétence et de la performance se créaient, le cas échéant, celles de l'habitude, ou, au pire, de la résignation.

Comme dans le système féodal, on endurait un mauvais seigneur puisqu'on n'avait pas la possibilité d'en changer.

Ces composantes, plutôt stables, d'une légitimité naturelle entre le dirigeant et son entreprise, ont toutes bougé. Là comme ailleurs, la mobilité de l'époque moderne s'est révélée particulièrement déboussolante.

PRODUITS ET MÉTIERS. — Certes, il reste vrai que Boeing fait des avions, et Peugeot des voitures. Mais Matra ne génère plus qu'une fraction minoritaire de son chiffre d'affaires avec ses fusées et autres engins, de même que Péchiney n'est plus dans l'aluminium que pour moins de la moitié de son activité ; I.B.M. sera de plus en plus dans les programmes, de moins en moins dans les ordinateurs ; Elf, par la Sanofi, étend sa diversification jusqu'aux cosmétiques ; Thompson n'est plus dans l'électroménager ; Apple délaisse les « zinzins du P.C. » pour la clientèle d'entreprise. Ces glissements techniques de produits, de marchés, de régions, sont permanents et nécessaires.

Le cas le plus célèbre n'est-il pas, en France, celui de B.S.N. qui, sous un seul règne, celui d'Antoine Riboud, est passé de « verre + bouteilles » à « bouteilles + bière », puis à « bière

+ alimentation », pour tendre vers l'alimentation sans verre ?

Sous Gilbert Trigano, le Club Méditerranée commence par planter des villages de tentes pour aboutir, trente ans plus tard, au tourisme mondial haut de gamme et aux transports aériens.

L'important n'est pas dans cette constatation, banale, du changement, mais dans le fait que les firmes qui ont su prendre ces virages abrupts sont celles qui connaissent la croissance et la prospérité. La légitimité, naguère ancrée dans la qualité et la tradition, réside désormais dans l'anticipation et l'adaptabilité.

GÉOGRAPHIE. — Certes, le siège social de Michelin reste à Clermont-Ferrand, mais la firme, avec des usines dans seize pays, est l'une des plus « mondiales » que compte notre pays... Renault ne désespère plus Billancourt, elle le déserte. Le groupe *Expansion* s'est installé sur le terrain libéré par les usines où André Citroën a lancé la « Traction ». En trois ans, Hachette est passé d'un statut hexagonal à celui d'une multinationale fortement américanisée qui plante son enseigne sur Times Square.

L.V.M.H., symbole des luxes les plus français (couture, champagne, bagages de marque), réalise 80 % de son chiffre d'affaires hors des frontières. La proportion est encore plus écrasante pour Nestlé, néanmoins première entreprise suisse. De même la Shell, qui n'a plus de néerlandaise que l'adresse de son siège social.

La délocalisation régionale ou mondiale des lieux de fabrication au gré des coûts de main-d'œuvre (textile ou électronique) ou de l'énergie (aluminium), fait voler en éclats toute identification à un terroir — et, bientôt, à un pays.

Les marchés nationaux sont partout devenus insuffisants pour amortir les investissements requis par le progrès technologique. L'esprit de clocher est mort, le nationalisme absurde (bien qu'encore présent dans des discours comme ceux d'Antoine Riboud : « B.S.N. est comme la cathédrale de Chartres... »). On ne peut plus guère s'appuyer sur l'identité territoriale de l'entreprise, hormis pour grappiller de rares subventions...

PERSONNEL. — S'agissant des hommes, on observe une double indifférenciation, par la base et par le haut. A la base, chez les salariés payés autour du SMIC, c'est le « *turnover* » qui peut atteindre 20 % des effectifs par an. Au sommet, pour les cadres et dirigeants, c'est la « gestion de carrière » : on part du principe qu'il faut enrichir ses expériences en bougeant, et qu'on augmente plus rapidement sa rémunération en changeant qu'en restant sur place.

Autrefois, le savoir-faire, le tour de main, bref, le métier dépendait d'un personnel peu éduqué, mais longuement formé. Aujourd'hui, la technicité est passée dans les machines et les procédures, cependant que les hommes, mieux instruits, à tous niveaux, peuvent, de ce fait, changer plus facilement de postes, de fonctions, donc d'entreprises.

Les valeurs morales (fidélité à l'entreprise), comme les tabous (on ne traverse pas la rue pour aller travailler chez le concurrent) ont quasiment disparu. Il n'y a pas si longtemps, on passait entre patrons confrères des pactes plus ou moins explicites de non-débauchage. Vous en vouliez au responsable qui partait chez le rival, et davantage encore à ce dernier qui était venu « chasser sur vos terres ». Aujourd'hui, il serait presque incongru de s'en formaliser.

Dialogue, en 1987, dans un cocktail, avec André Fontaine, directeur du *Monde* :

— Vous avez de nouveaux projets ?

— Oui, nous lançons un supplément « Affaires », hebdomadaire.

— Quand ça ?

— Dès que sa rédactrice en chef nous aura rejoints. Il s'agit de Christine Mital.

— Je sais, c'est chez moi que vous l'avez prise.

— Ah, c'est vrai ! J'avais oublié !

André Fontaine et moi sommes restés excellents amis, et Christine, après dix-huit mois passés au *Monde*, est revenue à *L'Expansion*...

Depuis vingt ans, deux industries se sont créées à partir de cette mobilité tourbillonnante des cadres : les chasseurs de têtes, qui deviennent presque les conseillers permanents des P.-D.G., et les annonces de recrutement de cadres (3 500 pages par an dans *L'Express*, 1 400 pages dans *Le Monde* : un vrai pactole !).

Ne pas en conclure que tous les cadres quittent leurs employeurs tous les quatre ans. Les plus solides équipes de direction continuent à se forger dans la durée et la stabilité. Chez Bouygues, c'est un principe fondamental : sur les organigrammes, chaque nom est suivi de deux chiffres indiquant l'âge et l'ancienneté dans l'entreprise. On ne se contente pas de collaborateurs, on veut des compagnons.

Mais la mobilité peut à tout moment emporter un morceau de la pyramide de direction la plus soigneusement construite. Il en résulte qu'un des éléments essentiels de la légitimité moderne, chez un patron, est de savoir attirer les meilleurs qui sont chez les autres, et de savoir retenir ses meilleurs... d'aller chez les autres !

ACTIONNARIAT. — Pendant la trentaine d'années qui ont suivi la dernière guerre, l'actionnariat d'une entreprise ne posait guère de problèmes. Ou bien il était dominé par un individu ou une famille, ou bien il était soigneusement réparti par petits paquets entre des banques, des compagnies d'assurances ou d'autres grosses sociétés, choisies par les dirigeants en place afin de se conserver la marge de manœuvre la plus grande possible.

Aussi, quand Antoine Riboud lança en 1968 la première O.P.A. contre Saint-Gobain, non seulement elle échoua, mais elle choqua. L'*establishment* des affaires préférait, comme Paribas sous Jean Reyre, influencer avec moins de 10 % des actions plutôt que diriger vraiment. On ne portait pas de badge « Touche pas à mes actionnaires ! », mais on en respectait l'esprit. Pour un entrepreneur, cela ne se faisait pas de vendre son entreprise. La céder passait pour un aveu d'échec.

Depuis dix ans, tout a changé en France sous l'effet de multiples facteurs, le principal étant la prise de conscience qu'on pouvait gagner beaucoup plus d'argent (pour les financiers) ou de temps (pour les entrepreneurs en croissance) en manipulant du capital qu'en gérant une entreprise.

Le réveil de la Bourse, pendant les années 1980, a formidablement renchéri le prix des acquisitions. Où est l'époque où l'on pouvait prendre le contrôle d'Hachette avec 500 millions de francs ? Ce n'était pourtant qu'en 1981...

Les échanges d'actions sont devenues un instrument privilégié pour mener à bien ces acquisitions. Antoine Riboud, là aussi précurseur, a compris qu'il pouvait ériger B.S.N. en géant de l'alimentation en battant sa propre monnaie. Il a acheté Kronenbourg, Danone et bien d'autres sociétés en troquant des titres.

Avec ses seuls bénéfices, jamais il n'aurait pu générer le *cash* suffisant pour le faire.

Le renchérissement du prix des entreprises est la conséquence directe de la mondialisation de la concurrence. Pour tenir tête, il faut grandir vite, c'est-à-dire élargir ses « parts de marché ». Les grignoter prend trop de temps ; mieux vaut les avaler en absorbant un concurrent. Comme l'argent est devenu abondant dans les pays riches, on trouve les capitaux nécessaires pour payer, de plus en plus cher, ces précieuses parts.

En France, le coup d'accordéon « nationalisations-privatisations » a, en cinq ans, amorcé une redistribution des cartes du capital qui n'est pas encore terminée. Durant cette période, les Tapie, Bolloré et Arnault ont démontré qu'avec une bonne connaissance des nouveaux mécanismes financiers et un peu de culot, on pouvait, même sans capitaux, devenir capitaliste, et, de surcroît, très rapidement.

Enfin, managers et salariés se sont eux-mêmes pris au jeu en s'apercevant qu'avec les R.E.S. ou les L.B.O., qui permettent la reprise d'une entreprise par ses propres salariés, ils pouvaient, comme dans le cas de Darty ou de l'I.D.I., passer du statut d'employés à celui de propriétaires.

L'actionnariat, auquel on accolait naguère facilement l'adjectif « stable », est devenu une variable de plus dans le tourbillon des affaires.

Peut-il encore, malgré cette mobilité, conférer une légitimité ?

Un exemple démontre l'ambiguïté du problème. Dans la lutte entre Bernard Arnault et Henri Racamier, le premier ne détenait directement que 2 % du capital de L.V.M.H., soit sept fois moins que Racamier. Lequel des deux avait une plus grande légitimité : celui qui possédait le plus d'actions ou celui qui, par une utilisation astucieuse du droit des sociétés, pouvait juridiquement imposer son contrôle et sa loi ?

LES DIRIGEANTS. — *A priori,* le choix des dirigeants semble obéir à des critères plus sains qu'autrefois. L'aspect dynastique est désormais limité à des exceptions (Michelin) qui suscitent parfois des polémiques (Dassault) ou qui passent pour une ironie du sort (Bolloré). Il n'y a guère que dans les P.M.E. que l'on succède à son père ; même là, encore faut-il faire la preuve de ses mérites. Plus exposé, plus facilement contesté qu'auparavant, le patron ne peut risquer d'être discutable. Il doit pouvoir être jugé sur sa compétence et ses résultats.

Mais quelle compétence, pour quels résultats ? L'aptitude, justement, à produire des résultats...

Comme le lançait un grand patron de la sidérurgie américaine : « Je ne suis pas là pour faire de l'acier, mais de l'argent. » Il est vrai que, de par le monde, les sidérurgistes ont produit beaucoup plus de l'un que de l'autre, et qu'il était temps d'inverser la tendance !

Mais, derrière la boutade, se pose la vraie question : le dirigeant de haut vol doit être spécialiste de rien..., sauf de la direction d'entreprise. « Longtemps, j'ai cru qu'il fallait bien connaître son secteur pour y faire prospérer l'entreprise que l'on dirige, médite Jean Peyrelevade. Je me suis aperçu qu'il suffisait d'écouter et de savoir décider. »

C'est ainsi qu'on a pu reprocher à Bernard Hanon, excellent « voituriste », d'avoir échoué chez Renault pour n'avoir pas su trancher en période difficile. Quand il a été remplacé par Georges Besse, réputé pour son caractère, mais ne connaissant de l'automobile que les places arrière, Renault a frémi comme si on avait confié la direction d'un orchestre à un inspecteur des Finances. Or Besse, puis Lévy ont redressé Renault.

Oui, chuchotait l'état-major de Billancourt, mais sauront-ils nous faire faire de bonnes voitures ? Pourquoi pas, puisque Calvet, qui n'est même pas ingénieur, n'avait tâté jusqu'à cinquante ans que de la haute administration et de la banque ! Arnault, lui, est polytechnicien, mais est-ce la meilleure formation pour décider d'investir sur Christian Lacroix ou d'embaucher Gianfranco Ferré ?

On disait autrefois dans les milieux politiques que la guerre est une affaire bien trop sérieuse pour être confiée à des militaires. Ce principe va-t-il dominer les affaires ? En viendra-t-on à entretenir un corps d'énarques pour diriger le pays, et un corps de grands managers financiers pour mener les affaires, tout vrai spécialiste se retrouvant désormais cantonné dans une position subalterne ?

Si la question se pose, le débat n'est pas tranché, car il s'agit là d'une véritable révolution culturelle qui se déroule en direct sous nos yeux. Nous n'avons pas été préparés à admettre que la légitimité d'un patron ne se fonde plus nécessairement sur la durée de son expérience dans le métier. Mais nous soupçonnions déjà qu'en général, dans la vie, le caractère est plus déterminant que la compétence.

Tout est devenu mobile et fluctuant dans l'univers des affaires : les produits, les techniques, les marchés, les localisations, le personnel, les actionnaires et les dirigeants. Mais, loin de miner l'assise sur laquelle pouvaient s'appuyer les patrons, cet ébranlement tend paradoxalement à renforcer leur légitimité. Quand le bateau tangue, on se resserre autour du capitaine. A défaut d'autres références stables, l'entreprise éprouve le besoin d'un leader qui sache rassembler ses composantes et l'incarner vis-à-vis du monde extérieur.

Pourtant, si le principe de légitimité est ainsi admis, sa réalité reste variable, au point que chaque chef d'entreprise se doit d'entretenir sans relâche la sienne.

La légitimité est une affaire plus compliquée pour un patron que pour un chef d'État. Ce dernier n'a besoin que du suffrage de la majorité des électeurs. Même si, par la suite, sa popularité connaît des hauts et des bas, sa légitimité démocratique est acquise. Si la population est mécontente de lui, elle ne va pas quitter le pays (du moins en démocratie).

Il n'en va pas de même pour un patron qui doit se faire confirmer en permanence par trois électorats différents : ses actionnaires (et ses banquiers), ses collaborateurs et ses clients. La complication vient du fait que chacun de ces groupes n'a pas les mêmes intérêts que les deux autres. Et chacun des trois est susceptible à tout moment de lui faire défaut.

Les actionnaires (et les banquiers) attendent des profits. S'ils ne sont pas contents, ils peuvent couper les crédits, faire baisser le cours de bourse ou vendre leur paquet de titres, voire, à l'extrême, démettre le P.-D.G.

Les collaborateurs veulent de bonnes conditions de travail et des rémunérations élevées, qui ne sont pas facilement conciliables avec la maximisation des profits. S'ils ne sont pas satisfaits, ceux qui peuvent s'employer ailleurs (c'est-à-dire justement ceux qu'il est important de garder) vont s'en aller et contribuer ainsi à affaiblir l'entreprise.

Les clients, trop souvent oubliés, sont la

raison d'être de l'entreprise. Si la qualité des produits ou du service ne leur convient pas, ils trouveront mieux sur le marché, au grand dam des actionnaires, des salariés... et du patron. Mais réaliser de bons produits est coûteux pour les profits. Assurer le meilleur service est souvent contradictoire avec les intérêts du personnel. Il est clair, par exemple, que les clients préféreraient pouvoir faire leurs achats le dimanche ; mais les syndicats de salariés des magasins ne sont en général par d'accord, y compris même contre l'avis de la majorité de leurs mandants !

Sur le papier, la conciliation de tous ces intérêts paraît impensable, mais, dans la pratique, comme pour le gouvernement d'un pays, la gestion des contradictions se passe sans trop de drames, sinon sans tensions, coups de menton ou pirouettes.

Il m'arrive de réfléchir aux bases de ma propre légitimité de patron. En principe, elles sont bétonnées. Ancienneté : je fais ce métier de dirigeant de presse depuis trente ans, et je suis à la tête de mon groupe depuis vingt-trois ans. Contrôle : j'en suis le plus gros actionnaire et je contrôle la majorité du capital et du conseil d'administration. Résultats : mes produits sont presque tous leaders sur leur marché, l'entreprise se développe vite, les profits augmentent, et, chaque année, j'ai beaucoup plus embauché que je n'ai licencié. Joker : j'ai fondé l'entreprise ; je n'ai nul besoin de rappeler :

« Si un jour je n'avais pas eu tout seul l'idée de lancer *L'Expansion*, rien de tout cela n'existerait. » Chacun le sait. Pour la légitimité, la position de fondateur est un *plus* évident et qui ne sert que pour un seul patron par entreprise, le premier.

En additionnant tout cela, je pourrais être fondé à estimer que je dispose de bons amortisseurs. Pourtant, je sais que cela ne suffit pas. Les politiciens américains disent souvent entre eux que la seule question implicite que leur pose leur électorat, c'est : « *What have you done for us, lately ?* » Tout est dans le *lately* (récemment). Si *La Tribune* ne sort pas de scoop pendant une semaine, le lecteur pensera : « Ça ronronne. » Si les profits progressent de 15 % au lieu de 25 %, l'actionnaire pensera : « Est-ce vraiment géré ? » Si nous devons licencier quatre secrétaires de rédaction pour cause de modernisation de la fabrication, *Le Monde* se fera un plaisir de titrer : « Crise sociale au groupe *Expansion*. » Si je n'ai pas annoncé d'acquisition dans l'année, la presse professionnelle et certains de mes cadres s'interrogeront sur notre « baisse de dynamisme ».

Comme en amour, rien n'est jamais acquis. Pour le patron, deux pôles à sa légitimité : celui, formel, que confère tout son passé, et celui, psychologique, qui découle de son action quotidienne. Côté formel, ses titres, son expérience, ses victoires antérieures, la confiance de son actionnaire (ou mieux : son propre contrôle, si possible majoritaire). Côté psychologique, le présent et l'avenir : ses projets, son charisme, sa stratégie, ses négociations, ses idées, ses recrutements, sa présence, son courage, sa capacité de dire *non*, etc.

En affaires comme en politique, la légitimité du dirigeant se suffit de moins en moins de sa légalité. Il s'agit davantage d'un lien vivant qui demande à être retrempé, rafraîchi, reconstitué, réorganisé, bref, nourri. Comme tous les systèmes vivants, elle peut se développer, se renforcer, s'enrichir, mais aussi se rider, se scléroser, s'atrophier, voire s'éteindre.

Astiquer sa légitimité, voilà peut-être, pour le patron, la moins délégable des tâches.

VII

Les autres

Et s'ils ne venaient pas demain ? – Un pouvoir écrasant en hiérarchie et nul en pratique. – Cinq principes de bon sens. – La nouvelle classe des managers/partenaires. – Pas assez de neurones dans ma tête. – Les limites de la transparence. – Le coût des rivalités intestines. – Les mauvaises nouvelles remontent mal. – Une Rolls Royce parmi les R 25. – Le plus grave des préjudices personnels. – La camaraderie et la distance.

Frédéric II, le roi qui a inventé la Prusse, ami de Voltaire, était fier de sa garde personnelle. Il aimait passer en revue ces gaillards d'au moins 1,80 m, sanglés dans leurs uniformes rutilants. Mais, comme il se voulait philosophe, il confiait parfois à ses proches, après la parade : « Le plus étonnant, c'est qu'ils ne me tirent pas dessus. » Il suffit d'un trait de réalisme un peu distancié pour rendre sympathique même un despote.

Il m'arrive aussi de penser : « Le plus étonnant, c'est qu'ils viennent tous au bureau chaque matin. » De plus en plus d'entreprises n'ont pas d'usines ; elles délèguent la fabrication physique de leur produit à d'autres : que ce soit à Taiwan, à Rio, ou, pour nous, à un imprimeur. Elles existent parce que des gens se réunissent pendant la journée devant quelques instruments de communication : téléphones, claviers, écrans. Si, demain, ils ne venaient pas, il n'y aurait plus d'entreprise. Et donc plus de patron.

Le patron est un Dieu incomplet. Il peut exercer sur les autres un pouvoir considérable, voire arbitraire. Mais, en contrepartie, il ne peut strictement rien sans eux. Il peut les choisir, les déplacer, les renvoyer. Pour le reste, il dépend plus des autres que les autres ne dépendent de lui. Celui qui l'oublie s'achète bien des ennuis...

De Gaulle soupirait : « Le pouvoir, c'est l'impuissance. » On peut en effet disposer du feu nucléaire (qu'on n'utilise jamais) et être incapable d'obtenir qu'une note interne mette moins d'une journée pour parvenir un étage plus bas. On ne court aucun risque de se tromper en érigeant ce constat en précepte : plus le pouvoir stratégique, le pouvoir ultime s'accroît, et plus le pouvoir pratique, le pouvoir quotidien s'affaiblit. C'est qu'entre le patron et les faits s'interposent *les autres*, de plus en plus nombreux.

Comment parvient-on à diriger mille, dix mille, cent mille, *a fortiori* cinquante-cinq millions de personnes ? La réponse est, bien sûr, qu'on ne les dirige pas. Au mieux on les influence, on les inspire, on leur donne des objectifs et des règles. C'est déjà énorme, mais c'est tout. Le reste — en particulier l'accomplissement des objectifs visés — dépend de chacun d'eux, et fort peu du patron.

Tout patron qui a fait grandir son entreprise connaît la frustration de cette perte de pouvoir, aussi subtile que concrète. Non seulement il contrôle de moins en moins les événements, mais il a du mal à simplement savoir ce qui se passe. Il finit par consacrer plus de temps à s'assurer de la bonne marche du système d'information que de la vente des produits et de la satisfaction de la clientèle.

Ce n'est que par l'observation du fonctionnement réel des relations entre le patron et les autres que l'on peut comprendre à la fois son rôle et ce qui se passe dans une entreprise.

La mode financière actuelle du contrôle en cascade du capital (ces holdings en « poupées russes » qui permettent, avec 5 %, de tenir l'ensemble) n'est pas si artificielle qu'on le prétend. Elle reflète, au niveau de l'actionnariat, ce qui est de pratique quotidienne pour le management.

Un patron ne dispose que du temps et de l'énergie nécessaires pour diriger une poignée de dirigeants dont chacun, pour les mêmes raisons, ne peut diriger qu'une poignée de cadres supérieurs, lesquels ne dirigent eux-mêmes qu'une poignée de collaborateurs. Ce qui conduit à constater que le pouvoir d'un patron sur l'un des collaborateurs de l'un de ses cadres supérieurs est tout aussi écrasant en termes de hiérarchie que nul en pratique.

Ainsi s'articulent tous les systèmes humains, les ateliers comme les empires : des réseaux de relations entre des gens qui, de gré ou de force, acceptent d'en avoir entre eux. Dans l'entreprise, on préfèrera le *gré*.

Encore ne faut-il pas se dissimuler que ce réseau d'échanges véhicule aussi bien de l'initiative, de l'invention, de l'organisation, que de la contrainte et des conflits. Il revient au patron de gérer l'ensemble.

La « ressource humaine » est le thème d'une ample moisson de lieux communs contemporains : « L'entreprise ne vaut que ce que valent ses hommes », ou « La qualité des produits dépend de la qualité des hommes », jusqu'à cette maxime à la Tapie : « Rien de plus simple, il n'y a qu'à prendre les meilleurs ! » Clichés, mais qui n'en expriment pas moins des évidences.

Aujourd'hui, une multinationale est prête à faire fabriquer aux antipodes si elle est assurée d'y trouver une main-d'œuvre à la fois qualifiée et moins chère. Mais toujours la qualification l'emporte sur les bas salaires. Le Japon, qui paie mieux ses ouvriers (bacheliers) que des travailleurs américains (qui ne le sont pas), continuera à dominer les marchés les plus rentables.

Une fois admis qu'il ne peut absolument rien

faire sans les autres, le patron n'a plus qu'un problème, ou plutôt une obsession : la qualité du potentiel humain de son entreprise.

Comment l'établir ? L'expérience suggère cinq principes de bon sens. Il faut s'assurer que les hommes de l'entreprise :

- soient bons (recrutement),
- sachent ce qu'ils ont à faire (communication),
- ne perdent pas de temps ni d'énergie (transparence),
- s'aperçoivent qu'on pense à eux (contact),
- puissent compter sur une justice (rigueur).

Rien de bien nouveau sous le soleil. Mais alors, comment expliquer qu'on rencontre si rarement des organisations où ces cinq conditions soient remplies, voire seulement deux ou trois d'entre elles ?

RECRUTEMENT. — C'est la recherche, puis la rencontre. Un acte à peine moins décisif, pour les deux parties, que les fiançailles et les noces pour un couple. De nos jours, certaines relations de travail ne durent-elles pas plus longtemps que des mariages ?

La qualité des rapports personnels est ici si cruciale que l'idéal serait que chacun, à son échelon, puisse choisir ceux avec lesquels il est destiné à travailler directement. Ce qui impliquerait que le patron laisse ses collaborateurs recruter les leurs, en se bornant à veiller à l'exigence et à la minutie du processus. Tous, loin de là, n'ont pas cette sagesse.

Que ce soit pour l'embauche des aides-vendeurs, dont la durée moyenne d'emploi est de trois mois, ou pour celle du nouveau responsable d'une firme de cinq milliards de chiffre d'affaires, c'est des moyens mis en œuvre que dépendra la qualité du recruté et, en définitive, le niveau de profit de l'entreprise.

Car le recrutement de qualité est long et cher. Ainsi, les grandes sociétés, à l'exemple de ce qui se pratique en Amérique, viennent faire de véritables *shows* sur les campus des écoles commerciales dans le but d'attirer, avant même la fin de leurs études, les plus prometteurs parmi les futurs diplômés. Un des atouts décisifs, à ce niveau d'interventions, est la cote d'amour du patron auprès des étudiants. Popularité vérifiée chaque année par sondages. Ainsi, celle de Jacques Calvet, de Jean-Luc Lagardère et d'Antoine Riboud — les trois premiers au hit-parade 1989 — permettra à P.S.A., Matra et B.S.N. d'écrémer les promotions.

Pour décrocher des hauts dirigeants, le temps et l'argent coulent également à flots. Entre le moment où l'on décide de créer un poste de directeur financier et celui où il est pourvu, il faut compter en moyenne six mois, et il arrive que cela prenne le double. Mais quelle que soit l'envie d'aboutir vite, la hâte est toujours mauvaise conseillère. Si l'on s'est trompé pour n'avoir su attendre, ce ne sont plus six mois, mais peut-être un à deux ans qui seront gâchés.

Le temps requis ne s'exprime pas seulement par la durée du processus de pré-sélection (généralement par un chasseur de têtes), mais dans les heures que doivent consacrer le patron et son équipe à discuter avec les candidats.

Comment, en effet, éviter de se tromper sur quelqu'un qu'*a priori* on ne connaît pas ? Il existe certes des tests, des plus classiques (questionnaires de Q.I., projections d'imagerie...) aux plus fumeux (numérologie, astrologie...). Depuis vingt ans, je me suis plutôt bien trouvé d'utiliser les plus sérieux pour le choix de nos managers. Ils permettent de réduire un tant soit peu l'impondérable. Mais, outre que certains types de candidats ne les acceptent pas (journalistes, hauts dirigeants), ils ne peuvent constituer qu'un des éléments de connaissance d'un individu.

Rien ne remplace des entrevues nombreuses, menées si possible par plusieurs personnes de la maison, afin de confronter les opinions et de préparer le consensus autour du nouveau venu. Un gros investissement de temps qui, dans la majorité des cas, aboutit de surcroît à une décision négative.

Le plus agaçant : lorsque, au bout de cinq minutes d'entretien avec un candidat, on sent qu'il n'est pas la personne adéquate et qu'il va falloir, par élémentaire courtoisie, continuer à faire semblant d'être intéressé pendant au moins encore trois quarts d'heure !

Quant à l'investissement en argent, le moindre n'est pas celui des honoraires mirobolants des désormais inévitables chasseurs de têtes. Les plus huppés d'entre eux ne décrochent pas même leur téléphone à moins de deux cent mille francs, sans que le client ait la moindre garantie de trouver satisfaction.

Mais le véritable coût d'un recrutement au sommet est constitué par la future rémunération de l'élu. Car les très bons ont forcément un excellent job et sont déjà remarquablement payés. Pour pourvoir certains postes, on sait qu'il n'existe guère plus de deux titulaires possibles sur le marché, il s'agit donc *a priori* d'une mission impossible. Si elle aboutit, elle sera en tout cas onéreuse.

Il convient de faire sa part à la chance. Ainsi, quand De Benedetti prit le contrôle de Valéo, il lui fallait un battant pour redresser l'entreprise. Alain Minc se mit en chasse, déclarant que le profil idéal serait « quelqu'un comme Noël Goutard », qui faisait merveille à la direction de Thomson. Ce fut Goutard lui-même qui se laissa convaincre. Dans le privé, il pouvait obtenir plus qu'un bon salaire : du capital.

Dans nos journaux, nous présentons chaque semaine à nos lecteurs des exemples de fortunes rapides. Comment espérer recruter les meilleurs de leur génération ou de leur spécialité en se bornant à leur proposer de belles fins de mois ? Avec les *stock-options*, les attributions plus ou moins gratuites d'actions, on est en train de créer, entre salariés et propriétaires, une nouvelle classe de « managers-partenaires ». Ces privilégiés de la compétence seront la garde prétorienne du capitalisme. Une fois encore, ce dernier a su de la sorte se ménager la base sociologique de sa continuité.

COMMUNICATION. — Une fois les bonnes recrues en place, il importe au patron qu'elles sachent à tout moment ce qu'elles ont à faire. Sur ce fondement repose le gouvernement de tout système.

Cette tâche peut s'accomplir de façons très diverses. L'univers le plus décentralisé est celui d'un Ambroise Roux quand il régnait à la C.G.E. sur 1 200 filiales, ou celui d'une grande multinationale comme la Shell. On se met d'accord une fois par an avec le responsable sur les objectifs que concrétise le budget, et, à moins d'événements exceptionnels, on le laisse faire ; il s'expliquera sur ses résultats. A l'autre extrême, c'est l'osmose entre le patron et son adjoint direct : Bernard Arnault et Pierre Godé font ainsi irruption dans le bureau l'un de l'autre plusieurs fois par jour. De même, Jean Boissonnat et moi avons choisi de superposer nos bureaux, reliés entre eux par un escalier spécial. En cas de besoin, chacun passe la tête à la porte de l'autre. S'il est occupé, on revient.

Mais plus l'entreprise grandit, plus de telles commodités se font rares. Force est de structurer les rapports, y compris avec les collaborateurs les plus proches. On prend des rendez-vous, on institue des réunions.

Là encore, le style de communication du patron crée la culture d'entreprise. Certains ne supportent que les dialogues, à la rigueur un trio. A l'instar de François Mitterrand, telle est la préférence d'un Guy Dejouany, malgré la taille de son empire. Consciemment ou non, ces patrons-là entendent rester le point de passage obligé de leur système. Le problème de leurs collaborateurs est de savoir ce qui se passe ailleurs dans la maison. Ceux de Vincent Bolloré ou de Robert Hersant savent que cela ne les regarde pas ; les contacts entre les différentes branches de ces groupes y sont implicitement déconseillés.

Le cas le plus fréquent, heureusement, est l'encouragement à la communication, c'est-à-dire à un mélange évolutif d'information et de discussion. J'en suis moi-même plutôt convaincu, pour une raison simple : autant j'attache du prix à la liberté de décision patronale, y compris dans ce qu'elle implique de solitude, autant je suis conscient des limites de ce que, seul, je puis accomplir : je n'ai pas assez d'heures dans mes journées, ni même assez de neurones dans ma tête pour connaître et juger tout ce qui peut se révéler déterminant pour la bonne marche de l'entreprise et l'accomplissement de ses projets.

C'est pourquoi je suis prêt à consacrer un temps prioritaire à ce que l'équipe qui m'entoure soit au même diapason que moi. Plus nous sommes nombreux à partager les mêmes valeurs, à posséder les mêmes informations, à être avertis des mêmes développements, plus nous agissons dans une direction identique, sans même avoir alors besoin de nous concerter.

Ce creuset commun, constamment nourri et réactualisé, me paraît la source essentielle de l'énergie et de la cohérence de l'ensemble. Peut-être certains dirigeants ont-ils l'énergie qui leur permet à eux seuls de dynamiser le système. Je sais que ce n'est pas mon cas.

Ils semblent être assez nombreux à partager mon point de vue. Car si l'on compare les systèmes de communication des grands patrons, tous se ressemblent peu ou prou. Presque tous choisissent par exemple de sacrifier aux réunions de direction. Le nombre de participants dépend des goûts de chacun. Jean-Luc Lagardère qui, chaque semaine, en consacre une à Hachette et une autre à Matra, dispose d'une table qui lui permet de réunir jusqu'à vingt personnes. En revanche, Antoine Riboud tient à sa vieille table ronde qui ne permet guère d'en asseoir plus de six.

La périodicité de ces réunions oscille entre hebdomadaire — cas le plus courant — et quinzomadaire, comme pour Claude Bébéar entouré de ses dix principaux dirigeants. André Rousselet la tient à Canal + le lundi matin, mais n'estime pas nécessaire d'en faire une à la G7 : ses contacts personnels avec Jean-Jacques Augier, son directeur général, lui suffisent. Carlo De Benedetti est le seul à choisir le dimanche soir pour son *briefing* d'« avant-chasse » ; il semble en effet avoir du mal à imaginer qu'on puisse à certains moments ne pas travailler.

Le style même des réunions détermine leurs résultats. Si vous rassemblez quatre personnes pendant deux heures d'horloge, vous pouvez espérer des bribes de réflexion stratégique. Si vous vous réunissez à dix en limitant, quoi qu'il arrive, la durée d'un comité à quatre-vingt-dix minutes, vous n'obtiendrez qu'un échange d'informations brièvement commentées.

Sous le couvert de ce mot flou de réunion s'exprime aussi le style de *leadership* du patron, qu'il ait tendance à les orienter plutôt vers le pôle « informer et décider », ou plutôt vers le pôle « comprendre et réfléchir ».

Enfin, que ce soit pour lustrer l'esprit de corps ou approfondir la stratégie, certaines équipes de direction raffolent des séminaires. Au moins tous les ans, au plus tous les trimestres, on va ailleurs, passer ensemble deux à quatre jours. Bébéar ne déteste pas le style *trecking,* au cours duquel le dépaysement et l'épreuve partagée créent des liens imprévus. Gilbert Trigano dispose évidemment d'un choix planétaire de lieux de rêve. Quant aux séminaires de mon groupe, j'ai pu jusqu'ici leur garder un caractère intime dans ma maison de Provence ; mon équipe accepte d'y travailler dur, à condition qu'on lui mitonne de bons plats.

TRANSPARENCE. — Même si la *glasnost* peut conduire à la mutation politique la plus importante et la plus positive de cette fin de siècle, il y a un certain boy-scoutisme dans l'exigence de transparence. Ce qui était de première nécessité dans un univers où régnaient l'opacité et la langue de bois, n'est pas à tout moment opportun pour des organisations en butte à la concurrence : les entreprises.

Chaque fois que j'ai retrouvé dans *Le Canard Enchaîné* ou *Le Monde* des informations internes fournies à notre Comité d'entreprise, j'ai eu loisir de méditer sur les limites de la transparence. Car parmi nos élus, nous comptons des journalistes. Si ces derniers avaient le même sens du secret que les banquiers, ils n'auraient pas choisi ce métier...

Malgré ces dérives, je préfère néanmoins que nous péchions par excès de transparence, car je crois qu'elle mérite des encouragements spéciaux. Bien avant Machiavel, nul n'ignorait que la rétention de l'information, la manie du secret sont des moyens banals de se créer de petites poches de pouvoir. Celui qui sait et qui le laisse entendre, mais ne parle pas, dispose d'un avantage sur ses collègues ou ses subordonnés. Si l'on commence à dévoiler le secret des dieux, on n'est plus seul dedans.

Or, la connaissance de ce qui se passe et de ce vers quoi l'on va, est une des revendications les plus spontanées, les plus naturelles de tout salarié. Sa motivation même en dépend. On aime les leaders qui savent partager ; on déteste les petits chefs qui répondent : « Parce que c'est comme ça. »

Pour ce qui est de la fluidité de l'information dans l'entreprise, l'exemple vient plus que jamais du patron. Son comportement vis-à-vis du secret sera calqué par son équipe, puis, par ricochet, par l'ensemble des cadres. Car ceux qui se montrent plus prolixes que leurs chefs se font une réputation de bavards peu fiables ; à l'inverse, ceux qui en disent moins que les autres donnent l'impression de vouloir fermer les vannes à leur profit.

Depuis dix ans, la demande interne et externe d'information sur la vie de l'entreprise a augmenté de façon spectaculaire. Les P.-D.G. des anciennes générations ont du mal à le comprendre. Ils ont tendance à trouver que les journalistes, les élus du personnel, voire leurs actionnaires se mêlent de ce qui ne les regarde pas. Certains directeurs de la communication ont mission d'en dire le moins possible, ce qui rend leur fonction assez psychédélique !

D'autres « dircom », il est vrai, semblent

croire, à l'inverse, que s'ils ne publient pas un communiqué par semaine sur la maison, ils vont perdre leur crédit auprès des journalistes. Là encore, au patron de décider ce qui doit rester secret, et de se montrer là-dessus inflexible. Mais tout le reste a intérêt à bien circuler.

Un des objectifs d'une bonne transparence est de décourager les clans, la lutte politique interne. Un patron qui pratique lui-même la rétention de l'information favorise les luttes d'influence entre ceux qui savent et les autres : hémorragie de temps et d'énergie pour l'organisation. Le phénomène se manifeste partout où le pouvoir central s'affaiblit : successions imminentes, menaces de rachat planant sur l'entreprise, service public ou simple incompétence...

Depuis Sumer, l'obsession centrale des classes dirigeantes est la dévolution du pouvoir. On veut savoir qui va l'obtenir, pour s'en protéger ou en bénéficier. Dans les entreprises, cette spéculation fiévreuse devient si vite contagieuse qu'elle exige une prophylaxie énergique. On prétend s'arcbouter collectivement pour gagner des dixièmes de points de rentabilité et on laisse se disperser le tiers de la concentration de la maison en rivalités intestines. Quelle que soit leur compétence, il m'a toujours paru urgent de me séparer de ceux qui, par tempérament, ne peuvent s'empêcher de propager ce virus.

CONTACTS. — Tous les patrons connaissent le même problème : ceux qui dépendent de lui n'aspirent pas seulement à un travail intéressant et à une rémunération généreuse ; ils veulent de l'attention et de la présence — et autant que possible les siennes. Tout un chacun estime à juste titre avoir le droit de connaître et d'être reconnu. Mais comment répondre à ce besoin ?

Par définition, le patron d'une affaire moderne, en croissance, n'a de temps que pour les rencontres, réunions, négociations, voyages qui vont contribuer au développement de l'entreprise. Les relations publiques internes figurent souvent au bas de sa liste de priorités.

Quelques-uns, pourtant, ne s'y résignent pas. Ainsi Henri Moulard, patron de la Lyonnaise de Banque, et Claude Bébéar, qui préside, avec Axa-Midi, au troisième groupe d'assurances de France. Bien que comptant respectivement 4 300 et 1 500 salariés, ils se sont fixé pour objectif de les rencontrer tous chaque année. En tout cas, de s'être au moins fait voir d'eux tous dans des réunions. Véritable ascèse dévoreuse de kilomètres et de soirées !

Certains autres emploient des relais technologiques, comme Jacques Calvet qui se fait interroger devant une caméra par des membres du personnel, et diffuse ensuite la bande sur des moniteurs installés un peu partout dans les établissements de P.S.A.

D'autres, enfin, se lancent résolument dans le *show-business*. Pour toucher les seuls cadres de Thomson, Alain Gomez loue le Zénith, au début de 1988, pour un véritable spectacle relayé par canaux de télévision, sur grands écrans, dans d'autres villes où sont rassemblés les cadres des succursales.

Heureux sont ceux dont la taille de l'entreprise est restée suffisamment modeste (moins de 1 000 salariés) pour pouvoir, de temps en temps, convoquer une réunion générale. Il n'est point besoin d'une salle de mille places, car il est bien rare que tout le monde vienne. Mais, au moins, la proposition aura été faite.

RIGUEUR. — Il s'écrit désormais tant de choses positives sur l'entreprise (y compris dans ce livre) qu'on finirait par en oublier qu'elle est, par nature, un lieu de contrainte. On le sait depuis la Genèse : plutôt que travailler, l'homme aurait préféré s'en tenir à cueillir les fruits de la terre. La satisfaction de bénéficier d'une feuille de paie, à une époque de chômage, ne suffit pas à illuminer chacune de ses journées. Les impératifs de l'entreprise imposent à chacun — y compris à son patron — d'accomplir des tâches qui lui pèsent. La productivité devient la férule de nos sociétés techniciennes. Bref, ce n'est pas toujours la joie !

Ces tensions, et une certaine dose de négativité, sont inévitables. Le patron doit à tout moment les prendre en compte. Son problème permanent reste de s'assurer que l'organisation dont il a la responsabilité demeure en bonne santé. Chacun de nous est habité par ses microbes ; c'est seulement leur prolifération anormale qui nous donne la fièvre.

De même qu'il a le souci d'éviter les luttes de clans, le chef d'entreprise sait que les insatisfactions latentes peuvent, à l'occasion d'un incident ou par le pourrissement d'une situation, dégénérer en crise. D'où la nécessité de disposer dans la maison de relais d'information pour être tenu au courant de la « météo interne » ou de l'émergence de cas individuels problématiques. Pourtant, force est de constater que, souvent, les mauvaises nouvelles remontent mal, alors que, pour le patron, leur connaissance devrait être prioritaire. Mais on a peur d'indisposer le chef qui, il est vrai, réagit parfois mal à ce qui le gêne, voire refuse d'y croire. C'est ainsi que le Shah d'Iran a perdu son trône...

Les annonceurs de (vrais) nuages devraient au contraire faire l'objet de marques d'attention particulières.

Mais la mesure préventive la plus puissante pour maintenir la santé sociale d'une entreprise consiste à veiller à ce que ne puisse pas se propager un sentiment d'injustice. A peine sait-il parler que l'enfant, jouant avec ses camarades, s'insurge au cri de : « C'est pas juste ! »

Rien n'a plus vite fait de nous révolter qu'une discrimination injustifiée. Or la vie, le travail en commun dans une entreprise créent des conditions propices à certains décalages mal acceptés, ou à des différences de traitement qui n'ont que peu à voir avec les aptitudes de chacun.

Qu'il l'ait lui-même voulu ou non (et certains le veulent), l'entourage du patron est un embryon de cour seigneuriale. Il est inévitable que ceux qui approchent le roi de plus près paraissent, aux yeux des autres, des favorisés. D'autant plus que, bien souvent, ils le sont. Quant au patron lui-même, son style de vie (absences, facilités matérielles) sera l'objet de gloses permanentes au restaurant d'entreprise. Les salariés peuvent admettre qu'il gagne beaucoup plus qu'eux, mais tolèrent mal qu'il le leur rappelle.

J'ai eu un temps comme associé quelqu'un qui ne pouvait s'empêcher de mettre sa Rolls Royce marron glacé au parking entre nos Renault 25. Il n'en fallut pas davantage pour l'empêcher d'être bien considéré dans la maison.

Même si le patron doit constamment se souvenir qu'il n'est pas le prince de l'entreprise, on attend de lui, quand il le faut, que justice soit faite. Y compris parfois de manière expéditive. Certes, il n'est pas le seul à décider d'une mesure de licenciement. Mais tous ceux qui en usent au-dessous de lui le font en quelque sorte par délégation, puisque le salarié concerné peut, en principe, faire appel à son arbitrage, à son droit de grâce. Ce qui n'est pas rare.

Le droit de mettre fin à la présence d'un membre de cette communauté est le plus lourd à exercer. Quelles que soient les raisons et les circonstances, le licenciement ne peut être ressenti, par celle ou celui qui en est l'objet, que comme l'un des plus graves préjudices personnels. Entre les mains d'un chef, c'est la sentence extrême. Elle est pourtant indispensable, voire souvent nécessaire aux yeux mêmes des autres salariés.

Nul ne peut voir un collègue perdre son emploi sans s'identifier un peu à lui. Il n'empêche que le maintien dans l'entreprise de personnes responsables de manquements patents ou chroniques aux objectifs communs n'est pas bien vécu.

Quand un patron tarde à sanctionner, c'est, hélas, plus souvent par pusillanimité que par indulgence ; mais l'indulgence même est une faute si le corps social doit souffrir du maintien de l'individu en question. C'est pourquoi, même avec les plus proches, le patron ne peut s'abandonner à une véritable amitié, qui suppose une grande tolérance. Bien avant Shakespeare, le thème du roi qui doit frapper ceux qu'il aime a alimenté la tragédie. Sur ce point, il n'y a guère de progrès à attendre de l'ère moderne. Le dilemme restera toujours tel, même s'il se pose rarement. Mais comme c'est l'un de ceux sur lesquels sa légitimité peut vaciller, un vrai patron ne saurait, le cas échéant, hésiter longtemps.

Dans le rapport entre le patron et les autres subsistera toujours une certaine ambiguïté. Comme il a besoin de l'adhésion des membres de l'entreprise aux objectifs qu'il définit, il trouve plus simple et plus confortable qu'elle se confonde avec l'adhésion à sa propre personne. Mais combien de patrons savent se contenter de cette confiance ? Combien voudraient en plus être aimés ?

Or, le patron ne peut être choisi selon des critères de popularité. Ce ne peut être un élu sur le mode démocratique, car aucune entreprise en concurrence ouverte n'a les moyens de supporter des promesses démagogiques. Le patron dispose en outre d'un pouvoir arbitraire considérable et pratiquement sans appel sur chacun des salariés qui dépendent de lui.

Entre eux et lui existent d'une part la nécessité d'une étroite collaboration, qui ne se conçoit pas sans un tissu relationnel authentique, et, d'autre part, un fossé structurel qui peut être souvent franchi, mais ne sera jamais totalement comblé.

Ce qui, à l'évidence, n'empêche pas les sentiments. D'où une situation, bien connue dans toutes les armées du monde, faite à la fois de camaraderie et de distance.

Il était bon que s'atténuent la plupart des

barrières formelles. On s'étonne désormais de trouver encore des patrons qui ne détestent pas qu'on leur donne du « Monsieur le Président ». De plus en plus nombreux sont ceux qui se laissent appeler par leur prénom. Et il n'y a pas que dans les toutes jeunes entreprises que le tutoiement se propage au sein des équipes de direction.

Mais plus l'étiquette devient désuète, plus on risque de croire qu'on baigne dans l'amitié. N'est-ce pas ensemble que le patron et ses collaborateurs éprouvent les plus intenses jubilations de leur vie, lorsqu'ils réussissent un coup exceptionnel ? Or, le plaisir de se retrouver chaque jour, de se faire confiance, de se comprendre, n'a rien à voir avec la hiérarchie.

Même si certains patrons font une coupure nette entre leurs relations de bureau et celles de leurs soirées ou week-ends, il n'est pas rare que les compagnons de travail soient aussi ceux de jeu, ou de sport, avant de devenir des convives. Cela peut durer ainsi des années, sans nuages. Jusqu'au jour où il faut bien constater que l'un d'eux ne fait plus tout à fait face à ses responsabilités. On préfère croire à un passage à vide, dû à des circonstances personnelles. On continue à rire ensemble dans les comités de travail. Mais si le décalage persiste, il faut bien se résoudre — généralement avec retard — à admettre qu'un de vos plus proches collaborateurs a atteint son niveau d'incompétence. A de telles situations, il n'y a pas que des solutions extrêmes. Mais le patron se doit alors de prendre des distances par rapport à sa relation personnelle pour remettre en cause le rôle de celui qui est devenu un problème.

Pour être tout à fait patron, il faut savoir n'être que presque ami.

VIII

L'image

Devant les écrans magiques, nos clients. – Son nom sur la Tour Eiffel. – Ce type nous démode tous. – Le look *de leader. – La démesure est en marche. – Huit catégories de publics. – Une aura ne se décrète ni ne s'achète. – Offrir un pot de confiture aux actionnaires. – Voir son banquier quand tout va bien. – Il vaudrait mieux pécher par excès de modestie.*

Quand il se sentait à court d'arguments pour imposer ses vues à ses collaborateurs, Henri Ford II, qui n'avait pas la légitimité de son grand-père, lançait : « Il y a de toute façon une différence entre vous et moi : c'est mon nom qui est écrit sur ce building ! »

Ford II a disparu. Son successeur, le patron de Ford, s'appelle Donald E. Petersen (vous connaissiez ?). Il est ignoré du grand public, mais très estimé de ses pairs. L'entreprise s'est remarquablement redressée.

Vous souvenez-vous du nom du prédécesseur de Beffa à Saint-Gobain ? de Bernard Attali à Air-France ? de Fourtou à Rhône-Poulenc ?

Quel est le nom de l'actuel patron d'I.B.M. ? de l'Oréal ? de la B.N.P. ? d'Apple ? de Mercedes ? de Coca Cola ? de Carrefour ? du Printemps ? d'Esso ?

Qui est le patron de Fiat ? (Je sais que vous savez.) Mais qui est président du Conseil en Italie ?

Savez-vous ce que fabriquent exactement Bolloré ? Tapie ? Jacky Setton ? Connaissez-vous Cap Gemini ? et son patron ?

Qui a une meilleure image : Peugeot ou Calvet ? Qui préside aux destinées de Paribas ? de Suez ? Non, ce n'est pas Catherine Deneuve.

Image, notoriété, vedettariat et même — salut, Séguéla [1] — starification, il arrive que la tête tourne aux chefs d'entreprise, comme la ronde quotidienne des noms et des marques dans les médias.

Pour intense (et parfois exaspérant) qu'il soit devenu, ce problème est tout récent : qui parlait d'image, il y a dix ans ? Compte tenu de ce qu'est devenue la communication moderne, il ne peut cependant être éludé. Devant nos écrans magiques ou nos feuilles éphémères, il n'y a pas seulement des téléspectateurs ou des lecteurs : il y a nos clients. On les gave d'images et de mots comme des gallinacées avant les fêtes. Que se passera-t-il si, dans leur ration, ne figure ni votre visage ni votre nom ? Réponse absurde ? Mais le surarmement planétaire, destiné finalement à éviter la guerre entre superpuissances, ne l'était-il pas davantage ?

Pour faire simple, on peut résumer la chose en deux questions : une entreprise peut-elle faire l'impasse sur son image ? Bien sûr que non. Faut-il en plus (ou à la place) que son patron en ait une ? Ça se discute.

Je me souviens, comme disait Georges Perec, qu'après la guerre, en montant les escaliers du métro, on cognait du pied (exprès) contre des plaques métalliques vissées aux marches. C'étaient les publicités « Y a bon Banania ! » Avant la guerre, l'eau de Botot faisait peindre des fresques géantes sur les murs aveugles des immeubles ; elle y sont restées des décennies. Il y avait si peu de publicité, si peu de changements dans les produits, si peu de supports qu'on pouvait construire des messages aussi indémodables que des maisons, en fer et en briques (« Merci, Monsieur Lévitan, ça c'est du meuble ! »).

Pendant cette préhistoire des médias, on ne connaissait guère les industriels. Sauf ceux qui, à l'instar de Ford, mettaient leur nom sur des usines et des produits convoités : Renault, Michelin, Panhard. Un excentrique avait même écrit le sien sur la Tour Eiffel : Citroën. Mais il a mal fini.

Vivons cachés, pensaient à juste titre les gens riches d'une société encore pauvre. Lorsque, au moment du Front populaire, des affiches dénoncèrent nominalement les « 200 familles », quel traumatisme chez les dirigeants ! Le jeune François Ceyrac, qui sortait de Sciences-Po, en fut scandalisé et choisit derechef le camp des assiégés. Il rejoignit le Comité des Forges pour finir sa carrière, longtemps après, comme président du C.N.P.F.

A l'orée des années soixante, on rencontrait peu de journalistes capables de traiter d'économie, guère de rubriques économiques dans les journaux d'information, pas encore d'attachés de presse dans les firmes. On utilisait le mot *communication* pour désigner les modes de transport, et celui d'*image* pour évoquer les albums de coloriage.

Quand j'ai voulu créer *L'Expansion*, les sceptiques m'ont ressassé : « Vous n'arriverez pas à faire des articles sur les entreprises. Ici, nous ne sommes pas aux États-Unis, les patrons ne parlent pas. » Aussi le modeste triomphe de notre premier numéro fut-il d'obtenir une interview du patron de Citroën. M. Pierre Bercot, en effet, ne parlait jamais.

Aujourd'hui, Antoine Guichard, P.-D.G. de Casino, se fait apostropher en direct à la télévision : « Il paraît que vous ne rencontrez pas les journalistes. Expliquez-nous pourquoi ! » Et lui de répondre, un peu contrit : « Je préfère ne parler que quand j'ai quelque chose à dire. » Le bon sens serait-il devenu un travers ?

En moins d'une génération, on est passé du patron muet et invisible, enfermé dans le « secret des affaires », qui prenait Antoine Riboud pour un exhibitionniste, à l'extrême inverse : désormais flanqué de son inséparable directeur de la communication, le P.-D.G. petit-déjeune avec quelques journalistes, avant de partir pour son usine de Lyon où il sera interviewé par F.R. 3. On lui montre le rituel baromètre d'image où il constate avec le sourire qu'il est passé devant Alain Gomez, « pourtant beau gosse ». Il prépare son *road show* annuel, au cours duquel il devra affronter journalistes et analystes dans cinq capitales européennes. Comme il constate que Calvet et Riboud sont invités à *L'Heure de Vérité*, et Pierre Bergé à *Sept sur sept*, il se demande pourquoi son *dircom* ne lui obtient pas un passage chez Elkabbach. Quant au même Riboud, assistant à l'une des grandes jongleries médiatiques de Bernard Tapie, on l'a entendu murmurer : « Ce type-là est en train de nous démoder tous ! »

Que s'est-il donc passé pour qu'un tel bouleversement des attitudes se soit accompli dans un milieu par nature si réservé et conservateur ?

Plusieurs choses, dont aucune n'aurait suffi, à elle seule, à créer ces nouvelles conditions. Quoique certaines soient bien connues, elles ne prennent tout leur sens qu'évoquées ensemble :

MÉDIATISATION. — Même si évoquer la prolifération des médias est devenu une tarte à la crème, il importe de préciser comment elle s'applique aux patrons. Dans la presse, l'économie fait désormais figure de sujet essentiel. Non seulement les journaux spécialisés se multiplient, mais les suppléments économiques des quotidiens et des *news-magazines* deviennent des journaux dans le journal.

Ce sont donc des centaines de journalistes économiques qui se bousculent à présent à la porte des entreprises pour questionner ou enquêter. Ne serait-ce que pour ne pas se les aliéner, les chargés de presse incitent leurs patrons à répondre au moins de temps à autre.

L'audiovisuel, lui, n'a pas encore développé de véritables émissions économiques. Même *L'Enjeu* a été abandonné par TF1. Mais, tel qu'il s'exerce aujourd'hui, le journalisme télévisuel préfère à l'évidence montrer des personnes, des visages, plutôt que des plans de machines ou d'objets fabriqués. Quand il se passe quelque chose, c'est au patron que l'on demande de s'exprimer pour le *Journal télévisé*. Prestation peu délégable : même les gouvernements connaissent les limites de ce qu'on peut faire dire à un porte-parole. Conflits sociaux, nouveaux produits, fusions-acquisitions, introductions en bourse : pour l'entreprise, c'est l'occasion non plus seulement de subir l'assaut des médias, mais de s'en servir. Mais pour obtenir de ce précieux temps d'antenne, c'est au patron d'y aller en personne.

DÉPOLITISATION. — Chaque époque vit ses obsessions, qui se traduisent par une dominante de l'information diffusée par les médias. Avant-guerre, la composition du paysage politique et la remise en état des structures du pays. Autour des années 50, on bascule dans la confrontation Est-Ouest et la décolonisation. La guerre d'Algérie et ses séquelles ont ensuite occupé les manchettes, avant de céder la place aux ardentes obligations macro-économiques et à l'affrontement politico-idéologique gauche/droite, avec programme commun et nationalisations.

Ce dernier s'est résorbé à partir de 1983. La gauche au pouvoir a accepté d'appliquer peu ou prou la politique économique de la droite. Simultanément se consommait la faillite du communisme international. Il a donc fallu trouver d'autres sujets d'articles.

Heureusement, la compétition micro-économique européenne, puis mondiale, hérissée de montagnes russes boursières et pimentée de regroupements géants, est venue égayer le paysage, aux accents d'un chœur œcuménique qui s'est mis à chanter les mérites de l'entreprise, seule capable de créer des emplois, de gagner des marchés, de racheter des concurrents, bref, de défendre nos couleurs.

Dans un pays pacifié où ne subsistait plus qu'une seule politique économique et où la culture populaire tendait de plus en plus à s'exprimer dans les hebdos-télé, on risquait de trouver la vie bien routinière. Dans ces conditions, la montée en puissance de l'entreprise comme génératrice d'événements, et des patrons comme vedettes, semblait inéluctable.

CONCURRENCE. — La disparition de la planification, l'abaissement des barrières protectrices, la banalisation mondiale des compétences techniques, les brassages financiers internationaux, l'affaiblissement de la représentation collective des entreprises (fédérations professionnelles et C.N.P.F.) sont les symptômes d'un même mouvement : l'intensification de la concurrence, du combat mené par chaque entreprise face à toutes les autres.

A l'essor de l'individualisme au sein de la société civile semble répondre celui d'une sorte d'individualisme d'entreprise autour du patron.

Désormais, un Raymond Lévy interpelle son actionnaire, l'État, par voie de presse, cependant que son confrère Jacques Calvet s'en prend par le même truchement à la politique de la Commission Européenne. Même des chefs d'entreprise plus modestes savent qu'ils ne peuvent plus compter sur l'État ni sur leur syndicat professionnel pour les défendre. Ils ne sont plus protégés et doivent constamment démontrer leur vitalité face à des concurrents astreints à faire de même. L'un des moyens les plus simples d'exister, c'est qu'on parle de vous. D'où cette nouvelle nécessité d'une « politique médiatique » ; d'où les soins mis à peaufiner les « effets d'annonce ». Pour un patron, c'est devenu une des conditions de la survie.

LEADERSHIP. — On observe un double mouvement qui pousse dans la même direction : d'une part, une plus grande demande de *leadership* ; d'autre part, en ce même domaine, une meilleure offre de la part des patrons.

La demande découle, on l'a vu, de la multiplication des médias, à l'appétit vorace en sujets neufs et en chair fraîche. Dans le même temps, l'identité de l'entreprise a de plus en plus besoin de s'incarner (pas exclusivement, mais également) dans une figure de proue. En l'occurrence, l'organe (les médias) crée la fonction : celle d'un patron communicateur.

Symétriquement, l'offre de *leadership* s'est bien ajustée parmi les nouvelles générations de patrons. Non qu'ils soient mieux formés : de très longue date, les grandes écoles françaises savent produire des élites. Si parmi ceux qui ont le mieux réussi, la proportion des forts en thème reste importante, elle n'est pas dominante. L'échantillon de dix superpatrons dont les portraits concluent le présent livre compte un polytechnicien (B. Arnault), un énarque (A. Chevalier), un centralien (F. Bouygues) et deux ingénieurs (C. De Benedetti et J.-L. Lagardère) ; les cinq autres ont fait des études juridico-littéraires qui n'ont rien de remarquable. La formation continue à peser moins lourd que le tempérament.

Tous, en revanche, sont désormais plus décontractés, moins compassés. A une époque où un ancien acteur de cinéma a pu devenir chef d'État, ils sentent que pour exercer un *leadership*, il convient aussi de répondre à des critères d'apparence. Ils font du sport ; le cas échéant, ils se font *relooker* par des conseillers ; ils suivent des stages d'expression orale avec des journalistes de télévision. Quelques-uns savent au surplus manifester un peu d'humour, même si la fonction incite trop souvent à se prendre au sérieux.

Au total, on a vu apparaître un style de leader, un vêtement de leader, un discours de leader dont les patrons ont compris la nécessité. Tous n'y excellent pas, mais, dans l'ensemble, la profession s'est mise consciencieusement au travail.

DIMENSION. — A toutes les raisons que l'on vient d'évoquer s'en ajoute une autre qui est peut-être la plus simple et la plus fondamentale. Quels qu'en soient les aspects superficiels et souvent assez vains, la communication, l'image ne relèvent pas d'une mode passagère. Leur nécessité découle de trois multiplications : celle des supports, celle des intervenants, celle des destinataires.

Quand, en si peu de temps, le terrain d'action des entreprises change de dimensions, passant de celles d'une région ou d'un pays à celles d'un continent, voire du monde entier, il n'est évidemment plus possible de se faire connaître, puis de se faire entendre en usant des mêmes moyens. La révolution médiatique qui affecte les entreprises et leurs patrons est d'abord celle du passage aux grands nombres.

Celle des supports a été évoquée plus haut. La multiplication et la spécialisation des journaux et des chaînes aboutit à un fractionnement de l'audience et de l'attention. Pour toucher ceux auxquels on doit s'adresser, il faut à la fois multiplier les messages et leur fréquence, que ce soit par la publicité ou par l'information. Ce qui mobilise davantage de monde dans les entreprises, coûte beaucoup plus d'argent et consomme une part notable des journées de travail des patrons. Même s'il ne s'agit là que d'un effet arithmétique, il impose de sérieuses contraintes.

Dans le même temps, la multiplicité des intervenants, des parties prenantes aux espaces de communication, converge vers la répétition et l'amplification des discours. Cette multiplicité résulte à la fois de la mondialisation et de la croissance des économies. En effet, à peine quelques firmes sont-elles parvenues à dominer leurs marchés nationaux qu'elles doivent affronter leurs homologues du monde entier. Ainsi ne compte-t-on plus en France que deux compagnies aériennes internationales et deux constructeurs d'automobiles ; il n'empêche qu'ils doivent soutenir chez eux la pression de leurs challengers internationaux, tout en exerçant la leur chez ces derniers, c'est-à-dire partout dans le monde. Si des campagnes de publicité peuvent être décentralisées sur chaque marché, il est des cas où la communication doit être menée par le patron (par définition unique). Il faut alors que celui-ci se déplace et paie de sa personne.

La croissance mondiale a des effets médiatiques : chaque année, davantage de produits et d'entreprises ont besoin, pour se faire une place au soleil, de leur part d'attention. En résulte un visible encombrement informatif et publicitaire des médias comme des esprits. Et comme l'espace, le temps, l'intérêt disponibles ne sont pas extensibles à l'infini, il faut « taper plus fort » pour se faire remarquer — ou simplement se faire entendre.

En publicité, on doit passer douze spots à la télé là où quatre suffisaient il y a dix ans ; en presse, quatre doubles pages couleurs, au lieu de deux pages en noir et blanc.

La communication informative, quant à elle, ne réussit à percer que si l'on annonce des événements plus significatifs ou plus spectaculaires. L'« *étonne-moi* » de Cocteau est passé du monde de l'art à celui des affaires. L'acquisition-clé qui couronne la carrière d'un patron risque de se retrouver en page 5 si elle ne se situe pas au moins au niveau du troisième plus gros regroupement mondial de sa catégorie. Tout contrat qui ne peut revendiquer dans sa spécialité le titre de « marché du siècle » fera l'objet d'une « brève » qui risque d'être « sucrée au marbre » (éliminée lors du montage de la page).

La démesure est en marche, et on ne voit pas encore très bien ce qui pourrait enrayer cette évolution, en dehors d'une crise mondiale dont personne ne veut.

Enfin, la troisième multiplication contemporaine, celle des destinataires des messages de l'entreprise, achève de complexifier la tâche de communicateur du patron.

DESTINATAIRES. — Il faut compter huit grandes catégories de publics auprès desquels il est indispensable de faire exister l'entreprise sous peine de voir se diluer son image dans le tumulte promotionnel de cette fin de siècle. En soi, leur éventail et leur définition ne sont pas nouveaux. Mais, souvent, la quantité des individus concernés s'est accrue à tel point qu'elle exige de mettre en œuvre — voire d'inventer — de nouvelles méthodes d'approche.

Dans l'ordre de priorité, il convient évidemment de placer au premier rang **LES CLIENTS**.

Pour tous les fabricants de produits de consommation, l'internationalisation des marchés en a potentiellement décuplé le nombre. La technique de base pour y accéder reste la publicité, dont la nécessité s'est imposée à tous.

Il y a vingt ans, Peugeot ne faisait aucune publicité pour ses voitures. Sur le thème « La qualité n'a pas besoin d'enseigne », n'a-t-on pas longtemps professé, dans les milieux patronaux pré-proctériens, que si un produit avait recours à la publicité pour se vendre, c'est qu'il ne devait pas être bon ?

Aujourd'hui, P.S.A. est devenu l'un des trois premiers annonceurs de France.

Mais, sauf au moment de la grande présentation de la campagne par l'agence au bord de la crise nerveuse, le patron tend de plus en plus à laisser la publicité aux mains des spécialistes. Pour le meilleur et pour le pire...

Son image personnelle n'a qu'une influence lointaine sur la consommation des produits. Peu de lecteurs choisissent un livre édité par une des filiales d'Hachette en pensant à Jean-Luc Lagardère, et les qualités médiatiques d'Antoine Riboud influent moins sur les ventes de Kronenbourg que ne le fait la météo.

Si l'intervention personnelle du patron de grande firme est ainsi relativement peu décisive sur la clientèle, il en va tout autrement sur ses **COLLABORATEURS**.

Plus la taille des entreprises progresse, plus le P.-D.G. voit s'accroître le nombre de ceux qui le considèrent comme leur patron, et plus il est contraint de s'en éloigner, faute de disponibilité. Qu'ils soient 10 000 ou 100 000, c'est trop pour établir un contact personnel. Il ne lui en faut pas moins établir et entretenir une relation avec eux. Parmi tous ses destinataires possibles, c'est en effet auprès de l'ensemble du personnel que l'image de leader du patron est probablement la plus importante et la plus utile.

Certes, l'image de marque de l'entreprise ou de ses produits compte davantage encore, notamment lorsque les patrons se succèdent un peu vite à sa tête. Hanon, puis Besse, puis Lévy ont d'abord eu besoin de se placer dans le sillage de l'image « Renault ». Approchant les dix ans au même poste, Gomez commence à prêter son visage au label trop anonyme de Thomson. Au bout de vingt-cinq ans d'identification, les noms de Matra et de Lagardère sont devenus interchangeables, ce qui n'est pas encore tout à fait le cas pour celui d'Hachette, dont l'acquisition ne remonte qu'à dix ans. Quant à Michelin (François) et Darty (Bernard) qui, par tempérament, préfèrent qu'on parle d'eux le moins possible, l'un et l'autre se cachent paradoxalement derrière une marque célèbre comme derrière un homonyme, tout en assumant totalement le destin de la société qui porte leur nom.

Ces « imagineries », ces notoriétés, cette célébrité sont un atout puissant pour le patron dans toutes ses interventions, en particulier auprès de ses collaborateurs. Puisqu'il ne peut que très occasionnellement se faire voir d'eux en chair et en os, il lui arrive de recourir, au-delà du journal d'entreprise, à certaines techniques modernes de diffusion, comme les cassettes-vidéo qu'emploie Jacques Calvet. Mais l'effet le plus déterminant découle de ce que, faute d'un terme plus précis, il faut bien appeler son *aura*. Or, une aura ne se décrète pas et ne s'achète (presque) pas.

Les messages ponctuels, les informations précises sur la marche ou les initiatives de la maison, peuvent aisément être disséminés par la presse ou par affichage interne. Mais, au risque de tomber dans l'hyperbole, et donc dans le ridicule, ce type de communication ne saurait prétendre à aucun effet d'aura.

C'est par les médias extérieurs que se crée l'image dont l'utilité sera la plus grande à l'intérieur de l'entreprise. Quand on s'adresse à une opinion interne faite de dizaines de milliers d'individus, il devient nécessaire de jouer indirectement des moyens de communication de masse.

Pour toucher les cadres, on recourra à la presse haut-de-gamme et aux journaux économiques qui créeront une certaine « atmosphère » autour de la firme et de son patron. Pour l'ensemble des employés et ouvriers, rien ne remplace radio et télévision ; ce qui pose un vrai problème, car il faut pratiquement être déjà une vedette pour y avoir accès.

C'est pourquoi, à moins de réussir quelques coups retentissants, rien ne remplace une longue imprégnation par voie de presse, qui finit par mettre votre nom dans la tête des journalistes... de l'audiovisuel.

Les relations avec les **ADMINISTRATEURS** et les **ACTIONNAIRES** se recoupent en grande partie, mais pas entièrement. Lorsque l'actionnariat est concentré en quelques mains, le Conseil d'administration est généralement représentatif de ce dernier. Mais beaucoup de sociétés recherchent l'appui des petits actionnaires, en particulier en France depuis les privatisations de 1986 et 1987. Comme ceux-ci peuvent se compter par centaines de milliers, on se retrouve à nouveau devant la nécessité d'inventer des formes de communication appropriées.

Administrateurs et actionnaires souffrent structurellement du même complexe, celui de ne jamais en savoir assez. La rétention de l'information est souvent délibérée de la part des patrons qui ont tendance à pratiquer le « Touche tes jetons de présence (administrateurs) ou tes dividendes (actionnaires), et tais-toi ! »

Le minimum légal est d'un Conseil d'administration par an pour approuver les comptes de la société. Beaucoup s'en tiennent là. Quant à ceux qui le réunissent, comme il se devrait, entre quatre et six fois par an, ils ont tendance à en préparer les motions au préalable, avec leurs managers, et ne pratiquent la discussion au fond des problèmes qu'avec quelques administrateurs clés, lors de réunions discrètes qui précèdent les Conseils au cours desquels, de ce fait, il ne se passe rien.

L'attitude du P.-D.G. à l'égard de son Conseil dépend à l'évidence de sa position personnelle d'actionnaire. Ceux qui contrôlent de 40 à 100 % du capital peuvent, dans les limites de la courtoisie, se permettre de le traiter comme une chambre d'enregistrement. Si, en revanche, leur majorité repose sur un bloc actionnarial reflété au sein du Conseil (et surtout si eux-mêmes ne sont pas actionnaires), la douzaine d'individus qui le composent deviennent l'objet de tous leurs soins. Si, enfin, le Conseil représente un actionnariat partagé, c'est en son sein que s'exprimeront tensions et divergences. Heureusement, par son instabilité même, cette situation est souvent peu durable. Mais elle oblige le P.-D.G. à une négociation politique permanente et parfois scabreuse.

En résumé, on constate que, dès lors que la réunion des Conseils d'administration ne se limite pas à une simple formalité, elle peut peser lourd sur le temps et la charge de préoccupations de celui qui les préside.

Quant aux actionnaires qui ne disposent pas de représentants qualifiés au sein des Conseils,

ils sont traités au pire par le dédain, au mieux par le truchement de campagnes de publicité...

Combien d'assemblées générales sont expédiées au pas de charge par un P.-D.G. qui se contente de lire en un temps record des textes insipides et formels, après avoir convoqué les actionnaires pour 9 h 30 dans quelque hangar de banlieue, si possible mal desservi par les transports en commun !

D'autres en font un *show* confortable au Palais des Congrès, avec grands écrans et longues séances de questions/réponses. B.S.N. offre un pot de confitures aux spectateurs ; SANOFI un flacon de parfum. Il ne semble y manquer que les majorettes.

C'est de toute façon insuffisant, puisque seule une faible proportion des actionnaires se déplacent généralement pour ces assemblées dont les trois quarts attirent moins d'une centaine de personnes.

D'où la nécessité — agréable pour les médias — où se trouvent les patrons d'acheter des pages de publicité afin de diffuser le compte rendu de leurs activités et leurs résultats par le biais des organes d'information.

En France, jusqu'ici, les relations entre les sociétés et leurs actionnaires sont plutôt pacifiques et bon-enfant. Hormis quelques questions pointues lors de l'assemblée annuelle, ou quelques polémiques avec des défenseurs de l'environnement, on ne constate guère de tensions. Il en va tout autrement aux États-Unis où, de longue date, les petits actionnaires se regroupent en associations de défense représentées par des avocats. Tout est passé au crible, depuis les informations diffusées jusqu'au niveau des dividendes, en passant par les grands contrats de l'année et la rémunération du patron. Tout peut faire l'objet d'attaques et de procès. C'est la contrepartie, au demeurant naturelle, d'un capitalisme décomplexé. Il ne serait pas du tout surprenant qu'on s'achemine en Europe vers ce type de pratiques.

Très liée à l'information des actionnaires est celle dont doivent bénéficier les **FINANCIERS** qui entourent l'entreprise : au moins ses banquiers, et, pour les sociétés cotées en Bourse, les analystes financiers.

Deux écueils menacent fréquemment les relations entre les patrons d'entreprises moyennes et les banques. Le premier est de se contenter d'un rapport avec le directeur de l'agence locale ; le second, de ne discuter avec sa banque que du jour où surgit une difficulté. C'est quand tout va bien qu'on a intérêt à entretenir une relation de confiance, et il est bon de le faire au plus haut niveau possible. Un patron de banque ne se doit-il pas lui aussi de connaître personnellement ses clients ?

Vis-à-vis des analystes financiers, il existe des modes de communication codifiés et bien rodés. Leur importance grandit sans cesse, puisque ce sont ces professionnels, ainsi que les gérants de SICAV ou de fonds de compagnies d'assurance, qui influencent le plus gros des ordres boursiers. Même s'ils réclament prioritairement des précisions chiffrées que se doit de leur fournir le directeur financier, ils sont plus sensibles encore à une rencontre directe avec le patron. N'est-il pas le mieux placé pour les convaincre de l'intérêt de ses projets d'avenir ?

Encore une série de réunions à tenir, et souvent, pour les plus grosses firmes, dans des pays étrangers dont on souhaite intéresser les investisseurs.

Très proches de l'entreprise et très nécessaires à son succès sont aussi ces **ASSOCIÉS DE FAIT** que constituent les revendeurs et les sous-traitants. De plus en plus rares sont les maisons qui intègrent toutes ces fonctions. Mais, autant que les collaborateurs directs, ces petites entreprises satellites ont besoin de se draper dans les plis de l'étendard qu'elles défendent, ou, plus benoîtement, d'avoir le sentiment de faire partie de la famille. D'où, là encore, des messages à concevoir, des relais à prévoir, des contacts à établir.

On ne pourra enfin négliger le groupe humain dont dépend probablement l'avenir de l'entreprise : les **CANDIDATS** potentiels. Ceux qu'on aura besoin ou envie de recruter aujourd'hui, demain ou après-demain. On vient de voir, au chapitre précédent, l'importance vitale de pouvoir s'adjoindre les meilleurs. Aussi l'entreprise ne doit-elle pas seulement soigner sa croissance, sa rentabilité, la solidité de son actionnariat et la qualité de ses équipes, mais savoir aguicher ceux qui vont entrer sur le marché du travail ou qui s'emploient déjà ailleurs.

L'arsenal utilisé comprend des offres d'emploi encadrées, qui deviennent de plus en plus grandes, conçues avec slogans et illustrations, comme des annonces publicitaires classiques. Certaines commencent à recourir à la quadrichromie. De son côté, le patron acceptera aussi quelques conférences dans les grandes écoles, qui susciteront des vocations. Enfin, les présentations de l'entreprise sur les campus deviennent des moments de concurrence de charme sous les yeux des étudiants, flattés et ravis d'être ainsi courtisés. En 1989, le tiercé de tête des futurs employeurs idéaux comportait Arthur Andersen, l'Aérospatiale et Matra (*audit* et *high tech*).

L'ensemble de ces actions — information, promotion, prestations, sponsoring et publicité — font que les entreprises d'une certaine taille exercent une emprise de plus en plus forte sur l'opinion publique. Elles ont beaucoup à dire et, surtout, disposent des moyens pour le faire.

Certains patrons y prennent goût. Eux dont les prédécesseurs étaient si inaccessibles, répondent aujourd'hui à tout appel de journalistes. Ils hésitent entre la timidité de se livrer à un exercice pour lequel ils ne sont pas préparés et la tentation de devenir peu ou prou des vedettes. Comme chez les artistes ou les hommes politiques, les résultats varient considérablement selon les talents de chacun.

Mais, à se répéter qu'il faut désormais, pour être patron, se transformer en « communicateur », le risque est grand, chez certains, de se laisser emporter. Leur pente les conduit à rechercher systématiquement les occasions de se montrer, sans réfléchir assez à ce qu'ils ont à dire, ni même se demander s'il est opportun de s'exprimer. C'est pourquoi la préoccupation de l'image ne doit pas occulter la primauté du contenu.

A cet égard, on peut presque dresser un pense-bête de la hiérarchie de la communication d'entreprise. Dans l'ordre décroissant d'efficacité et de rendement pour la solidité d'une maison et son profit, il vaut mieux informer et faire parler :

- *sur ses produits et services.* L'essentiel restera toujours de convaincre la clientèle d'acheter. Tout le reste est épiphénomène.
- *sur ses conquêtes et diversifications.* La stratégie et les développements expriment la puissance et la vitalité de l'organisation. Elles renforcent la confiance.
- *sur ses campagnes de promotion et publicité.* Déjà moins important, mais les mots et les images façonnent la mentalité collective moderne.

- *sur sa politique d'environnement et de mécénat.* Ceux qui ont les moyens d'apporter un supplément d'harmonie — ou d'âme — à la société où ils évoluent en retirent de plus en plus de bénéfices.
- *sur son patron.* Ne vaut-il pas mieux pécher par excès de modestie ? Le patron ne doit jamais oublier que l'institution qu'il gouverne est plus importante et surtout plus durable que lui. Au demeurant, qu'il ne s'inquiète point : du fait de l'obsession grandissante des journalistes à nourrir leur galerie de portraits, on ne manquera pas de braquer sur lui les projecteurs.

IX

Le réalisme

Les business-schools *n'enseignent pas le bon sens. – La plus modeste des grandes qualités. – L'expérience joue plus que les gènes. – Le temps que prennent vraiment les choses. – Privilège décisif du patron : choisir son temps. – Distinguer entre ce qui coûte et ce qui rapporte. – Le péché : alourdir les coûts. – Étudier les marottes des P.-D.G. – Toute délégation entraîne une perte d'information. – Ils écrivent très peu et téléphonent énormément. – En tête, la stratégie. – Une femme d'influence.*

Djilas, qui fut longtemps le compagnon de Tito avant d'en devenir l'adversaire, disait de celui qui restera d'abord comme le chef des résistants yougoslaves : « Ce qui a assuré la survie de Tito pendant la guerre, c'est qu'il avait le sens du danger. » Il n'y a pas que les généraux pour en avoir besoin ; les patrons aussi.

J'y ai songé en évaluant après coup ce qui avait amené l'émission *La Nuit des Entreprises* (réalisée par « Antenne 2 » et mon groupe, en juin 1989), à mal tourner. Elle avait manifestement raté ses objectifs, qui étaient de valoriser des entreprises importantes et de contribuer positivement à l'image du groupe *Expansion*.

Pendant quelques minutes Jean-René Fourtou s'y était retrouvé en direct, contrairement à mes instructions formelles aux producteurs, déguisé en Louis XVI devant des danseuses dévêtues. Cette bavure avait suffi à faire ressortir le décalage entre un fond de qualité et des attractions (il en faut, paraît-il, à la télévision) pour le moins vulgaires. Pendant les quinze jours suivants, entre patrons, on ne parlait plus que de ce ratage. Passage désagréable, surtout pour Fourtou, un peu pour moi.

Il ne serait pas séant de faire ici le procès des gens de télévision dont la chaîne était alors en pleine transition de pouvoir. Mais ma première réaction fut de me sentir trompé par eux sur la partie dont ils avaient assumé la responsabilité. A la réflexion, le tort principal était de mon côté : je n'avais pas eu le « sens du danger ». Faute de connaître ce métier de l'audiovisuel, faute de bien évaluer mes interlocuteurs « saltimbanques », faute de m'être adjoint les conseils d'un *pro*, je n'avais pas vu venir le mauvais coup, ni senti où risquait de se produire un pareil dérapage.

L'échec nous apprend plus que le succès, la souffrance plus que l'euphorie. Celui dont le projet réussit est certes comblé, mais ne peut jamais tout à fait savoir le pourquoi de sa réussite. Si, en revanche, il échoue, c'est qu'il s'est cogné le nez contre un mur ; avec un peu de réalisme et de lucidité, il est possible d'analyser de quoi ce mur était fait. Ce sont les leçons les plus utiles. Heureusement, car elles sont aussi coûteuses !

Peut-être est-ce pour cette raison qu'il ne peut exister d'école de patrons, mais seulement des écoles de management. Certains de ces managers feront d'excellents patrons ; d'autres, la majorité, ne tenteront pas de le devenir, ou n'y parviendront pas. Alors que, dans le même temps, des autodidactes ou des littéraires se montreront de vrais constructeurs d'entreprises. D'où ces questions naturelles : Que manque-t-il aux uns dont les autres seraient pourvus ? Est-ce un don inné ? Ou bien peut-on l'acquérir ? Si oui, comment s'y prendre ?

On n'enseigne pas dans les *business-schools* ce que les ruraux appellent le bon sens, et les psychologues l'« intelligence de la vie ». Notions difficiles à définir, mais dont tout un chacun ou presque pressent le contenu. « Sauf les polytechniciens ! » affirme Ambroise Roux, qui a fait l'X. Mais n'est-il pas connu pour être mauvaise langue ?

Le fond de l'affaire est simple et philosophique à la fois. Notre vie, notre action sont une confrontation permanente entre la réalité et nous. Cette « réalité » est faite des autres gens, de la matière, de notre biologie, des événements, de l'univers, toutes choses sur lesquelles nous n'exerçons qu'une influence faible ou nulle. Cette constatation, un peu rude, est capitale. Comme l'explique Clément Rosset, philosophe contemporain du réel : « La réalité est cruelle par nature, mais aussi, et par une sorte de raffinement de cruauté, bel et bien réelle. » C'est à cette tautologie que nous essayons constamment d'échapper par nos théories ou nos constructions intellectuelles. Notre cerveau grâce à son imagination se montre fort habile à s'évader du réel ou à l'embellir. Cette même imagination nous permet d'échafauder aussi bien les projets les plus grandioses que les plans les plus désastreux. Le réalisme s'évertue à distinguer les uns des autres. Il apparaît que sur le long terme (où les effets de la chance s'atténuent), la clé ultime du succès, pour un patron, est la qualité de son rapport au réel. Ce rapport n'est jamais idéal, puisque la somme de ce que nous ignorons dépasse, jusqu'au vertige, celle de nos maigres connaissances. Mais il suffit qu'il soit meilleur que chez d'autres, au-dessus de la moyenne. Un myope se cogne moins souvent aux meubles qu'un aveugle.

Ce réalisme est la plus modeste des grandes qualités. Elle ne permet pas de deviner le chemin, de comprendre plus vite, d'opérer une déduction gagnante, mais seulement, au jour le jour, de se tromper moins souvent que d'autres.

Jimmy Goldsmith, éclatant financier, fonctionne à l'intuition. Lorsqu'il vend tous ses actifs à l'été de 1987, juste avant le premier krach d'octobre, il fait preuve de génie divinatoire. Mais lorsqu'il lance quatre suppléments mensuels à *L'Express*, sans en avoir bien évalué les coûts par rapport aux recettes potentielles, il manque de réalisme, cette qualité de tortue. Le rôle de l'intuition, nous le verrons, est considérable ; un grand entrepreneur ne saurait s'en passer. Mais aucun patron, si modeste soit-il, ne survit longtemps à un déficit de réalisme. Si, de surcroît, une forte intuition se combine à un mauvais rapport au réel, c'est la promesse assurée d'une catastrophe financière accélérée.

Ainsi, à la fin des années soixante, quelques visionnaires des loisirs sentirent qu'il fallait créer de nouvelles stations de ski accessibles sans voiture, avec les départs des remontées mécaniques au pied des hôtels et des prestations conçues pour une clientèle sportive qui n'avait plus envie du style « chalet suisse ». Ce furent les débuts des Arcs, d'Avoriaz, de Flaine, de la Plagne. Cette intuition assura vingt ans de croissance à l'industrie française des sports d'hiver, mais pas à ses concepteurs. Car presque tous firent faillite dès les premières années, pour avoir sous-estimé les énormes investissements préalables et surestimé la montée en puissance, plus lente que prévue, des recettes. Après quoi, d'autres promoteurs, moins visionnaires, mais plus réalistes, rachetèrent leurs investissements et rentabilisèrent les projets.

Le réaliste dépourvu d'intuition ne devient

pas entrepreneur ; mais le créateur d'entreprise à l'aise avec le réel accomplit un long chemin. On peut même se tromper de vision et se rattraper sur le terrain du réel. Ce fut un peu le cas de la grande mutation réussie de B.S.N., quand son patron a abandonné le verre au profit de l'alimentaire.

En 1978, Antoine Riboud déjeune avec Raymond Barre, alors à Matignon. Le « meilleur économiste de France » lui annonce un second choc pétrolier. Riboud en sort persuadé que ses affaires de verre ne pourront supporter une nouvelle poussée du prix de l'énergie. Il décide de les vendre toutes, le fait, et, avec les capitaux ainsi dégagés, devient, par rachats et fusions, un des grands de l'alimentation à l'échelle mondiale. Tout le monde salue la manœuvre, devenue un cas d'école en matière d'anticipation.

Or le second choc pétrolier a effectivement eu lieu, mais les usines de production de verre qu'avait cédées Riboud sont encore debout. Saint-Gobain y réalise d'excellents profits. La morale de l'histoire est que Riboud, grâce à son très bon rapport au réel, a su faire florès dans l'alimentaire ; mais il aurait probablement pu continuer à le faire aussi bien dans le verre...

Cet indispensable réalisme est-il inné ou acquis ?

A cette question, nul n'a de vraie réponse.

Par observation des autres et de moi-même, j'ai tendance à penser que l'éducation et l'expérience jouent ici beaucoup plus que les gènes. Un sociologue d'entreprise a trouvé une certaine corrélation entre la réussite et le fait d'avoir, dans son enfance, partagé avec des adultes certains travaux (bricolage, jardinage) ou certains projets (voyages préparés en commun).

Élever ses enfants à l'abri des contraintes matérielles, les encourager à mener de longues études abstraites, risque d'entraîner certains handicaps : ils peuvent ressortir dans l'élite du savoir sans être capables d'organiser une excursion de deux jours pour six personnes ou de vendre à bon prix une voiture d'occasion. Les Américains doivent une partie de leur réussite dans le *business* au fait que leurs adolescents doivent systématiquement, au cours de leurs vacances, prendre un *summer job* et gagner quelque argent par leurs propres moyens.

Mais la meilleure école du réel, c'est le réel, le vécu, la pratique, l'usage, les difficultés rencontrées. Sinon, comment expliquerait-on que des cancres fassent fortune, et des cracks, faillite ?

Parmi les nombreux pièges du réel, il y en a au moins quatre auxquels le patron est sans cesse confronté et dont le traitement détermine ses chances de succès : le temps, l'argent, les autres et soi-même.

LE TEMPS. — On se trompe souvent sur l'évaluation du temps que prennent vraiment les choses : réorganiser un service, recruter un responsable, lancer un nouveau produit, atteindre le seuil de rentabilité, intégrer une acquisition, s'implanter sur un marché étranger, former un jeune diplômé. « Il faut, disait Bergson, attendre que le sucre fonde. » Les erreurs de prévision touchant la durée sont les plus communes. Nous en commettons tous de petites chaque jour. Comme d'être persuadé qu'on pourra couvrir en quinze minutes un trajet qui, le plus souvent, en exige trente.

L'envie que ça aille vite découle de notre capacité d'imaginer le problème résolu. Avantage : la motivation qui en résulte nous lance dans l'action. Inconvénient : le chemin de la réalité se révèle plus long que souhaité.

D'un patron, on s'attend plutôt qu'il n'ait jamais le temps, qu'il soit interrompu, qu'il fasse plusieurs choses en même temps, qu'il arrive en retard, voire annule ses rendez-vous au dernier moment. C'est, hélas, souvent vrai. Certains ne considèrent-ils pas ces dérèglements comme les signes extérieurs — donc excusables, pour ne pas dire indispensables — de leur position patronale ?

Vincent Bolloré vous reçoit en faisant quatre choses à la fois : il téléphone, répond très courtoisement à vos questions, signe du courrier, et lance de temps à autre : « Pour l'organisation personnelle, je suis nul. »

André Rousselet traîne avec lui une énorme serviette qui pèse aussi lourd que son remords : « J'ai là tous les papiers que je n'arrive pas à traiter. Je les emporte chez moi... et les rapporte tels quels le lendemain. Mais, de temps en temps, ça me prend et je réponds d'un coup à toutes les lettres qui attendent depuis des semaines. »

Carlo De Benedetti (par angoisse ?) se remplit un agenda de chef d'orchestre international. Toutes les réunions et tous les voyages sont inscrits des mois à l'avance à tel point qu'il ne lui reste théoriquement aucune disponibilité pour l'imprévu essentiel. Mais, bien évidemment, il sait se rendre disponible quand il se passe des choses importantes — c'est-à-dire à peu près tous les jours. Alors il annule.. et culpabilise !

A mes yeux, le privilège décisif d'un patron n'est ni d'ordre financier, ni lié à la puissance. C'est la faculté de choisir l'usage qu'il fait de son temps. S'il annule, on l'excuse (la première fois) ; s'il ne vous accorde qu'une demi-heure, on le comprend ; s'il délègue ce que d'autres feront aussi bien eux-mêmes, cela paraît normal. Chacun d'eux gère son temps à sa guise et n'a pas de comptes à rendre, sous réserve que ses résultats soient probants. Ainsi, avant de « décrocher », Francis Bouygues semblait se concentrer presque exclusivement sur le groupe qui porte son nom, tandis qu'à l'autre extrême, Tapie, député, président de l'O.M., n'est patron qu'à temps choisi.

Beaucoup acceptent des missions, commissions, cours, conférences, expertises, sans doute parce qu'en France, le *business* s'estime moins noble que le service public. Ainsi font Bernard Esambert, Jacques Rigaud ou Yves Sabouret, tous issus du sérail de l'État. Certains même, comme Pierre Bergé, peuvent soudain accepter de cumuler la présidence de Saint Laurent et celle de l'Opéra-Bastille, alors que chacune de ces deux fonctions représenterait, pour d'autres, un plein temps plus que fourni.

Le patron définit lui-même son degré d'implication. Plus il se mêle de descendre dans le détail, plus son temps est engouffré par l'entreprise. Et si c'est cela qu'il aime, grand bien lui fasse ! Mais plus il a besoin d'élargir sa vision, de multiplier ses pôles d'activité, plus il lui faut s'organiser et déléguer en conséquence.

Ces deux extrêmes, et toutes les nuances intermédiaires, demeurent jouables, à condition de faire montre d'un réalisme sans illusions sur le temps que prendront les choses : « Oui, j'accepte de sacrifier mes week-ends... Non, l'entreprise a trop besoin de moi dans les deux ans à venir... Oui, si je ne me change pas un peu les idées, je vais perdre le recul dont j'ai besoin pour réfléchir en matière de stratégie... »

Le patron est maître de son temps, mais, de

ce fait, il assume la pleine responsabilité du résultat de son usage.

L'ARGENT. — Comme nous l'avons constaté à propos du sens de l'argent, il s'agit à la fois du but même des affaires et du langage propre à cette culture. De même qu'en informatique, tout peut se traduire en 0 et 1, de même, dans une entreprise, presque tout peut s'exprimer en argent. Toute idée a un prix, tout retard a un coût, et de même toute rencontre. Les Américains en font un axiome : *"There is no such thing as a free lunch."* (Un déjeuner gratuit, ça n'existe pas.) La gratuité est réservée à la sphère privée, la vie intime, quelquefois la famille. Mais, dans l'univers de l'entreprise, tout, absolument tout se traduit en recettes ou en dépenses. De Benedetti affirme qu'avant d'affecter chacune de ses heures, il se pose la question : « Quelle va être la valeur ajoutée ? »

Pour le patron, le réalisme exige non seulement d'en être bien convaincu, mais de savoir distinguer d'instinct entre ce qui coûte et ce qui rapporte. Curieusement, ce n'est pas toujours le cas, par exemple en matière de promotion et de publicité.

Devant toute initiative — celles de ses collaborateurs ou les siennes —, il doit aussi savoir ne pas trop se tromper sur les ordres de grandeur financière qu'elles impliquent. Et cela, avant même qu'on en ait calculé le budget.

Les montants en eux-mêmes comptent (si l'on peut dire) moins que les conséquences qu'ils peuvent entraîner à un stade donné de l'histoire de l'entreprise. Aux débuts du Club Méditerranée, en 1950, Gilbert Trigano s'aperçut qu'il lui manquait dix millions et que tout pouvait basculer. C'est alors qu'il rencontra Edmond de Rothschild. Date historique de part et d'autre : pour Edmond, la meilleure affaire de sa vie ; pour Gilbert, l'ouverture du Club à un véritable actionnariat. Peut-être a-t-il repensé à ces dix millions fatidiques lorsqu'il a signé le devis du village d'Opio (Alpes-Maritimes) ouvert en 1989 : trois cent cinquante millions de francs, le plus cher jamais construit par le Club. Mais ce dernier risque l'a sans doute moins empêché de dormir que ses dix millions de financier débutant.

La pente naturelle, voire fatale, d'un groupe humain, même composé de managers professionnels, n'est pas de gagner de l'argent, mais d'en dépenser. Dans quelques rares cas, il faut vraiment se donner du mal pour ne pas faire d'importants profits : lorsque, par exemple, le produit coûte dix fois moins cher à fabriquer qu'à vendre (*soft drinks* ou parfums), ou lorsque les recettes continuent à croître alors qu'on a largement dépassé le point mort (Canal +, ou les grandes années chez les constructeurs automobiles). Mais ces exceptions sont rarement durables.

Dans l'entreprise, seuls les vendeurs ne

consacrent leurs journées qu'aux recettes. Qu'ils en soient conscients ou non, tous les autres responsables, par leur seule activité, génèrent des dépenses. Si le réalisme du patron ne lui rappelle pas chaque jour cette évidence cachée, le profit tombe en grand péril.

Face à ce problème, il n'est bien sûr pas seul contre tous. Il n'aurait aucune chance de réussir. Par son réseau de comptabilité analytique, d'intéressement, de *stock-options*, une entreprise moderne mobilise en son sein une police du profit faite de responsables à tous les échelons. Mais même ces soldats d'élite, à l'instar de leur patron, risquent à tout moment, parce que la nature humaine est ainsi faite, de retomber dans le péché : alourdir les coûts.

Le réalisme financier du patron, cet instinct qui le conduit à dire *non* à point nommé, reste le nord magnétique de l'entreprise. Mais, fort heureusement, il convient d'y associer son complément positif, le flair pour la bonne affaire, un nouveau marché : bon chien chasse de race !

LES AUTRES. — L'avantage des machines sur les hommes, c'est qu'avant de les acheter, on connaît leurs performances et on peut donc calculer leur rendement. De surcroît, elles sont livrées sous garantie, ce qui est sécurisant. Elles ont toutefois un inconvénient : elles ne grandissent pas.

Les collaborateurs, eux, restent une énigme pour le patron. De quoi sont-ils vraiment capables ? Quels sont leurs points faibles ? Comment les motiver ? Peuvent-ils changer ? Ont-ils atteint leur seuil d'incompétence ? Sont-ils à leur vraie place ?

Questions particulièrement délicates au moment de l'embauche. On vous présente quelqu'un dont vous ne savez à peu près rien, qui essaie naturellement de se mettre en valeur, à qui vous allez (ou non) confier un rôle clé dans le système que vous orchestrez. Quel dilemme ! Certes, les erreurs sont réversibles. Mais, aux niveaux élevés, les périodes d'essai (trois mois pour les cadres) sont rarement suffisantes pour se faire une opinion ferme. Si l'on doit ultérieurement mettre fin à l'expérience, quel gâchis ! Si l'on se résigne à garder quelqu'un qui ne fait qu'à peu près l'affaire, quel manque à gagner !

Mais le réalisme ne se limite pas à ne pas choisir les plus mauvais. Il implique aussi de ne pas rendre mauvais les bons en ne sachant pas bien les utiliser. Certains jobs sont mal définis au départ, ou bien se révèlent ne pas correspondre à ce que l'on a décrit au candidat. Il arrive que le patron lui-même ne sache pas assez en quoi consiste réellement le poste à pourvoir. Dans ces conditions, même un bon candidat ne peut réussir.

Autre variante : faire échouer les meilleurs par extension indéfinie de leurs attributions.

Comme le manque de dirigeants ou de cadres de qualité constitue un goulot d'étranglement permanent pour les projets de l'entreprise, la tentation est grande de confier davantage à ceux qui réussissent déjà. Pour eux, la tentation est tout aussi grande d'accepter. Quand, à l'usage, on se rend compte que la dispersion d'énergie qui en résulte nuit à leurs anciennes aussi bien qu'à leurs nouvelles responsabilités, il est très délicat de revenir en arrière.

Le réalisme implique tout autant de ne pas laisser végéter un talent. Comme l'entreprise, les individus ont leur courbe de croissance, qu'il faut sentir et accompagner. Ou bien leur domaine de compétence grandit avec eux et grâce à eux, ou bien il faut savoir leur présenter de nouvelles perspectives... avant qu'un chasseur de têtes ne le fasse.

Il se produit souvent, dans les organisations, des poches de surnombre : trop de monde là, alors qu'on en manque ailleurs. Les localiser n'est pas chose aisée. Souvent, les intéressés eux-mêmes n'en sont guère conscients. La contrainte du réel la plus difficile à assumer, pour un patron, reste la réduction d'effectifs.

SOI-MÊME. — Recrutant des responsables clés, le patron se doit la plus grande lucidité sur lui-même. Car ceux qu'il embauche constituent à la fois l'indispensable prolongement de ses capacités personnelles d'action et le complément de ses propres lacunes. Certains membres de son entourage, parce qu'ils lui ressemblent, vont amplifier ses défauts et ses qualités. D'autres, dissemblables, auront avec lui des relations moins fluides, mais pallieront ses manques. Une équipe de direction devrait combiner harmonieusement les deux espèces.

Le dirigeant qui se connaît bien organise certaines structures de l'entreprise en fonction des insuffisances qu'il a décelées dans sa propre personnalité. Vincent Bolloré affecte de se méfier de lui-même et va jusqu'à faire contresigner par son frère ou son directeur général les chèques qui lui sont soumis. Mais il se fait pleine confiance dans des domaines beaucoup plus significatifs, comme la stratégie de son groupe.

Que le patron se surestime, et il lancera sa maison dans des projets hasardeux, disproportionnés ; qu'il se sous-estime, et il passera à côté d'occasions qui feront la fortune de ses concurrents. Nul ne sera surpris d'apprendre que, chez les dirigeants, le premier risque est plus fréquent que le second.

Sur plusieurs années, le devenir de l'entreprise peut être assez bien corrélé avec le tempérament et les capacités du patron. C'est pourquoi les analystes financiers ou les candidats à des postes dans la société devraient consacrer davantage de temps qu'ils ne le font généralement à l'étude du caractère, des marottes, du passé et des échecs du P.-D.G.

Rien, hormis l'analyse du secteur où évolue l'entreprise, n'est plus prédictif de ses évolutions à venir.

Ainsi Pierre Suard, patron de la C.G.E., semble regarder le monde extérieur avec appréhension. Aussi, en quelques années, a-t-il transformé son empire en une sorte de forteresse financière, avec chicanes et verrous. Dans le même temps, il a notablement raccourci les rênes un peu souples par lesquelles un Ambroise Roux, au style plus ministériel, tenait ses filiales.

De par sa position et son fonctionnement, le danger qui guette le chef d'entreprise, même le plus équilibré, est la perte de contact avec le réel. Plus il réussit, plus sa maison grossit et se diversifie, plus les échelons se multiplient et s'étagent entre lui-même, les produits ou les clients. Or, le nombre d'heures de ses journées reste le même. Aussi passe-t-il fatalement de moins en moins de temps sur chaque problème ou avec chaque collaborateur. Il a de moins en moins de disponibilité pour réfléchir et se poser les questions clés sur la santé et l'évolution de l'organisme qu'il a en charge. Il en vient à ne plus savoir ce qui s'y passe que par des rapports chiffrés et ce que lui en disent ses cadres les plus proches — quand il trouve le temps de les écouter. C'est un peu mince pour se tenir « réellement » au courant de ce qu'il en est.

André Rousselet dit de cette sorte de patrons qu'ils « ne plongent plus ». On sent vite, en parlant avec eux, qu'ils n'ont pas une idée concrète de ce qui se passe au rez-de-chaussée de leur siège social.

Pourtant, on ne peut diriger de grands systèmes sans déléguer et faire confiance. Mais le réalisme interdit d'oublier que toute délégation s'accompagne d'une déperdition d'information. C'est pourquoi un patron passe son temps à surfer sur la crête étroite et mouvante entre confiance et contrôle. Une des subtilités de l'exercice découle de ce que la position de la crête varie selon les collaborateurs avec lesquels on traite.

La mode actuelle de croissance par acquisitions éloigne mécaniquement le patron du fonctionnement de son entreprise. Il se sent en effet obligé de s'occuper lui-même de ces négociations, calculs stratégiques et restructurations qui influent si fortement sur le devenir de l'ensemble de sa société. De ce fait, même s'il est chaque jour présent à son bureau, sa tête est ailleurs. Il ne peut consacrer qu'un temps réduit à ce qui se passe chez lui, et ne s'en rend pas forcément compte. S'il s'est organisé dans ce but, en confiant à son directeur général un véritable rôle de Premier ministre, tout peut fort bien se passer. Mais c'est loin d'être toujours le cas, et très vite, au nom de l'avenir, c'est le présent qui risque de lui échapper.

Sur le plan du réalisme, quels sont les traits communs aux dix grands patrons radiographiés au terme de ce livre ? Leur score doit être parmi les bons, puisqu'ils ont réussi, et, même pour les plus jeunes, sur la durée. Ils ne sont pas savants, ce ne sont pas des modèles d'organisation ; en revanche, ils n'intellectualisent pas les problèmes, tous sont dans leur genre des malins, des curieux, des tenaces qui savent flairer les occasions et bondir dessus. On pourrait en dire beaucoup d'autres choses encore, mais ces quelques traits, dans leur cas, semblent suffisants pour leur permettre de bien aborder le réel.

Ils ont appris juste assez pour savoir interpréter la réalité. Le fait de ne pas « intellectualiser » évite qu'une vue trop théorique vienne leur dissimuler les faits. La vivacité de leur coup d'œil sur les choses leur permet de poser les questions importantes. Leur ténacité les conduit à insister tant qu'ils ne jugent pas la réponse satisfaisante. Ensuite, ils décident.

Quand ils réfléchissent et interrogent, c'est moins pour savoir que pour agir. Ce qu'ils veulent comprendre, ce n'est pas le réel en soi, qui comme à nous tous, leur échappe, mais la réalité du problème qu'ils ont à résoudre. Comme ils y parviennent plus souvent que d'autres, ils avancent, et toute leur entreprise avec eux.

Puisqu'il est ici question du réel, essayons d'en savoir davantage sur ce que les dirigeants disent faire et font réellement de leurs journées. Une enquête a été réalisée sur ce thème par deux chercheurs français : Jean-Luc Delpeuch et Anne Lauvergeon. Elle n'est ni exhaustive, ni statistiquement valable (35 entretiens), mais elle a le mérite de mettre en évidence des faits convergents.

Ainsi y apprend-on que l'écrit joue un rôle mineur dans la pratique du patron. Il dicte peu de courrier ou de notes, et ne se sert de son stylo que pour commenter, en marge, les rapports des autres, ou griffonner un mot d'envoi sur un billet autocollant.

En revanche, il est pendu au téléphone de vingt à cinquante fois par jour. C'est l'instrument privilégié de son pouvoir. Quant aux réunions, il y engouffre de 50 à 90 % de son temps. Tous se plaignent de cet envahissement, mais y sacrifient quand même.

Si l'on totalise le temps des réunions et celui des appels téléphoniques, on est conduit à s'interroger sur la solitude du patron. Dans la journée du moins, il n'est jamais seul. Et quand il l'est un peu, c'est pour écouter ou regarder des bulletins d'information, lire en diagonale des quotidiens spécialisés (*Les Échos, La Tribune*, le *Fig Éco*, et c'est presque tout).

Quant à la vraie lecture, elle ne se fraye une petite place que le soir ou en week-end. Même son courrier, il a du mal à le lire pendant les heures de bureau « normales ». Quant aux rapports de ses services, il ne les consomme souvent qu'en fin de semaine, en même temps que les magazines économiques dont il est friand (*L'Expansion, Le Nouvel Économiste, L'Entreprise* dominent le lot). S'il n'aime guère écrire, il considère également la lecture comme une corvée. Les patrons sont des verbaux actifs, constamment indisponibles et interrompus. Ils constatent qu'ils travaillent en moyenne 55 heures par semaine au bureau, sans compter l'examen des dossiers durant le week-end. Ils avouent avoir du mal à respecter leurs horaires et confirment prendre souvent du retard.

Ils déjeunent en moyenne trois fois par semaine pour leurs affaires, le reste du temps à la cantine, et voyagent un jour sur cinq. Beaucoup se plaignent de ne pas avoir de temps à eux, en particulier pour réfléchir. Apparemment, c'est une vraie question.

D'où ce formidable paradoxe : lorsqu'on les interroge sur les rôles qu'ils pensent jouer en priorité dans l'entreprise, ils placent en tête la définition de leur stratégie. Ils n'ont certes pas tort, mais ont-ils les ressources et les plages de temps nécessaires pour s'assurer qu'elle sera élaborée au mieux ? Après la stratégie, viennent le choix des cadres et leur suivi, puis la fonction d'organisateur et d'animateur de la maison. Tout ceci confirme que les dirigeants sont des réalistes : ils savent ce qu'ils ont à faire, et ne se trompent pas sur l'ordre d'importance de leurs missions, ce qui ne les empêche pas de courir contre la montre !

Ce tableau ne serait pas fidèle s'il ne présentait pas la face discrète, mais consubstantielle, de ces portraits de patrons : leur secrétaire. Elle est à la fois leur soutien, leur rempart et leur impresario.

Comme elle ouvre le courrier du patron, tient son agenda, filtre ses appels téléphoniques, contrôle l'accès à son bureau, il s'agit d'une femme d'influence dont le pouvoir est reconnu par lui comme par le monde extérieur.

Puisque l'essentiel — les contacts de son patron — passe par le téléphone, elle est la première à qui ont affaire ses interlocuteurs. La qualité de son élocution, l'intelligence de sa réponse font beaucoup — en bien ou en mal — pour la réputation de son patron. Lui-même n'en est pas toujours assez conscient. Sa secrétaire joue un rôle de Janus à deux faces : en protégeant son patron, elle lui permet de travailler et, pour certains, simplement de « surnager » ; mais, simultanément, elle interpose un filtre de plus entre la réalité et lui. Filtre parfois plus difficile à contourner qu'il n'y paraît.

Le patron ne peut réussir que dans le réel. Mais du fait de leur mode de vie privilégiée le réel n'échappe-t-il pas davantage aux patrons qu'à la moyenne des individus ?

X

L'attitude

Le doute sied mal au patron. – A la fois compositeur et chef d'orchestre. – Conséquent et cohérent plutôt qu'habile. – Alterner pouvoir et solitude. – Le patron n'est pas un sage. – Un soupçon de parano. – Les affaires, un jeu pour adultes. – Motiver ou manipuler. – Philosopher dans l'urgence. – Se déguiser en patron. – Fonctionner comme un athlète. – L'inaction tue plus que les microbes.

— Maître, mon métier est d'être patron. Quelquefois, la nuit, la même question me revient : suis-je un monstre ?

La tête rasée du lama tibétain émerge, droite, de sa tunique safran. Elle s'éclaire d'un sourire à peine goguenard :

— Monstre ?

— Oui, j'ai l'impression de cumuler des travers inquiétants.

— Comme... ?

— D'être mégalomane, car je décide pour un ensemble d'individus dont je ne connais même pas la plupart. Prétentieux aussi, puisque je dois dire le vrai sur tous sujets, alors que je sais combien je ne sais rien. Et hypocrite, dans la mesure où je suis obligé de dissimuler, de garder le secret, souvent de mentir sur ce que j'ai l'intention de faire.

— C'est tout ?

— Hélas, non. Ne suis-je pas sadique de faire faire à d'autres ce que je préfère ne pas faire moi-même, et dont ils se passeraient bien ? Et, en même temps, masochiste, puisque, moi aussi, je me crée des obligations formelles ou stupides, qui me donnent l'impression de passer à côté des vraies choses de la vie. Tout cela dans un but général bassement matérialiste : faire de l'argent, accroître les profits. Jusqu'où ?

— Ces idées de remise en cause vous sont venues comment ?

— En réfléchissant à ce qu'a dit un jour Steve Jobs, le créateur d'Apple, à John Sculley. Celui-ci était numéro 2 chez Pepsi Cola, une très grosse et très solide entreprise. Jobs voulait le convaincre de devenir, auprès de lui, directeur général d'Apple. Comme argument final, Jobs lui a lancé : « Restez donc là où vous êtes, et continuez à vendre de l'eau sucrée ! » Ensuite, Shakespeare a succédé à Ubu. Sculley est devenu directeur général d'Apple, et deux ans plus tard, il a fait démettre son patron, Steve Jobs, par le conseil d'administration. Tout cela n'est-il pas absurde ?

— Certes, mais vous voulez vivre, et pourtant vous avancez vers la mort. Vous caressez les animaux, mais vous les mangez. Vous aimez, puis vous rejetez. Vous vous jugez tantôt supérieur, tantôt débile. Où est la logique là dedans ? Toutefois, vous avez raison...

— En quoi ?

— Si vous ne vous sentez plus à l'aise comme patron, démissionnez !

— Mais c'est seulement la nuit que j'y pense, et pas toutes les nuits. Dans la journée, ça va. Au reste, je ne suis pas sûr que j'aimerais davantage exercer un autre métier...

Tous les patrons n'ont pas vécu un tel dialogue, mais rares sont ceux que de telles idées n'ont jamais effleurés. Ceux-là, il faudrait les redouter comme toute personne qui serait toujours assurée de son bon droit.

Pourtant, le doute sied mal aux patrons. Devant diffuser autour d'eux de la confiance et du sens, ils ont intérêt à en avoir eux-mêmes de solides réserves. Dans les passes difficiles, un chef doit donner le change ; s'il barbote dans le désarroi, l'effet de contagion, dans l'entreprise, sera aussi rapide que néfaste.

Pour faire ce métier qui n'est ni plus évident ni plus absurde que d'autres, il n'importe pas au premier chef de connaître des recettes, de stocker des exemples, ou de lister des trucs. Cet outillage n'est certes pas inutile, mais il ne suffit pas comme bouclier contre le doute. Il est en revanche essentiel, pour le patron, de rester convaincu qu'il joue un rôle dont la société a besoin, et qu'il s'en tire convenablement. Si cette conviction le quittait, il devrait, lui, quitter ce métier. C'est donc en essayant de se forger et d'entretenir l'attitude intérieure convenant à ce rôle qu'il aura les meilleures chances de s'y sentir bien assuré.

Reprenons donc la question : qu'y a-t-il de particulier dans le rôle de chef d'entreprise ? Bien d'autres chefs dirigent des organisations importantes : les généraux, les recteurs, les premiers ministres, les chefs de clinique, les évêques. Comme lui, ils ont un corps social à gérer, à inspirer, souvent à contraindre. Mais tous ont en commun quelque chose qu'un P.-D.G. d'entreprise privée n'a pas : un patron. Au-dessus d'eux, il existe un personnage qui leur a donné leur job et qui peut donc le leur retirer. Situation que vivent les présidents de filiales, mais ceux-là seulement.

Les patrons à part entière connaissent donc ce statut de « maîtres après Dieu » qui leur confère non seulement la responsabilité des résultats de l'entreprise, mais également celle d'inventer leur propre tâche. Certes, ils ont des comptes à rendre, mais leur rôle tient à la fois du chef d'orchestre et du compositeur. Ce trait unique, globalisant, indéfinissable et créatif du métier de patron se traduit aujourd'hui dans l'exigence qui pèse sur chacun d'eux : celle d'assurer un *leadership*.

***LEADERSHIP* (BIS).** — Le leader, c'est Monsieur Plus : il s'acquitte au mieux de toutes les facettes de son travail, mais, pour couronner le tout, il doit être de surcroît reconnu comme patron. Au-delà d'un métier, un rôle.

Ce n'est pas un hasard, puisque le mot n'a pas de vraie traduction en français, si ce sont les Américains qui se sont efforcés de cerner avec précision cette notion de *leadership*. Un des derniers en date est John P. Kotter, professeur à la Harvard Business School : d'après lui, les entreprises, après la guerre, ont opéré trente ans durant dans un environnement relativement stable, où l'on pouvait donc appliquer des principes et des règles. Ceux-ci n'ont pas perdu de leur importance, mais ne suffisent plus. Pour faire face à la nouvelle imprévisibilité de la planète des affaires, il faut « des leaders animés d'une vision et capables d'inspirer les gens ». Voilà qui reste vague, et n'est pas sans rappeler le *Führerprinzip* !

Essayons une autre approche : celle de l'inégalable Peter Drucker qui, depuis quarante ans, commente les évolutions du management mondial. Pour lui, un leader n'existe par définition que s'il est suivi. Il doit donc donner confiance aux autres : confiance en lui, bien sûr, mais aussi en eux-mêmes. Pour lui, le mot *leadership* correspond à une mode justifiée, mais recouvre des besoins fort anciens. Pour inspirer confiance, un leader se doit d'être conséquent et cohérent bien plus qu'habile. Il exhorte à se méfier de la quête du « charisme », ce néologisme de l'ère des médias. « Le *leadership* est terre à terre, et même ennuyeux. Plus que du charisme, il exige du travail. Le rôle du leader est de fixer les objectifs, d'établir les priorités et de maintenir les règles. »

On oppose trop facilement les managers qui savent planifier, budgéter, organiser et contrôler, aux leaders qui, eux, seraient « inspirés ». Le simplisme guette toute catégorisation. Il faut de nombreux leaders dans une entreprise pour qu'elle tourne rond. Tout responsable devrait posséder au moins en partie les qualités du leader. On en trouve d'ailleurs d'excellents chez les contremaîtres.

Si le *leadership* existe heureusement un peu partout, bien qu'inégalement réparti, il importe en tout cas qu'il se manifeste au sommet de la pyramide. Pour mieux cerner la relation qui s'établit entre le *leadership* et l'attitude intérieure, résumons d'abord les six caractéristiques du leader, telles qu'elles ressortent d'une enquête effectuée auprès de nombreux patrons, consultants et professeurs de *business*.

Trois ont trait aux rapports avec les autres :

- faire confiance aux collaborateurs,
- encourager le risque et accorder une marge d'erreur,
- solliciter la contradiction, éviter les « *yes-men* ».

Trois autres portent sur le comportement personnel :

- développer une vision ; relier présent et long terme,
- garder son sang-froid dans les crises,
- simplifier pour communiquer l'essentiel.

On le voit, il ne s'agit ici ni de connaissances, ni de techniques. La seule école où l'on apprenne ces comportements est celle de la vie. Ce qui n'implique nullement que le patron n'ait pas besoin d'être un expert en son secteur. Il doit l'être au moins autant que ses concurrents. Mais le « plus », le *leadership*, vient s'y ajouter et découle de son attitude personnelle. Sa base psychologique paraît être la faculté de faire varier, comme avec un *zoom*, son niveau d'intervention : du ras des pâquerettes aux cimes, en un clin d'œil, et vice versa.

Pendant la guerre du Pacifique, la marine américaine avait dédoublé son état-major. L'un était à Midway, au cœur des opérations, et menait la guerre. Un autre, installé à Hawaï, à l'arrière, réfléchissait, étudiait et préparait la suite. Tous les six mois, les états-majors permutaient. Le haut commandement estimait que pour gagner le combat, il fallait que chacun fût exercé à l'action immédiate comme au recul réflexif.

Dans l'histoire française contemporaine, deux hommes ont su ainsi faire preuve à la fois d'une grande longévité politique et d'une exceptionnelle aptitude à remonter des abîmes : de Gaulle et François Mitterrand. Plus que d'autres, ils ont su faire alterner l'exercice direct du pouvoir et des phases solitaires de réflexion, le plus souvent aidées par l'écriture.

A son échelle plus modeste, le patron doit cultiver cette attitude duale. Il n'a pas la ressource de la méditation littéraire, il ne peut être dédoublé comme les amiraux. C'est en lui-même qu'il doit trouver ce ressourcement.

Un patron n'est pas un sage : sinon, qu'aurait-il à faire de cette agitation quotidienne, de ces préoccupations de détail, de l'exercice d'un pouvoir, voire de l'accumulation de richesses ? Il trouverait ailleurs et autrement une vérité plus profonde sur l'existence. Il ne peut davantage n'être qu'un activiste traversant chaque jour le pont d'Arcole bannière au vent. Son énergie est indispensable, mais, seule, elle reste courte.

Il ne saurait pour autant camper quelque part entre les deux. L'attitude moyenne, le juste équilibre peuvent permettre de vivre agréablement, pas de diriger une entreprise vers des objectifs forcément difficiles. Le patron ne peut se maintenir à distance, car on attend de lui à la fois qu'il fasse et qu'il juge — non pas simultanément, mais alternativement. Si quelqu'un est, par sa position, juge et partie, c'est le patron. Et c'est bien ainsi. Mais il n'a pas la possibilité d'être les deux en même temps. Son rôle de leader l'oblige ainsi à cultiver consciemment une certaine schizophrénie.

Les deux pôles de la vie d'un leader, donc d'un patron, sont, par nécessité, passion et détachement. Le ressort secret de son attitude consiste à savoir passer à bon escient de l'une à l'autre.

PASSION. — On ne saurait être patron sans passion. Elle stimule la curiosité qui donne envie de comprendre les gens, de savoir comment font les confrères et les concurrents, de tester d'autres idées et d'autres produits, de rencontrer des inconnus qui vont peut-être apporter une nouvelle étincelle, de voyager pour sentir d'autres marchés.

Sans une passion un peu aveugle, comment se concentrer sur des problèmes aussi peu universels que l'épluchage d'un tableau de bord périodique ou la recherche d'un revendeur au Danemark ?

C'est dans la passion qu'on trouvera la force de conviction nécessaire pour répéter aux représentants du Sud-Ouest le même discours que celui qu'on a tenu à leurs collègues de cinq autres régions. Cette même force qui permet de négocier âprement jusqu'à minuit un système d'intéressement ou un contrat de fabrication. Passion où l'on puise la ténacité indispensable pour poursuivre, des mois durant, la discussion d'un accord de partenariat aux complications rebondissantes, mais dans l'aboutissement duquel on a investi sa fierté.

On reproche avec raison à la passion de déformer la réalité. Or, nous venons de mesurer à quel point il importait de ne point s'en éloigner, surtout au moment de la prise de décision. Mais, dans l'action, quelques entorses positives à cette règle peuvent se révéler fort utiles.

N'est-il pas souhaitable, par exemple, de faire preuve de partialité en faveur de la maison, de ses équipes, de tous les symboles qui contribuent à forger l'esprit de corps ? Autant il est désormais rétrograde de considérer le concurrent comme un ennemi, voire (ça s'est vu) comme un salaud, autant il est bon d'en faire un adversaire au sens sportif du terme. C'est le rôle de la passion. Et, pour déjouer plus promptement les ruses ou les stratégies de cet adversaire-là, un soupçon de « parano » maintient les équipes sur leurs gardes.

Mais la déformation la plus désirable de la réalité est celle qui permet au patron de rester optimiste. Comment entreprendre, convaincre, mener les hommes autrement ? Or, pour être optimiste, il est nécessaire de décrypter la réalité sous des couleurs favorables. Traditionnellement, les psychologues mettaient en parallèle la capacité de voir les choses comme elles sont et la santé mentale ; mais voir « en face » la réalité des choses, n'est-ce pas admettre l'adage : « La vie est dure ; ensuite on meurt » ?

Des études plus récentes tendraient à montrer que ceux qui se déclarent heureux ont certes une vue déformée, mais dans un sens positif et qui n'altère que légèrement le réel. Ils ont plutôt une meilleure opinion d'eux-mêmes que celle que leur accorderaient des observateurs indépendants. Cette surestimation propice s'étend à leurs amis et à leurs proches. Ils attendent du futur des améliorations et des progrès, ce qui n'est pas le cas de tout le monde. Ce sont les mêmes qui se montrent capables de travailler plus dur et plus longtemps que la moyenne, et avec de meilleures chances de parvenir à leurs objectifs.

En d'autres termes, se voir soi-même avec des lunettes un peu roses, mais le monde extérieur tel qu'il est, serait la meilleure et la plus efficace combinaison pour un responsable confronté en permanence à des problèmes. Elle lui insuffle l'indispensable optimisme sans lequel, disait Gramsci, on n'agit point.

DÉTACHEMENT. — Qu'on l'appelle recul, distance, remise à plat ou rumination, le détachement n'est pas renoncement ou abandon. Il fait équilibre au pôle de la passion qui incite à l'action. Car dans l'exercice du métier de patron, il est tout aussi indispensable d'avoir recours au non-agir.

Détachement pour ne pas répondre trop vite à une proposition, pour savoir quels problèmes ont avantage à se décanter et à mûrir, même si les autres vous pressent de les trancher.

Détachement pour savoir, en réunion, se taire assez longtemps afin de laisser se dérouler l'argumentation des autres.

Recul qui permet de recadrer plus large, de relativiser ce que les autres vivent comme une crise et qui n'est qu'une péripétie.

Détachement pour ne pas transformer une divergence d'opinions en querelle de personnes, pour ne pas amplifier l'erreur ou l'échec de ceux dont on continue d'avoir besoin.

Le détachement permet d'arrêter une activité trop coûteuse mais à laquelle les équipes se sont identifiées, de vendre au bon moment, de licencier quand la nécessité l'exige. Si l'on vient d'essuyer un échec, c'est le baume indispensable à une cicatrisation rapide.

Le secret de cette distance, si nécessaire à un fonctionnement sain, est de ne pas prendre excessivement au sérieux ce à quoi on consacre néanmoins le plus clair de ses journées. Comme l'humour, cette attitude s'appuie sur un point de vue paradoxal et métaphysique : à quoi bon se mobiliser et rameuter les autres pour la conquête de deux points de part du marché des isolants en céramique, puisque nous allons bientôt mourir ?

Penser cela en permanence s'appelle une dépression, et se soigne. Ne jamais le penser, c'est rester adolescent toute sa vie. Ce qui comporte certains avantages, mais guère pour le métier de patron.

Plus on réussit, plus on grossit, plus on dirige de salariés, et plus grandit la tentation de se prendre au sérieux. Or, que l'on commande à 10 ou à 10 000 individus, que l'on « pèse » un million ou un milliard de francs, ne fait strictement aucune différence par rapport à la taille de notre galaxie ou à l'angoisse qui nous étreint s'il arrive le moindre accident à l'un de nos enfants.

Quand on la considère sous cet angle, notre action quotidienne paraît de bien peu d'importance. Pourtant, si on en accepte la responsabilité, il faut la mener à bien. La manière dont je m'accommode personnellement de cet inévitable paradoxe consiste à ne voir dans les affaires qu'une sorte de jeu pour adultes. Ainsi m'est-il plus facile, à tout moment, de relativiser et de me distancier, comme on quitte la table de bridge pendant qu'on est le « mort ».

Mais jouer n'implique aucun « à peu près ». Quel visage est plus sérieux que celui du joueur de poker, d'un maître aux échecs, d'un champion de tennis ? La tension vers l'objectif, dans le respect scrupuleux de règles arbitraires, est aussi ce que l'on doit mettre en œuvre pour réussir une négociation, élaborer un programme d'action, décider de courir un risque. Le joueur de bon niveau a des contraintes, des adversaires, des imprévus. Il ne peut se permettre de plaisanter avec les éléments dont il a besoin pour réussir. Sinon, il perdra.

Si tout le monde travaillait dans l'entreprise avec la même ardeur qu'un joueur professionnel, quels résultats n'obtiendrions-nous pas ! Le vocabulaire et les métaphores du sport reviennent d'ailleurs constamment dans le discours des patrons. Ce qui constitue un progrès notable sur les expressions guerrières des générations antérieures...

Vivre ce métier comme un jeu revient à combiner à la fois une philosophie cohérente et une pratique de la performance. Car les joueurs de compétition, qu'ils soient en haut d'une pente ou devant un damier, savent combien ils doivent également exercer leur propre psychologie. C'est-à-dire, comme les patrons, étudier et composer leur attitude.

AUTOMANIPULATION. — Dans une société pacifiée, la guerre se poursuit avec les mots. Quand il faut licencier, la direction expliquera la nécessité « d'abaisser le point mort », et les syndicats accuseront le patron de vouloir opérer des « dégraissages ». De même, pour inciter les collaborateurs de l'entreprise à un effort supplémentaire, le chef d'entreprise cherchera à « motiver » ses troupes, et les sceptiques observeront la manière dont il va les « manipuler ».

Qu'importent les mots, quand on recherche

le réel ! Puisque, comme Harry Truman, j'admets que « le leader doit être capable de faire faire aux autres ce qu'ils n'ont pas envie de faire, et qu'ils aiment ça », il doit y avoir, entre motivation et manipulation, la même différence qu'entre le verre à moitié vide et le verre à moitié plein. Quand j'ai une vertèbre coincée, je trouve que manipulation (sous réserve qu'elle soit experte) est plutôt un doux mot.

De même, pour atteindre l'attitude qui convient, doit-on non seulement rechercher une juste appréciation de ce que l'on est et de ce que l'on doit faire, mais agir sur soi dans ce sens, c'est-à-dire s'automanipuler.

Mon père disait : « Il est plus facile de prendre sur soi que de prendre sur les autres. » Je reconnais qu'on fait un progrès certain du jour où on parvient à se considérer soi-même comme un élément du problème sur lequel on peut agir.

Concrètement, passer à volonté de la passion au détachement, ou vice-versa, n'est pas une pratique évidente. Il peut déjà paraître difficile, dans le feu de l'action, d'oublier suffisamment ses aléas et ses péripéties, le soir venu, pour trouver le sommeil. A plus forte raison n'est-il pas spontanément à notre portée de philosopher dans l'urgence.

Le plus simple, puisque nous ne pouvons nous dédoubler, est de nous servir du temps pour nous permettre de changer d'attitude. S'il nous faut un ou dix jours pour nous dépassionner et nous assagir face à un important problème, sachons-le et imposons-nous ce délai afin d'être assurés que nous aurons donné aux deux aspects de nous-même l'occasion de s'exprimer. Certains peuvent trouver cette discipline par trop contraignante. Pourtant, lorsque les circonstances nous ont d'elles-mêmes imposé un tel délai, quels bénéfices n'en avons-nous pas finalement retirés !

Deux étapes naturelles pour progresser dans l'utilisation de soi-même comme d'un instrument de soliste : bien se connaître, puis bien se travailler.

On ne sait sur soi qu'une partie de ce qui compte. Le regard des autres peut nous aider, mais, pour un patron, il risque d'être quelque peu biaisé par les relations hiérarchiques. Aussi n'est-il pas de bonne vigilance sans une auto-investigation lucide et systématique. Elle présente l'avantage d'être plus compatible avec les horaires chargés du dirigeant que trois heures hebdomadaires chez un psychothérapeute.

Les deux points à élucider en priorité sont : ce qui nous fait peur et ce qui nous fait plaisir. Nous le pressentons bien par expérience, mais il convient d'essayer de le formuler clairement à l'aide d'un peu de concentration et de pas mal d'honnêteté.

Les patrons qui, par exemple, craignent le contact direct avec les autres ne sont pas rares. Ils ne savent pas dire *non* en face ; ils préfèrent faire licencier par d'autres ; ils évitent les journalistes. Ce qui ne les empêche peut-être pas d'être d'excellents créatifs et de fins stratèges. Mais, dans leur cas, mieux vaut lucidement s'entourer de collaborateurs qui sauront pallier leur timidité ou leur trouble.

D'autres redoutent de se tromper sur les chiffres, ou encore de ne pas suffisamment maîtriser l'anglais. S'ils l'admettent, ceux-là sauront également s'équiper de collaborateurs-prothèses qui auront l'astuce de se montrer aussi modestes qu'ils sont indispensables.

Bien connaître ses sources de plaisir est peut-être encore plus important, car le patron y consacrera spontanément sa meilleure énergie. Celui qui aime compter les trombones veillera à s'adjoindre un conseiller en stratégie. Celui qui préfère chevaucher l'avenir s'assurera qu'il a mis en place un contrôle de gestion sans failles et un directeur général campant solidement dans le présent.

Ces paramètres très personnels du patron ont nécessairement une influence sur l'évolution de l'entreprise, surtout s'il reste de nombreuses années en place. Ambroise Roux est plutôt casanier ; y a-t-il là un rapport avec le fait que la C.G.E. soit longtemps restée hexagonale ? A l'inverse, Antoine Riboud et Carlo De Benedetti sautent à tout propos dans leur avion, ce qui a probablement contribué à l'essor européen de leurs groupes respectifs. Francis Bouygues ne parle pas un mot d'anglais ; est-ce pour cela qu'il ne s'est mis à l'international que sur le tard, quand il a trouvé un homme, Olivier Poupard, qui avait envie de s'y lancer ?

Il n'y a pas de patrons équilibrés. Pour avoir réussi son parcours jusqu'au fauteuil de commandement, il faut avoir hyperdéveloppé certaines capacités au détriment d'autres. Par exemple : excellence financière ou technique, au détriment du savoir-faire humain. Ou, plus particulièrement en France chez ceux qui ont été formés au service public : sens de l'État ou sens politique plutôt que goût du profit.

Beaucoup se corrigent et se bonifient avec l'âge, comme Gilbert Trigano qui, ayant failli sombrer par insuffisance comptable, est devenu depuis lors un virtuose des chiffres.

L'automanipulation s'effectue même à son propre insu. Beaucoup, pour se comporter en patrons, ont besoin de se déguiser en patrons, attentifs à leur titre (« Président ») et jusqu'à la manière dont leur chauffeur leur ouvre la portière, au milieu d'un entourage bourdonnant et un tantinet obséquieux. Si ça peut les aider à penser en stratèges, où est le mal ? Le travail quotidien nous enseigne à jouer de nous-mêmes comme d'un piano.

S'il m'arrive de me trouver mal à l'aise face à un nouveau problème, je n'en éprouve plus guère d'angoisse. J'ai plusieurs fois réalisé que c'était plus par ignorance que par incapacité. Aussi commencé-je par m'en imprégner au fil de lectures, de contacts, de déplacements, de conversations, jusqu'à ce qu'un beau jour, je me rende compte que j'y réfléchis assez clairement pour être à même de décider. C'est à tort que certains, parce qu'ils sont patrons, se croient parfois tenus de répondre en compétence et séance tenante. Apprendre à dire « Je ne sais pas » sans se sentir remis en cause fait partie du métier.

De même qu'on peut s'imprégner d'un problème, il est nécessaire de se fabriquer une méthode personnelle pour s'en désinvestir afin d'en mieux juger. Il ne suffit pas d'appuyer sur un bouton psychique étiqueté « détachement » pour changer de mentalité ou d'obsession. Pour s'éloigner psychologiquement, certains doivent le faire physiquement.

Les marins, comme Bolloré, affirment que le bateau est souverain pour vous vider la tête. Quant aux longues marches à travers la lande, préalables aux décisions stratégiques, elles jouent un rôle folklorique parmi le petit monde des P.-D.G. : « C'est lundi, que va-t-il encore nous sortir après son week-end ? »

Mais il n'y a pas de petits gestes, s'ils peuvent mener aux grandes idées.

SANTÉ. — Si l'on consulte les statistiques des compagnies d'assurances, il apparaît que les patrons se portent mieux que la moyenne de la population. Ce qui s'explique au premier degré par le fait qu'ils sont mieux soignés, mieux suivis et peut-être mieux informés sur les principes modernes d'hygiène de vie.

En effet, les grands patrons ne sont pas des *play-boys*, même s'ils soignent désormais leur *look* et s'évertuent à garder le ventre plat. La plupart évitent les dîners en ville, se couchent et se lèvent tôt, et font souvent de l'exercice. Lagardère préfère un yoghourt et un set de tennis à n'importe quel déjeuner.

Il ne s'agit pas seulement pour eux d'éviter l'infarctus, mais de garder leur principal instrument de travail, leur cerveau, en parfait état de marche. Ce super-ordinateur irremplaçable est aidé par une machinerie de plus en plus sophistiquée : écrans ou imprimantes pour l'informer, téléphones de tous calibres pour le connecter, véhicules roulants ou volants pour le transporter au plus vite. Mais à quoi bon toute cette quincaillerie si le plus sensible des récepteurs-émetteurs se met à fonctionner à moindre rendement à cause de la fatigue, de la somnolence ou d'un simple défaut de concentration ?

De surcroît, les patrons ont plus de quarante ans, et, passé cet âge, chaque écart s'inscrit dans le corps et fait un peu flancher les neurones.

Par-delà le plaisir de vivre qui en découle, ce qui oblige le patron à être au mieux de sa forme, c'est que, pour chacun de ses interlocuteurs, il est le patron. Tout comme dans les rapports des patients avec leur médecin, chacun considère l'entretien qu'il va avoir avec lui comme rare et décisif. S'il trouve devant lui un chef qui a du mal à se concentrer, le verbe vague et le regard absent, il en sort frustré et mal impressionné.

Pour un patron, assurer la qualité du service revient à fournir une concentration régulière et fiable à chacun. La présence d'esprit, la repartie, la mémoire des derniers entretiens tournent à l'exploit sportif, compte tenu du nombre de sujets à traiter et des interruptions constantes. Un patron actuel fonctionne comme un athlète et doit s'entretenir comme tel.

S'y ajoute une raison qui, au-delà du sport, de la diététique et du sommeil, explique la bonne santé des patrons : ce qu'ils font les intéresse, et ils aiment être patrons.

On associe presque automatiquement la vie d'un chef d'entreprise au mot *stress*. Et il est vrai qu'ils ont des semaines serrées. Mais le stress n'est mauvais qu'au-delà d'un certain seuil. En deçà, il serait plutôt recommandé pour l'énergie et la longévité qu'il assure. Ce qui tue prématurément les retraités, c'est l'inaction davantage que les microbes. Ce « stress bénéfique » porte même un nom scientifique : l'*eustress*.

L'action stimule l'organisme et le psychisme, ce qui corrobore l'hypothèse selon laquelle nous sommes des animaux construits pour la performance. Résoudre sans cesse des problèmes tonifie, à la condition de disposer des moyens humains et financiers ainsi que du pouvoir nécessaires.

Si les cadres supérieurs ont davantage d'ulcères que leur propre patron, c'est qu'ils se trouvent plus souvent que lui coincés dans le dilemme de la « responsabilité sans pouvoir » qui conduit au stress négatif instantané. Parce qu'il a responsabilité et pouvoir, une journée de P.-D.G. peut au contraire stimuler agréablement son adrénaline.

Mais le métier de patron fournit un avantage psychologique plus décisif encore : le sentiment de contrôler son environnement. Ce qui semble correspondre à un besoin de base du psychisme humain. C'est ainsi qu'on a fait baisser le taux de mortalité dans les asiles de vieillards en donnant à ces derniers plus d'initiatives et d'autonomie dans l'organisation de leurs horaires. Il apparaît que plus on se sent à même de contrôler sa vie, mieux on se porte.

Mais l'intensité de ce besoin varie selon les individus. Les fameux « type A », qui sont des proactifs, ont même du mal à laisser aux autres la moindre initiative. Et il y a une bonne proportion de « type A » chez les chefs d'entreprise !

Au point que l'on peut se demander si les patrons vont bien parce qu'ils contrôlent, plutôt mieux que les autres, leur propre vie, ou s'ils ont été portés vers ce métier par un tempérament enclin à organiser les événements. On sent qu'il doit bien y avoir chez eux un peu des deux...

Les formes (physique, psychique, affective) du patron et la santé de l'entreprise sont étroitement liées. Il doit émettre à destination de ses collaborateurs des ondes de confiance, de solidité, de calme, etc. La moindre défaillance, le moindre passage à vide sont aussitôt perçus par les autres en-deçà même des mots prononcés.

L'attitude intérieure qui conditionne l'équilibre, la discipline de vie qui sous-tend la forme ne sont pas des coquetteries de vedette. Elles relèvent de la gestion réaliste et responsable de celui qui, plus encore que les machines ou les immeubles, fait partie de l'actif de l'entreprise.

XI

Les idées

La ressource essentielle et secrète. – Agir à trois niveaux. – Une affaire de volonté et de méthode. – C'est le patron qui empoche la mise. – Sortir des culs de sac. – Des fruits plutôt que des papillons. – Aller jusqu'au bureau d'à-côté. – Les idées sont timides. – Le retour de l'intuition. – Un pouvoir magique ou un muscle ? – Les bulles de notre inconscient. – Il y a des intuitions idiotes. – La chance n'est pas un hasard.

Ce jour-là, Carlo (De Benedetti) et son fidèle Alain (Minc) avaient rendez-vous, à Bruxelles, avec le gouverneur Lamy, l'homme qui régnait sur la Société Générale de Belgique, l'institution financière dominante du pays. Après que l'huissier à chaîne les eut annoncés, ils faisaient antichambre au milieu des marbres et des tableaux anciens.

Inspiré par la solennité désuète du lieu, Alain murmure à Carlo :

— Cette énorme boîte a l'air de roupiller. Tu imagines les ressources inexploitées, les valorisations inexprimées que représentent toutes leurs participations ? Tu ne crois pas qu'on devrait y regarder ?

En sortant du 30, rue Royale, les deux compères achètent au premier kiosque, pour 30 F.B, *L'Écho de la Bourse*. Ils relèvent la cote du jour de l'action S.G.B., multiplient par le nombre de titres, évaluent la capitalisation boursière :

— Tu vois, ça ne fait *que* treize milliards de francs français. On devrait pouvoir en prendre le contrôle !

C'est ainsi qu'un jour d'été de 1987 est née l'idée d'un des raids financiers les plus spectaculaires de l'histoire récente. Était-elle mauvaise, puisque Carlo et Alain n'ont pas réussi leur conquête ? L'idée, probablement pas. Mais les analystes et le clan De Benedetti lui-même reconnaissent que c'est dans le déroulement des opérations qu'ils ont laissé passer à une ou deux reprises la chance de l'emporter. De surcroît, un système financier de la taille du groupe De Benedetti sait trouver, avec le temps, les idées qu'il faut pour se sortir sans trop de dommages d'une opération dont il a déjà encaissé des dividendes de notoriété (à noter que, depuis, la capitalisation boursière de la S.G.B. a presque triplé).

L'intéressant est de photographier le moment où surgit l'idée qui fait bouger un système. Toutes ne naissent pas à l'occasion d'un bavardage dans une salle d'attente. Certaines viennent là où on s'y attendrait le plus, par exemple au cours d'une réunion de haute direction. Mais d'autres naissent dans la baignoire d'Antoine Riboud, sur le parcours de jogging de Vincent Bolloré, ou, très banalement, au hasard d'un échange téléphonique.

Les idées : la ressource la plus essentielle et la plus secrète de l'entreprise. Ce sont elles qui font la différence quand on jauge les résultats de deux sociétés à peu près comparables. Ce qui est le plus précieux ne peut être inscrit au bilan. C'est pourquoi la comptabilité est une discipline myope. On peut valoriser les équipements, les investissements, les terrains, on peut mettre en chiffres les parts de marché, les commandes, les réserves financières. Mais ce qui compte le plus... ne se compte pas : la qualité des hommes, la capacité de cet ensemble humain à générer de bonnes idées. Seule base solide, à long terme, des résultats financiers.

Si l'on reprend la métaphore « automobile » de l'entreprise avec le patron installé au volant, on mettra ses collaborateurs à la place du moteur, les machines et les immeubles en lieu et place de carrosserie et de système roulant, et l'argent, évidemment, dans le réservoir à carburant. Pour que l'ensemble roule, il ne manque que l'étincelle que déclenche la clé de contact et qui continuera à crépiter inlassablement au bout de chaque bougie durant tout le parcours. Toutes les personnes qui, chaque matin, se retrouvent pour faire vivre une entreprise sont là pour lui apporter, heure après heure, ces étincelles : leurs idées.

On a tendance à mettre en exergue les idées du patron, d'où jaillirait l'inspiration de l'entreprise. C'est à la fois faux et vrai. Faux, dans la mesure où cette ruche à idées ne saurait se passer ni de celles du magasinier pour optimiser sa distribution de fournitures, ni de celles du P.-D.G. pour racheter un concurrent, sans omettre celles du directeur aux Ressources humaines pour rendre plus attractif le plan d'intéressement. Mais vrai, car le patron agit triplement sur les idées : non seulement il en a lui-même, mais il doit susciter et favoriser leur surgissement dans toute l'organisation (pas seulement par des boîtes à idées jamais relevées !), et, enfin, il valide ou rejette les idées des autres en prenant les décisions opérationnelles.

Peut-être est-il moins important pour le patron de sortir l'idée géniale qui va retourner la situation, que de ne point trop se tromper sur la faisabilité des idées qu'il met quotidiennement en œuvre. L'histoire, récemment tournée à Hollywood, de Tucker, ce génial ingénieur de l'après-guerre, en fournit une excellente dramatisation. Sortant d'une usine d'armement, il avait conçu une automobile en avance sur son temps, bourrée d'idées nouvelles, dont celles des freins à disques et des ceintures de sécurité. Mais il voulut la lancer lui-même contre le lobby de Detroit, et ce dernier profita de toutes ses erreurs financières et juridiques pour étouffer son projet dans l'œuf. Il avait mal évalué le contexte, les contraintes, les moyens. Il est mort ruiné.

Selon la maxime américaine, une bonne idée est « une idée dont le moment est venu » ni trop tôt, ni trop tard. Les idées dont l'entreprise a besoin sont celles qui sont en phase avec la réalité de cette dernière. Chaque jour, on peut en trouver auxquelles personne n'avait encore songé.

Produire, exploiter, gérer, stocker, acheter (et même vendre), tout le vocabulaire du management s'applique aussi aux idées. Le patron s'en estime plus particulièrement responsable et se demande parfois en secret s'il en a lui-même assez, et si elles sont vraiment bonnes. Question pertinente, qui ne recouvre qu'un aspect de son problème. Les idées sont aussi affaire de volonté et de méthode.

LA GRAINE. — Le romantisme des affaires valorise le fondateur d'entreprise qui, à partir d'une idée, et presque sans moyens, bâtit un empire. Même loin de l'enfance, le goût des contes de fées ne s'estompe jamais tout à fait. Et, pour le grand public, n'est-il pas plus facile de s'identifier à celui qui, parti de rien, amasse 50 millions, qu'à celui qui, possédant déjà un milliard, double sa mise ?

Ce n'est pourtant pas le cas le plus fréquent. Sur nos dix patrons-témoins, seuls deux —

Bouygues et Rousselet — ont créé la firme que le second dirige encore et que le premier vient de transmettre à son héritier. Si, chaque année, naissent des milliers de sociétés, un nombre infime, parmi celles qui survivent, dépasseront le stade de la P.M.E. Mais, au-delà du symbole mythique de celui qui a planté la graine et a su l'arroser jour après jour jusqu'à ce qu'elle devienne chêne, d'autres, qui ne sont arrivés qu'en cours de route, ne sont-ils pas les réels créateurs de la firme qu'ils dirigent ?

L'idée de Blitz aurait-elle survécu sans Trigano ? Le nom de Bolloré existerait-il encore au Registre du Commerce sans Vincent ? Les sigles B.S.N. et L.V.M.H. ont été forgés par les volontés d'expansion de Riboud et de Chevalier. Les industriels-chasseurs comme Arnault, De Benedetti et Tapie n'ont-ils pas créé personnellement, par leur ambition méthodique, les groupes auxquels chacun les identifie ? De diverses manières, ces dix-là ont en commun de pouvoir se dire : « Sans moi, cette entreprise-là n'existerait pas. »

Arithmétiquement, ils n'en demeurent pas moins des cas exceptionnels. Hormis pour ce petit groupe, auquel on pourrait ajouter Bich et Bongrain, aucune des cent premières entreprises françaises n'est présidée par celui qui les a fait sortir de la glaise. Nationalisations aidant, aucune des cent premières banques non plus.

Pour tenir en main chacun de ces énormes organismes, leurs patrons actuels ont besoin d'un pouvoir bien affermi. S'ils ne peuvent s'appuyer sur la légitimité du fondateur, ils n'en ont que plus besoin d'asseoir la leur sur une singulière aptitude à générer de bonnes idées.

ASSUMER. — En juin 1989, on apprend qu'Antoine Riboud, à 70 ans, vient de faire voter une modification des statuts de B.S.N. pour pouvoir rempiler jusqu'à 80 ans ! Sacré Antoine, pense la « place », il se croit donc irremplaçable ! mais en aura-t-il la force ? Quinze jours plus tard, il rafle en bloc cinq sociétés, pour une somme sans précédent de 16,8 milliards de francs : tous les biscuits de Nabisco en Europe tombent ainsi dans son escarcelle. Sacré Antoine, dit la « place », il a encore du souffle, mais où va-t-il trouver les sous ?

Deux semaines passent, et voici que l'Antoine revend les biscuits salés de Nabisco à Pepsi Cola, empochant au passage une plus-value éclair de 3 milliards. Chapeau, Antoine ! murmure la « place ». Koutouzov n'avait-il pas presque son âge quand il chassa de Russie un Napoléon qui, à l'époque, n'était guère plus vieux que Bernard Arnault ? Mais, ronchonnent encore certains, est-ce bien lui qui a eu toutes ces idées ?

Peut-être lui-même ne le sait-il pas. Car ces grandes opérations sont préparées par d'intenses discussions et des études d'hypothèses en compagnie des collaborateurs, des banquiers, d'autres dirigeants du groupe. Les idées y fusent. Peu importe qui a dit le premier : « Et si, au lieu de nous lancer dans les enchères prévues pour Nabisco, nous proposions de tout reprendre en bloc avant la date limite ? » Le rôle du patron est de reconnaître la bonne idée et de l'assumer. Car, aux yeux du public, de toute façon, elle sera la sienne, pour le meilleur ou pour le pire.

Après la victoire de la Marne qui, en 1914, sauva Paris, certains contestèrent le rôle de Joffre, alors commandant-en-chef : « Je ne sais pas qui a gagné la bataille de la Marne, se contenta-t-il de répondre, mais je sais qui l'aurait perdue ! »

L'opinion publique est simplificatrice, ne serait-ce que parce qu'elle n'a guère le temps de se pencher sur les détails. Pour elle, le patron est responsable de tout ce qui se passe chez lui. Normal, en même temps que doublement injuste : à son égard d'abord, car il n'a aucun moyen de contrôler toutes les initiatives, éventuellement malheureuses, prises dans l'ensemble de son empire ; mais aussi et souvent vis-à-vis de ses collaborateurs qui, même s'ils lui ont proposé l'idée du siècle, la verront immanquablement attribuée par les journalistes à leur patron dont le rôle s'est peut-être limité à ne pas dire non.

C'est pourquoi un patron qui tire la couverture à soi se comporte en adolescent. Non seulement il est de son intérêt de scrupuleusement attribuer à qui de droit les initiatives heureuses, mais il serait bien avisé de minimiser son propre rôle, même lorsqu'il est reconnu comme décisif.

Nous avions ainsi demandé à Jacques Calvet de produire un petit film pour la cérémonie au cours de laquelle nous devions lui remettre le prix de meilleur patron de l'année. Dans son clip, il choisit de présenter une douzaine de dirigeants de son groupe, sans un mot sur lui. Une discrétion tonitruante...

La loi des systèmes de pouvoir est la même partout, depuis toujours. De toute façon, c'est le patron qui empoche la mise. Mais il arrive aussi qu'on lui coupe la tête.

AIGUILLER. — Sur son bureau, à la Maison Blanche, Ronald Reagan avait placé cette maxime : « Il n'y a pas de limites à ce qu'un homme peut accomplir dès lors qu'il lui est indifférent de savoir qui en aura le crédit. » On s'est souvent demandé comment ce politicien de peu d'idées avait pu jouer jusqu'au bout le rôle d'un grand président. Peut-être avait-il ainsi affiché d'avance la réponse.

Les patrons géniaux sont fatigants pour leurs collaborateurs. Mais, quantitativement, ils ne constituent pas un vrai problème : ceux qui ont dix idées par jour et réponse à tout sont bien rares. Ils ont surtout besoin de bons exécutants qui ne leur font pas perdre trop de temps en discussions. C'est un profil idéal pour démarrer et développer une P.M.E. Rien ne remplace alors cette farouche énergie inspirée. Mais, dès que le système devient complexe, le patron ne peut plus physiquement le connaître ni le contrôler. L'ennui, c'est quand il continue à croire qu'il le peut. C'est là que certains décalages se produisent...

Pour les éviter en matière d'idées, il est moins important de faire preuve d'invention que de perspicacité. Celle-ci permet de sortir des situations « cul-de-sac » dans lequelles l'entreprise ou une de ses composantes peut se trouver. Cul-de-sac quand les ventes déclinent régulièrement, ou que les coûts croissent plus vite que les recettes, ou que la négociation sociale est bloquée, ou qu'on ne parvient pas à recruter de bons responsables, ou que les banquiers refusent le crédit, ou qu'on a perdu un client majeur, ou qu'un associé fait faillite, etc.

Avant d'en arriver là, on a généralement l'impression d'avoir ressassé toutes les hypothèses possibles, jusqu'à l'usure. On se sent à court d'idées. Si ça se prolonge encore un peu, l'entreprise devient menacée (en tout cas, son équipe dirigeante). Or, ce qu'un repreneur, en cas de rachat, pourrait accomplir, comme de réduire fortement le train de vie, de trouver une idée de relance (comme Tapie le fit en lançant Look dans les pédales de bicyclette), de découper autrement les activités de la société, ou de nommer des hommes nouveaux qui feront la différence, pourquoi les patrons en place n'y parviennent-ils pas ?

Parce que, trop près des problèmes quotidiens, ils perdent l'un de leurs leviers essentiels : la capacité de remettre en cause ce qui est. Savoir dire « Et si l'on faisait autrement ? » et l'imposer à ses équipes est peut-être l'un des actes patronaux les plus difficiles. Nous nous laissons tous scléroser par les routines, les habitudes, voire les connivences. Il est absurde d'être contraint de changer les hommes parce qu'on n'a pas su les amener à changer d'idées. Absurde, mais fréquent...

Pendant la guerre d'Algérie, les observateurs de bonne foi répétaient : « Il n'y a pas de solution. Nous ne pouvons plus rester, mais il est exclu que nous partions et déportions un million de Français. » Ce qui fut fait, néanmoins, un peu plus tard. Dire qu'il n'y a pas de solution est inepte, puisque la vie trouve toujours des solutions. Ce qu'on veut dire alors, c'est qu'il n'y a pas de *bonne* solution, ou qu'il n'est pas possible de l'appliquer pour l'instant. De Gaulle, en Algérie, sut choisir le moment où la crise était devenue telle que l'opinion pouvait se résigner à l'inacceptable.

Récemment, à la suite de plusieurs années de difficultés à Matra, Jean-Luc Lagardère a remplacé systématiquement les équipes dirigeantes par de plus jeunes. Il a dû mettre à mal de vieux compagnons, ce que chacun déteste faire. Mais il a sorti Matra d'un cul-de-sac.

Attendre l'instant propice ou provoquer la crise qui permette de faire passer l'idée de changement sont les plus sûrs moyens d'éviter de plus graves bouleversements.

LA CUEILLETTE. — « Comment avoir des idées ? » continue néanmoins à se demander le chef d'entreprise qui sent que son entourage en attend de lui un minimum.

On associe parfois les idées aux papillons. Quand ils passent à proximité, c'est une chance, et on essaie vite de les attraper au vol. Comme ils risquent de se faire longtemps attendre, je préfère pour ma part considérer les idées comme des fruits qui se jardinent, se cueillent, se ramassent et, s'il le faut, s'achètent.

Longtemps je suis allé faire mon *shopping* professionnel à New York. Dans les années soixante et soixante-dix, nos confrères américains avaient de l'avance : en marketing, en promotion, en vente par correspondance et, surtout, en concepts de nouvelles publications. J'y puisai sans honte d'excellentes idées.

De toute manière, dans la presse, ne serait ce qu'à cause des différences de langues et de cultures, on ne peut qu'adapter, non copier. Pourquoi se priver de l'expérience de ce qui a été testé auparavant sur le plus vaste des marchés du monde ?

Quelquefois, des idées rapportées dans nos bagages n'ont pu être utilisées dans l'immédiat. Nous les mettons au congélateur pour nous en resservir plus tard... Aujourd'hui, tout le monde voyageant frénétiquement, l'avance des États-Unis s'est réduite et les Américains eux-mêmes viennent voir sur place si nous n'avons pas trouvé quelque astuce qu'ils puissent reprendre.

Bien souvent, pourtant, les idées dont un patron a besoin sont à portée de main, dans le bureau d'à côté, voire entre ses deux oreilles. Mais il oublie d'aller les y chercher, à moins qu'il n'en prenne simplement plus le temps. La méthode la plus élémentaire est l'écoute : faire parler les collaborateurs, les employés de base, les clients et même les concurrents qui en disent souvent beaucoup. Ces sources naturelles sont intarissables. Même si les interlocuteurs n'énoncent pas d'emblée l'idée utile, à les écouter, notre propre cerveau est stimulé et en produit à son tour.

Le patron constate qu'au fur et à mesure que la maison grandit et se diversifie, lui-même possède de moins en moins les réponses aux problèmes qu'elle pose. Aucune importance, s'il prend soin de conserver, intacte, sa capacité de poser des questions. Souvent, d'ailleurs, en interrogeant un responsable ou un spécialiste, il les formule aussi pour lui-même et s'aperçoit qu'il a peut-être une suggestion personnelle à faire sur le sujet.

Le jardinage des idées revient donc à poser les questions qu'il faut, à qui il faut, quand il faut. C'est moins simple qu'il n'y paraît. Par manque de temps, par exemple, on souhaite profiter d'une réunion de responsables pour traiter de cinq sujets en une heure, tout en sachant pertinemment que chacun mériterait au moins une demi-heure. On finit par en abandonner certains ou par les bâcler tous. Impossible d'en conclure qu'on n'a pas trouvé la bonne idée, puisqu'on n'en a pas pris les moyens.

La qualité des participants est encore plus décisive que leur nombre. Là, les comportements pèsent davantage que les compétences. Un personnage trop disert suffit à effacer les autres. Des tensions personnelles entre deux des participants polluent l'atmosphère. Les idées sont timides ; elles ont besoin, pour apparaître, de convivialité. Au patron d'y veiller et de l'entretenir.

Les consultants dont nous louons les services en savent moins que nous sur notre métier. S'ils nous aident à trouver des solutions, c'est parce qu'ils prennent le temps de nous poser systématiquement les questions qui définissent et délimitent le problème. Parce qu'ils sont là, ils demandent (et, dans la mesure où on les paie cher, ils obtiennent) que l'équipe de direction refléchisse, avec eux, une pleine journée, ce qu'elle n'arrivait curieusement pas à faire toute seule. Cela suffit souvent à débloquer le problème. Même si le rôle du consultant se borne à nous faire trouver nous-mêmes des idées, il n'en est pas moins utile.

La composition des réunions ou séminaires censés produire des idées est un art délicat. De même qu'on ne consacre jamais assez de temps à chaque problème, on a tendance à inviter trop de gens aux discussions. Comme si, faute de pouvoir réunir cinq personnes pendant deux heures d'horloge, on espérait parvenir au même résultat en en rassemblant dix pendant soixante minutes. Non seulement ce n'est pas équivalent, mais c'est probablement quatre fois moins productif.

Enfin, dans la cueillette des idées, on oublie trop souvent les sources d'information les plus banales. Les Américains ont constaté que la principale moisson des espions soviétiques ou de leurs concurrents japonais s'effectuait non pas en se faisant remettre des plans de fusée par un traître au fond d'un parking, mais en lisant méthodiquement la presse technique et spécialisée.

Il en va de même pour chacun de nous. Livres de management ou revues professionnelles recèlent nombre de filons parmi ceux qu'on recherche. Mais, là encore, le temps manque pour les éplucher avec assez de soin. Ce travail peut au moins se déléguer à des cadres ou documentalistes qui en savent suffisamment long sur les objectifs de la société pour piger efficacement la littérature du secteur. Les idées manquent toujours moins que le temps pour les chercher.

L'INTUITION. — L'histoire de la pensée humaine est celle d'un mouvement de balancier entre le rationnel et le magique. L'apparition de la Raison y est relativement récente. Après une première percée dans l'Antiquité grecque et romaine, elle ne s'est graduellement installée que depuis la Renaissance. Elle semblait avoir remporté la victoire avec la Révolution française et la révolution industrielle ; mais, depuis lors, le romantisme, les fascismes, les sectes, les communismes ont chaque fois montré combien la foi et les dogmes résistaient à l'analyse.

Après tant de tumultes et de tragédies, sommes-nous en passe d'amorcer une réconciliation ? Le combat entre la raison et la croyance n'est-il pas aussi absurde que le serait celui entre analyse et synthèse, qui ne sont que deux étapes d'un même processus : la recherche d'une vérité ?

Admettre qu'il n'y a pas antagonisme, mais complémentarité, c'est reconnaître la complexité humaine qui se manifeste notamment dans la manière dont le cerveau produit ses idées, dont l'individu arrête ses convictions, éprouve ses motivations, prend ses décisions.

Cette convergence s'observe ailleurs dans la façon dont on conçoit désormais la direction des organisations humaines, plus spécialement celle des entreprises ; en particulier sur deux points : le leadership et le rôle de l'intuition.

Les trois décennies d'après-guerre ont été dominées par l'emprise croissante du management. Le chef d'entreprise se devait d'appliquer avec brio les méthodes, raisonnements, calculs, planifications et principes sacrés de la Harvard Business School. Mais, au cours des années 80, le modèle managérial semblant patiner, on a vu poindre puis l'emporter celui du leadership.

Nous l'avons déjà évoqué, et je ne le détaillerai pas à nouveau. Il se caractérise par la reconnaissance qu'il faut autre chose que le management. Autre chose, donc, que la rationalité : mais quoi, exactement ? Les réponses restent floues. Peut-être parce que, si c'était tout à fait définissable, ce serait encore du management...

Rien d'étonnant à ce qu'en appui, on réhabilite le rôle de l'intuition, qu'on avait voulu disqualifier une fois pour toutes, par une fausse galanterie, en déclarant qu'il s'agissait là d'une faculté féminine.

Pourquoi l'intuition était-elle mal vue ? Parce qu'on ne pouvait l'analyser. Pourquoi revient-elle aujourd'hui ? Parce qu'on s'aperçoit que, face à la complexité, le raisonnement et l'analyse trouvent leurs limites, et qu'il faut quand même décider. Femme ou homme, un leader se doit donc de faire preuve d'intuition. Mais en quoi consiste-t-elle, et comment fonctionne-t-elle ?

L'intuition, pur produit du cerveau, est bien sûr une idée, mais qui revêt la forme d'une pré-conviction. Sur un problème donné, elle offre généralement une vision ou suggère une action. Elle ne résulte pas seulement — voire pas du tout — d'une déduction. Elle a tendance à apparaître à l'improviste dans le champ de conscience, ce qui contribue à la faire confondre avec des phénomènes occultes, donc peu sérieux. En réalité, elle est aussi naturelle que fréquente et indispensable. On pourrait même soutenir que toute idée résulte d'un processus intuitif. A part les raisonnements mathématiques, aucune conviction ne peut être entièrement renseignée. Or, dans le monde des affaires, les idées prennent la forme de choix d'action. Chacune ou presque comporte une part intuitive qui supplée ce que la seule déduction logique ne pourrait fournir.

Pour se tromper moins souvent que d'autres, il faut donc faire preuve d'une meilleure intuition. Mais l'intuition est-elle un pouvoir magique, ou bien se muscle-t-elle grâce à quelque entraînement ? Certaines intuitions sont peut-être la dictée du Tout-Puissant, mais comme elles sont rares, mieux vaut ne point trop compter dessus pour optimiser son profit. En général, on constate qu'on n'a guère d'intuitions sur les sujets où l'on est incompétent.

Personnellement, je n'ai jamais eu d'intuition en philatélie, ni en physique quantique, ni en finlandais. On pourrait en déduire sans risque que l'intuition, bien que mystérieuse, reste un produit de la connaissance. Nous le savons d'ailleurs tous d'expérience : pour accroître nos chances d'intuition dans un domaine, nous avons intérêt à nous en imprégner de toutes les manières possibles.

Grâce aux théories de la psychologie contemporaine, on peut esquisser un modèle de fonctionnement de l'intuition. Ce que nous parvenons à évoquer à tout moment par la pensée reste relativement exigu. Les expériences prouvent qu'un individu non exceptionnel, comme vous et moi, ne peut conserver simultanément à l'esprit que six ou sept sujets ou items. Tout le reste ne disparaît pas pour autant du cerveau. Les idées proches (par exemple, ce que j'avais en tête quelques minutes auparavant) semblent se stocker dans ce qu'on appelle le pré-conscient, en quelque sorte à portée de conscience. Le reste — les restes de tout ce que nous avons accumulé depuis notre naissance — demeure plus difficilement accessible, dans l'inconscient. Or, le pré-conscient comme l'inconscient, bien que nous ne nous en occupions apparemment pas, travaillent en permanence, y compris pendant notre sommeil.

Une intuition semble être le produit de ce travail. Un problème à résoudre que nous avons, la veille, évoqué volontairement dans notre champ conscient, demeure ensuite dans notre pré-conscient. De là peut soudain nous venir une idée, comme une bulle sécrétée par quelque fermentation végétale au fond d'un étang émerge soudain à la surface. Ce qui nous paraît être des convictions soudaines, surgies de loin, sur des sujets imprévus, mais d'autant plus fortes, nous les cataloguons aussi comme des intuitions.

Rien de tout cela, on le voit, ne tombe du ciel, mais semble au contraire venir du plus ou moins profond de nous-mêmes. Une intuition est donc un « produit maison » et dépend à la fois de ce que nous sommes et de ce que nous savons acquérir.

Comment tout individu patron, peut-il muscler sa capacité intuitive pour trouver au bon moment l'idée qu'il faut ? Cela relève un peu de la recette de cuisine : réunir d'abord de bons produits en sélectionnant informations, contacts, expériences qui documentent bien ce que l'on recherche ; puis mettre à cuire en laissant à la chaleur intérieure un temps sur mesure, de cinq minutes à plusieurs semaines ; enfin, laisser s'ouvrir toute seule la porte du four, qui se montre quelquefois un peu capricieuse...

Les deux premières phases se déroulent naturellement. La troisième, qui consiste à laisser venir, requiert de bien se connaître. Chacun sait déjà comment se rendre disponible aux « bulles » : marches, réflexions silencieuses, divertissements, conversations orientées sur le sujet, ou, au besoin, insomnies (ah ! l'étonnante lucidité de l'esprit éveillé dans le noir, quand le corps est au parking !).

Comme Monsieur Jourdain faisait de la prose sans le savoir, tout le monde a des intuitions. Mais si l'on y croit, pour en avoir vérifié les manifestations et l'utilité, les chances qu'elles interviennent à point nommé s'accroissent. Rien là de magique, même si ce qui se passe dans notre « boîte noire » se constate sans s'expliquer.

Deux remarques complémentaires qui aideront à remettre l'intuition à sa place :

Une intuition n'est pas nécessairement juste. Elle peut même se révéler idiote. Il suffit de la soumettre aux habituelles vérifications de la raison et au dialogue avec les autres. Si elle ne se révèle pas bonne, l'abandonner et en attendre une plus pertinente.

Pour résoudre un problème de *business*, l'idée proposée par l'intuition n'est pas unique ni exclusive. On pourrait probablement en trouver une dizaine d'autres, avec des chances acceptables de succès. L'important est d'en choisir une et de la mettre en œuvre avec l'énergie et les moyens nécessaires pour qu'elle marche. Quelquefois, l'idée géniale peut changer une situation, retourner un problème ; mais, la plupart du temps, une idée n'est qu'une hypothèse de travail. Et l'important est moins l'hypothèse que le travail.

On ne peut évoquer l'intuition sans penser à la chance, plus mystérieuse encore puisqu'elle vient du monde extérieur sous la forme d'une rencontre, d'une proposition d'amélioration imprévue, etc. Napoléon nommait généraux les officiers qui avaient de la chance. Et il n'y a pas de grands patrons qui n'en aient bénéficié : chance de Lagardère, à qui l'on vient proposer Hachette sur un plateau ; chance de De Benedetti, de pouvoir pénétrer chez Olivetti au moment où il doit quitter Fiat ; chance de Rousselet de pouvoir créer, à 62 ans, à la faveur d'un créneau de pouvoir, l'entreprise de sa vie, Canal + ; chance d'Arnault de pouvoir s'introduire dans L.V.M.H. au moment où il rêvait de devenir numéro un mondial du luxe...

Objectivement, chacun de ces événements aurait pu ne pas se produire, et la vie de ces patrons en eût été différente. Mais si la chance ne se contrôle ni ne se décide, advient-elle pour autant par pur hasard ? Quelquefois, certes ; mais je préfère penser qu'elle se prépare.

Chacune de ces chances décisives ne se serait pas présentée, on peut l'établir, si les patrons concernés n'en avaient fait auparavant une sorte de préparation inconsciente. La chance, c'est comme les morilles qui viennent à certains moments sur certains terrains. On ne peut les planter ; mais si on n'a pas de terrain, on n'en récoltera jamais.

Quand j'ai voulu créer un réseau européen de presse économique, plusieurs affaires m'ont été proposées, qui m'ont permis de le constituer. Elles auraient pu ne pas être disponibles ou ne pas convenir. C'était donc de la chance. Mais on ne me les aurait certainement pas offertes si je n'avais pas, au préalable, établi une crédibilité qui faisait de moi un intervenant logique. La chance ne se convoque pas, on peut seulement lui construire un nid.

Par rapport aux idées, le patron est dans une position unique : il peut les mettre en applications ou les rejeter. Plus qu'un autre, il peut transformer l'idée en acte, et c'est là que gît la part créative de son métier. Mais toute création est transgression. Elle implique de dire « il y aura » là où il n'y avait pas, de décider « ça se fera désormais autrement » face à des routines et à des convenances. Il ne suffit pas d'en avoir le pouvoir — ce dont dispose en principe n'importe quel P.-D.G. —, encore faut-il en avoir la force, et même le culot. C'est ainsi et à ces conditions que, comme un artiste, le patron dispose de ce rare privilège de pouvoir donner forme aux idées.

XII

L'éthique

Des valeurs toutes personnelles. – Aucun chef ne dirige impunément. – L'objectif ultime est amoral. – On justifie n'importe quoi. – On ne recevait plus un failli. – Repousser les limites de l'acceptable. – Si vos concurrents le font.... – On a trop besoin des emplois. – L'un finit en prison, l'autre pas. – Les franchissements ordinaires de la ligne jaune. – Quelques principes rustiques bien arrimés. – Chaque comportement est un message.

— Comment cela, il a traité avec un autre ?

— Oui, nous avions rendez-vous ce matin pour signer, et il nous a téléphoné à la dernière minute pour nous dire qu'hier soir, il s'est mis d'accord avec X... plutôt qu'avec nous.

— Quel fumier ! Après toutes ses déclarations, la main sur le cœur, pour nous dire combien il était ravi que nous travaillions désormais ensemble ! C'est scandaleux !

Scandaleux ou non, c'est ainsi. Pas même la peine de préciser s'il s'agit ici du recrutement d'un cadre de haut niveau ou d'une prise de participation dans une société. J'ai déjà observé ce même comportement dans les deux situations. Et je confesse avoir, de mon côté, agi de même (quoique pas dans des délais aussi brutaux). Après avoir longuement négocié un accord avec deux partenaires présentant un intérêt comparable, il faut bien, le jour venu, dire oui à l'un et non à l'autre.

Pour celui qui se voit ainsi rejeté, c'est fort irritant, bien que strictement légal et pas vraiment rare. Mais est-ce normal, pour faire avancer une négociation, de donner un « accord verbal » (dans le temps, on disait « sa parole ») en sachant qu'on se réserve de changer d'avis tant qu'on n'a pas signé ? Et même, une fois signés, le protocole ou la lettre d'intention ne sont pas le contrat définitif. On sait bien que dans les ultimes mises au point nécessaires à la conclusion de ce dernier, on peut trouver, autant que de besoin, maintes échappatoires et occasions de remise en cause.

Quant au contrat lui-même, donne-t-il vraiment toute sécurité ? L'attaquer par principe est devenu dans certaines entreprises une technique de gestion. Ainsi, chez les princes du béton, on soumissionne aux appels d'offres avec un devis qu'on sait ne pas pouvoir tenir. Une fois le contrat obtenu, on ouvre, en même temps que le chantier, un dossier de contentieux où toutes les nouvelles demandes du client (et il y en a toujours) seront exploitées pour justifier une augmentation de 20 à 30 %

de la facture finale. C'est cynique, c'est légal — est-ce éthique ?

Et encore ne s'agit-il pas là de délits d'initiés, d'O.P.A. prédatrices ou de pots-de-vin pour ventes d'armes. L'éthique quotidienne concerne en fait tous les responsables dans leur comportement vis-à-vis des clients, collaborateurs, partenaires, fournisseurs, pouvoirs publics, actionnaires, etc.

La morale est un code d'action. Pour vivre et fonctionner en société, on ne peut pas plus s'en passer que d'une monnaie ou d'un système législatif. Mais la différence essentielle réside dans ce que les monnaies ou les lois sont les mêmes pour tout le monde, tandis que les valeurs morales, dans la vie privée comme dans les affaires, sont susceptibles de fluctuations et d'interprétations toutes personnelles. Au demeurant, les règles les plus rigoureuses ne sont-elles pas celles qui régissent les associations criminelles ? Dans la mafia, gare à celui qui enfreint le code ! Il se trouve seulement que l'assassinat et la vente de drogue n'y font pas partie des interdits...

Quant au dirigeant qui, au petit déjeuner, tance vertement sa fille qui a tiré la queue du chat, il peut sans ciller, dès son arrivée au bureau, licencier un collaborateur de 55 ans dont il sait que les chances de se réemployer sont nulles. Quand l'autre sortira de son bureau, le patron se trouvera même courageux : « C'était difficile, mais je l'ai fait. »

Poser la question de l'éthique est inévitable, ne serait-ce que parce qu'on ne peut exercer aucune activité sans en appliquer une, au moins implicite : le guichetier de la R.A.T.P. en a une, de même que le troisième violon de l'orchestre de Bordeaux, et que cette jeune mère de famille...

Chez le patron, l'éthique personnelle s'alourdit du poids de la responsabilité. Par fonction, il n'engage pas que lui, mais de nombreux autres : ses collaborateurs, dont le sort dépend de la santé de l'entreprise ; ses clients, qui comptent sur un produit ou un service de qualité en échange de leur argent ; ses actionnaires, qui attendent des résultats. Aucun chef ne dirige impunément. Et le jugement moral de ceux vis-à-vis desquels il s'engage n'est pas la moindre des sanctions qui peuvent peser sur lui.

Mais le problème éthique se complique encore, car la finalité de l'entreprise implique de manipuler et de produire de l'argent. De même que le code militaire doit se mesurer à la lâcheté humaine, la source de l'éthique en affaires est de contenir cette tendance de fond du tempérament humain : la cupidité.

Dans un hôpital, il n'est nul besoin d'insister pour éviter que le personnel s'attaque à la santé des malades. Mais dans une entreprise circule ce dont peu de gens, y compris les patrons, sont vraiment rassasiés : l'argent. Songerait-on à confier à des renards la gestion d'un poulailler industriel ?

De tous les sujets éthiques, celui de l'argent est le plus délicat à circonscrire, ne serait-ce que pour la simple raison que ces berceaux des morales humaines que sont les religions ne s'accordent pas entre elles à son propos. Ainsi l'islam continue-t-il à condamner le prêt à intérêt, même si les musulmans s'y résignent. Les chrétiens, après l'avoir refusé, ont changé d'avis. Juifs et bouddhistes ne se posent pas la question.

L'argent n'a-t-il pas, par nature, un caractère équivoque ? Il est à la fois le moteur d'une croissance et d'une prospérité que l'humanité a si longtemps attendues, tout autant que de comportements sordides et de crimes crapuleux. Il demeure beaucoup moins meurtrier dans l'histoire que les croyances et les idéologies, mais, beaucoup plus qu'elles, il sait pourrir, toujours et partout, les comportements interpersonnels. Aussi un métier dont la grammaire est l'argent a-t-il puissamment besoin d'une éthique, même si l'on admet que celle-ci ne pourra être qu'ambiguë.

La justification ultime de toute entreprise étant le profit, ce dernier peut être présenté comme un prélèvement effectué sur les salaires du personnel, les prestations des fournisseurs et les prix payés par les clients. Chacune de ces catégories, si on lui donnait le choix, préférerait toucher plus ou débourser moins.

Quand ce choix existe, les travailleurs sont plutôt disposés à aller gagner davantage ailleurs, et les consommateurs tout à fait prêts à acheter moins cher chez le concurrent.

Pour dégager un profit, le chef d'entreprise doit donc jouer d'une forme même atténuée de contrainte. C'est la limite obligatoire à toute éthique des affaires ; au mieux, tout en respectant des règles morales, elles poursuivent un ultime objectif amoral : le profit (pas immoral, seulement amoral !).

C'est la financiarisation de l'économie mondiale qui remet en ce moment l'éthique à la mode. Pourquoi voit-on fleurir articles, colloques et même consultants se consacrant à l'éthique en affaires ? Du fait de l'opprobre que jettent sur les affaires des coups de bourse gigantesques et les revenus démesurés de certains financiers (comme Mike Milken, avec ses 3,5 milliards de francs de gain annuel). D'où, après l'affaire Péchiney, l'intervention de François Mitterrand pour défendre l'« argent de l'effort » et stigmatiser l'argent spéculatif. Vieux débat, identique à celui des théologiens qui s'opposaient jadis à ce que l'on paie un loyer de l'argent, puisque, pendant ce temps-là, son propriétaire n'a à fournir aucun effort. Depuis la Genèse, tout ce qui n'est pas gagné « à la sueur de ton front » demeure suspect.

Le débat éthique sur les affaires est aussi nécessaire qu'inconfortable. Autant il est facile de se donner bonne conscience en condamnant bruyamment tout ce que l'on n'a pas besoin de faire soi-même pour atteindre ses objectifs, autant il est délicat, voire illusoire, de codifier pour tout le monde ce qui est acceptable ou répréhensible. Une morale des affaires est forcément de situation. Or, certains pensent non sans raison qu'une morale de situation permet de justifier n'importe quoi.

Examiner le problème aujourd'hui ne peut se faire que dans le concret d'aujourd'hui. Les limites à l'intérieur desquelles s'inscrit cette morale ne sont pas celles d'une conception transcendante du Bien et du Mal. Plus modestement, elles passent par les tolérances, les évolutions de l'opinion (comprenant celles du corps social de l'entreprise) et le système de valeurs personnel du patron, lequel dépend essentiellement de sa propre histoire. C'est ainsi que chaque entreprise, à l'instar de chaque individu, sécréte et enrichit son éthique.

Le Code civil doit être toiletté, la Déclaration des droits de l'homme modernisée ; pourquoi l'éthique ne serait-elle pas elle aussi sujette à amendements ? En prenant quelques instantanés en cette fin de siècle, on peut mesurer à la fois, sans jamais se débarrasser de l'ambiguïté, ce qui bouge et ce qui gêne.

ACCEPTABLE ? — Un ami qui négocie beaucoup en Europe soupirait : « Maintenant, c'est presque devenu une routine. On signe à Milan ou à Bruxelles, on boit un pot ensemble pour fêter ça, et, en rentrant le lendemain à son bureau, on trouve un fax remettant en cause tel ou tel point ! » La poignée de main tenant lieu de contrat, c'était bon pour grand-papa. Toute une série de comportements jadis porteurs de réprobation sont devenus pratique courante. Selon leur âge et leurs principes, certains continuent à en être choqués, mais tous sont résignés.

Ainsi, il y a encore une génération, on ne débauchait pas des responsables clés chez des confrères ni même chez des concurrents. Aujourd'hui, le raid systématique, par l'intermédiaire des chasseurs de têtes, est banalisé. Parallèlement, les cadres, qui se seraient trouvés autrefois gênés d'avoir écouté le chant des sirènes, entrent un beau matin dans le bureau du patron et brodent sur le thème : « Je suis *chassé* pour un poste mieux rémunéré et plus intéressant. Avant de donner ma réponse, je crois qu'il faut que nous en parlions. »

Présenté ainsi, ce qui passait jadis pour un chantage relève d'un bon *fair-play*. Si le patron veut le garder, à lui de le convaincre — et de l'augmenter. Si le responsable s'en va malgré tout, on considérera comme une marque d'étroitesse d'esprit le fait de lui en vouloir et de se brouiller avec lui. On organisera un pot de départ : « Bonne chance ! la vie est longue, on ne sait jamais... » J'ai moi-même récupéré ultérieurement plusieurs de ces transfuges qui s'étaient rendu compte que l'herbe n'était pas plus verte dans le pré d'en face...

Dans un tout autre domaine, faire faillite était assimilé naguère au déshonneur, voire à de la malhonnêteté. Socialement, on ne recevait plus un failli. Aujourd'hui, à l'instar de ce qui se passe aux États-Unis, le dépôt de bilan est considéré comme une des options possibles pour faire face à un passage difficile. Un progrès, certes, dans la mesure où il était hors de proportion de ruiner l'avenir de quelqu'un à propos de drames financiers non frauduleux ; mais la conséquence en est une indifférence quasi générale à l'égard des créanciers qui, eux, sont de ce fait toujours lésés.

On ne compte plus les histoires croustillantes dans chaque secteur, chaque profession. Dans la mienne, la communication, celles qui ont trait aux centrales d'achat de publicité font sourire. En simplifiant, on peut dire que ces dernières achètent en gros de telles quantités de pages aux journaux, de spots aux chaînes de télévision, de messages aux radios, qu'elles obtiennent sur les tarifs des rabais de 40 à 50 %. Elles revendent ensuite au détail cet « espace » aux clients en les faisant bénéficier d'une part non négligeable des remises obtenues. Mais pas de l'intégralité. Elles se font donner par les supports une fraction des rabais convenus en pages ou en spots gratuits qu'elles peuvent ensuite refacturer à leurs clients. Elles font donc payer à ces derniers ce qu'elles ont obtenu gratuitement. D'où de substantiels bénéfices. Est-ce éthique ? Ça se fait, c'est bien connu, et ça n'a jamais fait l'objet d'un procès.

Mais l'aspect le plus saillant des nouvelles mœurs concerne aujourd'hui tout ce qui tourne autour des O.P.A. On a toujours racheté des sociétés, et même, souvent, en négociant des paquets de titres à l'insu des actionnaires majoritaires et des dirigeants. L'offre publique à tous les actionnaires, à l'occasion d'un choc frontal avec le management (paraît-il, pour sanctionner ses insuffisances), était juridiquement possible, mais demeura longtemps incompatible avec l'appartenance à l'*establishment* des affaires.

C'est devenu à présent une technique de développement, y compris même quand le corps social de l'entreprise visée s'y oppose. Didier Pineau-Valenciennes a ainsi passé outre aux cris poussés dans la rue — et jusque dans la presse, par le biais d'insertions publicitaires — par une fraction des salariés de la Télémécanique. Quelques années plus tard, qui lui en fait encore grief, puisque le rapprochement semble s'être bien passé ?

A l'usage, on s'était accoutumé à ces prises de contrôle à la hussarde, dès lors qu'il s'agissait d'arrondir un empire. Mais, depuis, on est allé beaucoup plus loin. De l'O.P.A.-annexion, on est passé à l'O.P.A.-braderie. Il est fréquent que, dans un groupe de sociétés, la somme des parties vaille plus que le tout ; on achète donc en bloc pour revendre ensuite « par appartements » et empocher un bénéfice purement financier.

On peut aussi recourir à ce procédé pour s'approprier un morceau de choix que l'on se paie en revendant le reste. Version Arnault : « Je rachète Boussac pour avoir Dior. Ensuite, je recède les restes de l'empire du vieux Marcel. » Version Riboud : « J'achète tous les biscuits de Nabisco. Comme je les préfère sucrés, je revends les salés dans les trois semaines pour régler une bonne partie de la facture. » Il n'y a pas si longtemps, on vitupérait ces « démantèlements ». Aujourd'hui...

Mais le comble, encore rarement pratiqué en Europe, est ce que les Américains appellent le *green-mail* (de *black-mail*, qui veut dire chantage, et *green*, couleur du dollar). Le *raider*, par exemple Icahn ou Pickens, achète inopinément 10 à 20 % d'un géant quelconque, sans aucune intention d'en prendre le contrôle, juste assez pour faire monter le cours et pouvoir menacer les dirigeants de leur rendre, en tant qu'actionnaire, la vie impossible. Ces derniers sont alors contraints de faire racheter le paquet d'actions au cours ainsi gonflé : bénéfices géants et immédiats pour le *raider*.

Ce ne sont là que des exemples parmi les effets de la grande vague de libéralisation qui, après la sexualité, affecte depuis vingt ans les affaires ; certains s'en offusquent, cependant que d'autres s'en félicitent. Mais les faits sont là : on a repoussé les limites de l'inacceptable.

MAL VU. — Quand on en parle aux directions de Carrefour, de Casino ou d'Euromarché, elles soupirent mais gardent le silence. Dans ce métier, tout le monde sait bien que, pour pouvoir obtenir l'autorisation d'ouverture d'une grande surface, il faut arroser la municipalité et même verser son obole dans les caisses du parti politique favori de celle-ci. On paie ainsi quelques millions de francs des études-bidon à des sociétés-écrans, quand on ne remet pas de la main à la main une mallette bien bourrée. La loi Royer portait en germe cette forme de racket. Il fait donc partie du réel.

On entre là dans la zone de l'immoral, condamné mais d'usage fréquent. Un territoire aussi ancien que la pratique du commerce, mais dont les frontières se modifient au gré des mœurs et de l'état de prospérité d'une société.

Ainsi, dans les usines textiles de Chine continentale, on peut rafler dans l'heure la commande, toute prête, destinée à un autre client, en échange d'une enveloppe garnie. Le fournisseur enverra un télex pour annoncer au client lointain que, *sorry*, son atelier vient de brûler. Heureusement, le cas est plus rare en France ou en Italie. En revanche, dans ces pays, le fournisseur trouvera tout à fait normal de verser à l'acheteuse d'une chaîne de distribution des commissions occultes ou des cadeaux sur mesure. Question d'éthique posée au patron de cette firme textile : si vos concurrents le font, pouvez-vous vous en dispenser ?

On peut interroger les patrons de toutes les sociétés d'Amérique, de Grande-Bretagne, de France, qui contribuent à maintenir le tonus du commerce extérieur de leur pays en exportant des armes : tous nieront verser le moindre pot de vin. Pendant ce temps, les intermédiaires moyen-orientaux se ruent sur l'immobilier dans les grandes capitales de l'Occident.

Les ventes d'armes apportent l'illustration parfaite de ce principe hypocrite et réaliste : « Si je ne le fais pas, d'autres prendront ma place. » Tout le monde condamne le surarmement mondial et le gâchis économique qu'il implique. Mais, en France, aucun gouvernement, gauche et droite confondues, ne remettra le principe des ventes d'armes en cause. On a trop besoin de devises. Quant à la C.G.T., elle défend bec et ongles les arsenaux : on a trop besoin des emplois. Avoir les moyens de mettre son éthique en pratique est un luxe enviable.

Sur les très grands principes, les consensus sont faciles. Ce qui semble aujourd'hui le plus mal vu par les patrons français, c'est le non respect de la parole donnée au client. Dans un sondage réalisé en 1988 par *L'Entreprise*, 72 % le plaçaient en tête de leurs indignations. Pourtant, ne serait-ce qu'en matière de délais de livraison, les manquements sont légion. Ces vertueux patrons sont-ils sûrs que cela ne se produit jamais chez eux ? Leur courroux ne vient-il pas de ce qu'ils ont eu eux-mêmes à en souffrir ? Sur le plan de l'éthique pure, le même sondage les montre moins troublés à l'idée de frauder un tantinet le fisc ou d'espionner un concurrent.

Aux États-Unis, dans la période récente, la recherche effrénée du profit immédiat a dégradé certaines règles de comportement. On y voit des conseillers financiers s'engager auprès d'une firme pour assurer sa protection anti-O.P.A., puis, dûment renseignés sur son dispositif, proposer l'affaire à un *raider* aux aguets.

Beaucoup de clients de firmes de Wall Street se plaignent que les ordres passés par téléphone (de pratique courante, puisqu'il faut être le plus rapide) ne sont plus toujours respectés. Si le commis a entre-temps trouvé une meilleure offre, il passe le paquet à un autre client, comme le ferait un artisan chinois !

La trahison rôde de plus en plus fréquemment lorsque la chasse aux pourcentages, décisifs pour s'assurer d'une majorité, atteint son paroxysme. Dans l'affaire de la Société Générale de Belgique, des investisseurs belges qui s'étaient engagés aux côtés de De Benedetti ont ensuite basculé dans le camp de Suez.

L'attitude de Guinness dans les conflits successifs de L.V.M.H. s'est révélée pour le moins sinueuse. La très honorable banque Lazard s'y est trouvée en position délicate, chacun de ses principaux « partenaires » parisiens conseillant l'une des deux parties en conflit : Bruno Roger du côté de Chevalier, Antoine Bernheim pour Arnault. La presse a titré : Lazard contre Lazard. Ça fait désordre...

C'est le volte-face soudain de son actionnaire, la Caisse des Dépôts, en faveur de Claude Bébéar, qui a coûté à Bernard Pagezy sa présidence du « Midi », qu'il occupait depuis plus de vingt ans. Les raisons de ce renversement d'alliance sans préavis ni sommations sont à rechercher bien ailleurs, dans les obscurs conflits nés de l'affaire de la Société Générale.

Que les indignations éthiques obéissent à des modes, rien de plus flagrant pour ce qui concerne les délits d'initiés. Ceux-ci sont aussi vieux que les marchés financiers, mais bénéficiaient en France, comme l'adultère, d'une tolérance amusée. Depuis que la Commission des Opérations de Bourse (la C.O.B.) a récemment ouvert la chasse à l'initié, les hommes d'affaires expérimentés se demandent entre eux : « Tu sais exactement, toi, quelle différence il y a entre un délit d'initié et un bon tuyau ? » La C.O.B. elle-même ne paraît pas l'avoir tiré au clair. A chaque « informé » de deviner aujourd'hui s'il n'est pas initié.

Au demeurant, les utilisateurs du *green-mail*, qui créent eux-mêmes l'information dont ils bénéficient, peuvent empocher des profits spéculatifs 100 à 1 000 fois supérieurs à ceux des initiés traditionnels, sans être pour autant en infraction avec la loi. Ni les uns ni les autres ne sont bien vus, mais les uns peuvent finir en prison, les autres pas.

DÉLICAT. — Quand un journal est cédé à un propriétaire qui déplaît aux journalistes, on voit rituellement fleurir des communiqués dénonçant « l'immoralité de la logique capitaliste qui vend les gens avec les meubles ». Tout acheteur d'un organe de presse bafouerait-il la loi de 1848 abolissant l'esclavage ?

Curieusement, ce commentaire n'apparaît jamais lorsqu'on vend une chaudronnerie ou un supermarché. Or, dans ces cas quotidiens, ni plus ni moins que dans celui d'un journal, les gens ne sont « vendus avec les meubles ». A cette nuance près, toutefois, que, dans la presse, la « clause de conscience » permet aux journalistes, lors d'un changement de propriétaire, de partir de leur propre chef en touchant l'intégralité de leurs indemnités. Alors que les salariés de toute autre entreprise n'ont d'autre possibilité que de faire bonne figure à leur nouveau patron.

Il n'en reste pas moins qu'on éprouve un sentiment bizarre en apprenant un beau matin, à son arrivée au travail, que l'entreprise vient d'être vendue à un concurrent (ce qui est le cas le plus fréquent, puisque ce sont les concurrents qui ont le plus directement intérêt à ce type de transactions). Quant à celui qui cède son entreprise, même quand son âge le justifie pleinement, il n'a jamais la conscience parfaitement en paix. Si l'on constate ainsi un double malaise, c'est que la rupture unilatérale d'un lien constitue une forme de rejet qui s'accomplit rarement sans dilemmes moraux.

Mais c'est dans la vie courante des entreprises que les patrons et leurs collaborateurs traversent, sans toujours s'en rendre compte, des ambiguïtés morales constantes. Novembre arrivant, l'équipe de direction d'une maison refait une simulation des résultats de l'année et s'aperçoit qu'il lui manquera quelques millions pour atteindre l'objectif financier promis au Conseil d'administration. Elle décide donc de décaler quelques dépenses de décembre à janvier. Il suffira de s'arranger avec les fidèles fournisseurs sur les dates de facturation. Bien sûr, ces millions, il faudra les retrouver grâce aux résultats de l'année suivante. Mais, d'ici là, peut-être bénéficiera-t-on de quelque embellie ? Est-ce éthique ? Est-ce grave ? Que celui qui ne l'a jamais fait...

Encore plus fréquent : le glissement dans les délais de règlement des factures. S'il n'était pas d'une banalité horripilante, les services de contentieux et autres *factorings* n'auraient plus de clients. Pourtant, le respect des dates est précisé par contrat, au jour près. Mais la plupart des P.M.E., face à une situation de trésorerie un peu tendue, ont tendance à oublier le jour, la semaine du paiement, et passent ainsi le microbe à leurs créanciers. Quant à l'État, il lui arrive carrément d'oublier l'année !

Est-il éthique de faire de la publicité ? Oui, certes. Mais toute publicité ne navigue-t-elle pas entre deux écueils : l'enflure et l'escamotage ? Au lieu, par exemple, de présenter le produit, ne fait-on pas de plus en plus appel à de simples associations d'idées agréables (nature, jeunesse, sexualité) pour vendre n'importe quoi ?

Si l'on continue à laisser entendre que ça fait maigrir de boire de l'eau, c'est que le public veut bien le croire. Mais est-ce vrai ?

Quand la loi a contingenté dans les magazines la publicité pour les cigarettes, on a soudain découvert qu'il était rentable de faire des campagnes coûteuses pour vendre des briquets Camel. Logique économique psychédélique par laquelle un fabriquant serait disposé à dépenser en publicité plusieurs fois le chiffre d'affaires qu'il peut attendre de la vente du produit ? Personne n'est dupe, mais ce « contournement » échappe-t-il tout à fait aux dilemmes moraux ?

On pourrait confectionner un dictionnaire de ces franchissements ordinaires de la ligne jaune : minoration fiscale des comptes, augmentations de salaires promises mais décalées, tarifs gonflés pour pratiquer ensuite des rabais cosmétiques, non-information des petits actionnaires, vente du contrat par le chef-consultant qu'ensuite le client ne reverra plus, gonflette de factures de travaux destinée à majorer les remboursements des assurances, « tiroirs secrets » dans les budgets (à tous les échelons) pour être plus sûr de les respecter, népotisme ou embauche de complaisance de la fille d'un gros client, flou et dissimulation dans les frais de voyages et de réception. Bref, la routine.

Dans la vie ordinaire de l'entreprise, la morale ambiante semble régie par le « pas vu, pas pris », les contrôles systématiques sont ressentis comme l'ébauche du *goulag*. Quant au patron, qui sait qu'il ne peut pas tout savoir, il se sent osciller entre le laxisme et la parano.

FONDEMENTS. — Il n'en reste pas moins que même si le gris y est plus fréquent que le noir ou le blanc, un système sans éthique finit par se décomposer. La question ne saurait être éludée, et, pour commencer, le chef d'entreprise doit savoir sur quelles bases il construit la sienne. Réponse pragmatique et minimaliste que celle de Vincent Bolloré qui, quand on lui parle d'« éthique », répond « efficacité ». Licencier le moins possible, c'est bon pour l'adhésion et la confiance du personnel. Ne pas mentir aux actionnaires assure leur fidélité. Bien rémunérer les responsables, c'est garantir leur motivation. On dirait que cet homme, croyant et pratiquant, a peur de se faire accuser d'idéalisme (chez les patrons, le mot n'est pas assimilé à un compliment).

S'il est plus intelligent, dans une vie où l'on

dépend si étroitement des autres, de se comporter avec justice et clarté, s'il est non moins vrai qu'une telle attitude est conforme à l'image du leader moderne, le réalisme peut aussi justifiei des pratiques peu avouables. Le pot-de-vin n'est-il pas d'une remarquable efficacité pour décrocher certains types de contrats ?

Si, pour l'éthique, l'efficacité risque d'être fort mauvaise conseillère, le besoin de fondements solides n'en reste pas moins intact. Chez la plupart, ils découlent simplement de la transmission héréditaire de quelques bons principes. Double avantage : ils évitent de se poser trop de questions, et sont fermement ancrés en soi. Écoutons Marcel Bleustein-Blanchet, à 83 ans : « Mon père me disait toujours : *Marcel, pas ça ! Ça ne se fait pas, Marcel !* Et, dit par mon père, c'était parole d'or ! »

Même quand on n'en a guère conscience, l'essentiel de ce que l'on croit savoir du Bien et du Mal nous vient de nos premières années. Les psychothérapeutes ont observé que si un jeune ne s'est pas forgé un certain sens moral avec ses parents, un prêtre ou quelque éducateur, il court le risque de glisser vers *Orange mécanique*...

La morale familiale traditionnelle convient d'ailleurs assez bien à la gestion des entreprises. Comme le domaine est semé d'ambiguïtés, quelques principes rustiques, bien arrimés, épargnent la tentation de repousser rop loin les limites. Une morale de patron est un mélange d'idées simples et peu nombreuses, épaulées par un discret orgueil. Ce qui fait tenir debout les solitaires du sommet de la pyramide, c'est, comme l'avoue André Rousselet, « la nécessité de pouvoir se regarder le matin dans une glace ». Comme Lagardère, il affirme n'avoir pas de censeur plus intransigeant que lui-même. C'est d'ailleurs une nécessité quand on veut parer aux effets des obséquiosités de cour.

Mais, pour mener loin une entreprise, il faut plus qu'une solide dose d'honnêteté et de respect de soi. Dostoïevski disait qu'une « nation ne peut exister sans quelque idée sublime » ; même si l'adjectif s'accorde mal à la simple maximisation du profit, c'est cette dimension qui permettra justement d'en faire autre chose.

Tout grand patron abrite souvent un sens, même naïf, de la grandeur. N'est-il pas présomptueux, pour un Arnault ou un Bouygues, de se vouloir numéro un mondial de sa spécialité ? Mais, même hypothétique, ce vœu est leur seule chance d'y parvenir. Trigano, visionnaire social, souhaite changer la vie de ses contemporains. Michelin conçoit l'entreprise comme un ordre monastique gouverné par l'ascèse. Gaullien, Lagardère confond entreprise et nation ; à l'instar du Général, il travaille « pour la France ». Côté grandeur, Riboud n'a rien à envier à personne, puisqu'il peut, dans sa tête, empiler les pots de yoghourt jusqu'à en faire... « la cathédrale de Chartres » !

Démesure, hubris, ou remarquable aptitude à transcender en grand projet ce qui n'apparaît à d'autres que basse et plate matérialité ? Le patron, par métier, doit aussi produire du sens, pour lui-même et ceux qui l'entourent. S'il veut faire passer un souffle sur le quotidien, on ne peut lui demander de s'emberlificoter dans les nuances.

LES MOYENS. — Il ne suffit pas d'avoir une éthique, encore faut-il la faire partager et appliquer. Il y a la voie formelle qu'ont choisie les trois quarts des principales sociétés américaines : le code-maison, rédigé et communiqué à tout un chacun. En France, seule parmi les grandes firmes, Lafarge en a fait autant, à l'instigation d'Olivier Lecerf et après consultation de bas en haut des responsables.

Riboud, qui parle de « religion de B.S.N. », estime pourtant qu'il ne faut rien écrire, rien figer : à son avis, un texte trop vague ne sert à rien et, s'il est précis, il ne peut rendre compte de toutes les situations concrètes auxquelles sont confrontés les acteurs de l'entreprise.

Il n'est pas de mauvais système, pourvu qu'existe la préoccupation de s'exprimer sur le sujet. La plupart des chefs d'entreprise qui vivent leur éthique de l'intérieur trouvent les moyens de la communiquer aux autres : conversations privées, discours internes, notes ponctuelles, entretiens dans la presse... Mais, en France, tout ce qui prend forme de *credo* un peu structuré rencontre un scepticisme narquois. A l'ère des clips, mieux vaut savoir glisser quelques aphorismes plutôt qu'asséner lourdement des principes. Mais à chacun son style...

On sait que, dans l'éducation des enfants, l'exemple venu des parents a des effets plus profonds et plus durables que tous leurs sermons. Dans l'entreprise, le patron, qu'il l'apprécie ou non, est l'objet d'une observation constante et minutieuse. Chacun de ses comportements est un message. S'ils sont cohérents avec son éthique, celle-ci imprégnera sans formalisme l'entreprise.

C'est ce que notait Jacques Julliard à la mort de Hubert Beuve-Méry, premier directeur du *Monde* : « Il pensait implicitement que le rôle du patron était... d'inspirer, de tirer vers le haut. Lui présent, il y a des choses qu'un journaliste n'eût pas osées : mentir, bidonner, faire du fric, cirer les bottes... » Pas mauvais résultat, pour un homme plus connu pour ses bougonnements que pour ses oraisons !

Mais, dans un système social, il faut aussi des gardiens de l'éthique. Le fait que les organismes de régulation, comme la C.O.B., ou de sanction, comme les tribunaux, deviennent plus sourcilleux, est le résultat des relâchements consécutifs à la financiarisation exacerbée des affaires. C'est probablement là une nécessité de l'époque, soulignée par une presse qui amplifie les modes.

Mais si les journaux doivent s'efforcer de dire le vrai, il ne leur revient pas de décréter le bien.

Dans le cadre des lois, pour l'entreprise comme pour chacun de nous, l'éthique est affaire individuelle. La seule sanction authentique, sur le long terme, est le succès ou l'échec. Là, Bolloré n'a pas tort. Il se trouve que les firmes qui se conforment à quelques principes réussissent mieux que la moyenne. Leurs patrons peuvent joindre l'utile à l'agréable, les profits au confort moral.

Sur ce chapitre, un dernier mot tout à fait personnel, puisqu'en l'espèce il revient à chacun d'assumer son système de valeurs. Je crois qu'en affaires, l'éthique joue un rôle déterminant, mais la plupart des discours, codes et séminaires consacrés au sujet me paraissent aussi pompeux que primaires.

Nous savons tous assez bien départager ce qui est honnête et ce qui ne l'est pas. Mais, dans le monde de l'argent et des rapports de force, les boy-scouts ne tiennent pas la route. Il n'est donc pas un seul chef d'entreprise qui n'ait été amené à traiter ses concurrents, fournisseurs, actionnaires, partenaires ou salariés, plus rudement et moins clairement qu'il n'aimerait à le faire pour ses propres enfants, parents ou amis.

A chacun de savoir jusqu'où ne pas aller trop loin, car, sur la durée, les menteurs, les lâches, les mesquins et les traîtres finissent par être percés à jour et déconsidérés. Si, pour observer un comportement correct, on a besoin d'autres raisons que la décence et la dignité humaines, se souvenir que ceux qui cessent d'inspirer confiance ont tôt fait de perdre leur mise.

C'est au patron, plus qu'à tout autre, de savoir dans le concret, jour après jour, tenir la ligne et trancher les cas-limites. Puisque la morale est un code d'action, il sera jugé à ses actes.

XIII

L'après-patron

Affronter ses deux morts. – Un passage mal préparé et mal vécu. – Le patron ne peut plus espérer d'avancement. – Un moment d'élégance discrète ou un drame poignant. – L'ego du monarque bouche l'horizon. – Tous les pères ne savent pas se laisser tuer. – Cesser de se définir par l'entreprise. – Les rudesses de la désintoxication. – Et si le dauphin vous appelle papa ? – A nouveau capitalisme, nouveaux héritiers.

A 78 ans, George Eastman, fondateur d'Eastman-Kodak, se tire une balle dans la tête en laissant cette note lapidaire : « Mon travail est fait, pourquoi attendre ? »

A 94 ans, Marcel Dassault meurt à la tête de son empire, sans avoir désigné d'héritier. Son fils Serge revendique le trône, mais ne parvient à s'y asseoir qu'à l'issue d'un combat difficile.

A 70 ans, Antoine Riboud fait voter par son Conseil le report de la limite d'âge du président à 80 ans, expliquant : « L'approche de la retraite diminuerait l'autorité dont j'ai besoin au moment où B.S.N. affronte des défis mondiaux. »

A 52 ans, en 1986, Bernard Darty nomme président du Directoire de sa maison Philippe Francès, 46 ans ; il quitte le siège social et va s'installer dans quelques bureaux confortables mais lointains, avenue George V.

A 67 ans, Hubert Beuve-Méry abandonne la direction du *Monde* à Jacques Fauvet. Depuis, pendant plus de vingt ans, jusqu'à sa mort récente, Beuve-Méry a continué de venir au *Monde* tous les jours, dans un petit bureau. Entre-temps, Jacques Fauvet a pris sa retraite et son successeur, André Fontaine, prépare la sienne.

A 40 ans, Alain Legrand démissionne de son poste de P.-D.G. de Bénédictine. Pour se défendre contre l'O.P.A. de Rémy-Martin, il avait appelé à la rescousse Martini et Rossi ; mais il ne s'est entendu que quelques mois avec le nouveau propriétaire, et a dû partir. Comme lui, les Chevalier, Gomez (Francine), Pagezy ou Vernes n'ont pas résisté longtemps à un changement de majorité dont ils avaient eux-mêmes pris l'initiative.

A 54 ans, Jacques Friedman est révoqué de la présidence d'Air France qu'il n'occupait que depuis dix-huit mois et est remplacé par Bernard Attali, lui-même précédemment victime d'un changement de majorité politique qui l'avait conduit à abandonner la tête du G.A.N. Pour les mêmes raisons, Bernard Auberger, à 49 ans, doit quitter la direction générale du Crédit Agricole, Jean Dromer, à 59 ans, celle de l'U.A.P., Michel Pecqueur, à 57 ans, celle d'Elf Aquitaine.

L'âge et les circonstances peuvent varier, mais l'histoire a toujours une fin. Parmi les nombreux privilèges dont bénéficient les patrons, l'un d'eux a tout lieu de leur paraître équivoque : celui de devoir affronter deux morts — leur disparition physique, comme tout un chacun, mais, au préalable, leur mort sociale, lorsqu'ils cessent d'être patrons.

Cette dernière est peut-être la plus difficile à supporter, puisqu'ils en sont les témoins *post-mortem*, et doivent en vivre les conséquences. On s'attendrait que chacun préfère qu'elle soit volontaire, organisée, choisie. Mais tous n'ont pas cette perspicacité, ce courage ou cette chance.

Nul n'est patron tout seul. De même que c'est l'enfant qui fait la mère, c'est l'entreprise qui fait le patron. Séparé d'elle, il risque de perdre dans l'heure sa propre essence. De s'y être tant identifié, il a l'impression d'être amputé de bien plus que sa fonction.

Ainsi ce chef d'entreprise de P.M.E. de 62 ans : « C'est que, je ne sais rien faire d'autre. Je me suis consacré à mon entreprise. Elle a pompé ma vie. Je n'ai pas vu grandir mes enfants. Ça fait longtemps que j'ai perdu l'habitude de lire, et, à mon âge, je ne vaux plus grand chose en sport. Qu'est-ce que je vais faire de mes journées ? »

Succession, remplacement, double problème : pour le patron, au mieux une crise, au pire, une tragédie. Pour l'entreprise, un choc, ou un épilogue interminable, quelquefois une délivrance. D'un côté comme de l'autre, ce passage est généralement mal préparé, et souvent mal vécu.

Dans l'entreprise, la place du patron est trop centrale pour qu'un changement ne pose pas de difficiles questions : à son équipe de tête, qu'il a choisie et qui s'interroge sur son avenir ; à son personnel, qui craint toute nouveauté ; à ses actionnaires, si toutefois il était performant. Au demeurant, si ces questions ne se posaient pas, ne serait-ce pas la preuve qu'il était à un patron ce que le Canada Dry est à l'alcool ? C'est pourquoi la tâche suprême du chef d'entreprise, en tout cas la plus noble, est de choisir, former, mettre en place, puis laisser agir en paix son successeur.

Bernard Darty avec Francès, Olivier Lecerf avec Collomb, François Dalle, après un faux départ, avec Owen Jones, y sont parvenus. Mais ni Boussac, ni Prouvost, ni Mantelet, ni Dassault, pourtant remarquables dans l'édification de leur maison, n'ont su éviter la crise de succession. C'est donc bien affaire de tempérament individuel face à l'ultime service à rendre à l'entreprise.

On peut comprendre cette répugnance intime à mettre soi-même un terme à son activité, comme à imaginer un autre dans son rôle. Étrange et double myopie : celle qui empêche de voir que l'entreprise existe bel et bien en dehors de vous ; celle qui vous fait oublier que si vous ne vous trouvez pas un successeur, d'autres le feront forcément pour vous, et que vous aurez ainsi raté votre sortie.

LA DURÉE. — Combien de temps doit-on rester à la tête d'une entreprise ? Vingt à quarante ans, comme beaucoup de fondateurs-propriétaires ? Trois ans, selon la durée, bien chiche, des mandats des patrons d'entreprises publiques ? Un peu plus de cinq ans comme, en moyenne, les *chiefs-executives* des grandes firmes américaines ?

La question est plus importante que celle de l'âge du capitaine. C'est vrai qu'il serait dommage de se priver de l'énergie d'Antoine Riboud sous le seul prétexte qu'il est septuagénaire, alors que certains de ses cadets, de dix ans moins âgés que lui, paraissent déjà un peu fatigués.

Y a-t-il donc une durée minimale pour laisser sa trace sur une entreprise, y avoir joué un rôle clé ? Ne peut-on dire que Dreyfus en vingt ans, et Georges Besse en moins de deux années, auront, chacun pour sa part et à sa manière, marqué l'histoire de Renault ? Dans les P.M.E., les longues durées sont la règle, et dans les grandes, l'exception, pour une seule et même raison : le contrôle du capital. Tant que celui-ci ne change pas de mains, ou ne s'ouvre pas, le patron reste en place ; s'il n'est pas à la hauteur, c'est l'entreprise qui souffre et qui peut même sombrer ; mais le patron demeure. Les firmes importantes ne peuvent se permettre de courir un tel risque.

Vingt ans peuvent être une durée propice s'ils ont permis à un homme de construire un édifice, ou néfaste s'ils ont abouti à la stagnation, voire à la régression. Tant qu'il reste maître du capital, le tempérament et les capacités du patron déterminent le destin de la société. Mais tout, désormais, s'accélère. La course à la croissance, c'est-à-dire aux regroupements, oblige à ouvrir l'actionnariat. Ce que résumait un ami banquier d'une formule terrible : « Si tu veux rester chez toi il ne faut pas grandir. »

Même sans les secousses des O.P.A., les majorités deviennent indépendantes de la personnalité du chef d'entreprise. Les créateurs devenus minoritaires, comme Bouygues, Trigano, Riboud, savent qu'ils ne sont pas à l'abri d'une attaque sur leur capital et gèrent avec cette obsession en tête, ce qui n'est pas sain.

Les durées se raccourcissent, la majorité des patrons ne restent en place qu'une poignée d'années. Aux États-Unis, la technostructure s'arrange pour faire de la présidence une récompense de fin de carrière, cinq à six ans avant la retraite, afin que les suivants aient leur tour. En France, le contrôle exercé par l'État sur les plus grosses unités et les aléas de l'alternance politique aboutissent, pour des raisons toutes différentes, au même résultat. On en vient à citer comme des performances les cas d'Alain Gomez ou de Michel Albert encore à la tête respectivement de Thompson et des A.G.F. au bout de huit ans.

En politique, tout gouvernement réclame d'abord la durée, à défaut de laquelle ce sont les directeurs, les administrateurs, non les ministres, qui prennent les décisions. Peut-être les actionnaires (y compris même l'État ?) sont-ils en train de se rendre compte qu'il en va de même dans les affaires ? Le renouveau des contrôles capitalistes à la Bolloré ou Arnault marque peut-être l'amorce d'un retour du balancier vers la durée, pour pouvoir vraiment apprendre, réformer et bâtir.

LE CHANGEMENT. — Dans un monde aux mouvements accélérés, l'impératif d'adaptabilité de l'entreprise passe par celle de son chef. Son corps social ne peut se permettre d'affectivité. Les avantages de stabilité et de familiarité dont bénéficie un patron au long cours sont moins décisifs que ceux de la rapidité de réaction et d'anticipation face à l'évolution des marchés et de la concurrence.

Aussi le patron qui souhaite éviter qu'on le déloge prématurément doit-il veiller à attiser le changement, pour lui-même comme pour son entreprise.

Aucun de ceux qui veulent demeurer plus de cinq ans en place ne peut espérer le faire sans bonds ou retournements stratégiques. Or, le changement fatigue. Il y a du château de sable dans la direction quotidienne d'une entreprise. A peine a-t-on résolu un problème qu'un autre se pose. Dès que l'on a rattrapé un client, c'est un cadre qui menace de partir. Quand un centre de profit vient d'être assaini, on peut compter sur la défaillance d'un autre. Le soir, on est déjà soulagé d'avoir pu écoper et calfater. Quant à repenser, restructurer, remettre en cause...

Néanmoins, le patron n'a pas le choix. C'est ce qu'on attend de lui. Y compris pour trouver quelqu'un qui écope à sa place afin de lui permettre de mieux réfléchir. Mais il est normal qu'avec les années, l'appétit de changement s'émousse. C'est compréhensible et légitime chez un individu qui s'est déjà beaucoup donné. Mais l'entreprise ne peut, sans dommages, s'autoriser ralentissements et routines. Le patron devra alors trouver quelqu'un en possession de toutes ses capacités de remise en cause — et lui transmettre le pouvoir.

Si l'on reste au poste suprême de l'entreprise pendant des dizaines d'années, n'y a-t-il pas risque automatique d'usure, d'affadissement de l'intérêt ? D'autant plus qu'une fois devenu patron, on ne peut plus guère espérer d'avancement. C'est pourquoi certains en viennent à se chercher d'autres pôles d'intérêts : associations professionnelles, cours et séminaires, mandats électifs, compétitions sportives. C'est utile pour s'aérer et prendre du recul, mais le mieux n'est-il pas d'introduire renouvellement et changement au sein même de sa fonction ?

Voici plus de vingt-deux ans que je n'ai apparemment pas changé de poste ni de titre : P.-D.G. de mon groupe. Pourtant, avec sa croissance, son développement, je n'ai jamais eu le sentiment de faire plus de deux ans le même métier. Au début, il ne comportait qu'un seul pôle d'activité, *L'Expansion*, et j'apprenais chaque rouage du fonctionnement d'un magazine. Puis nous avons lancé d'autres titres. Instruit par mes premières expériences, j'ai dirigé ceux qui les géraient en direct, tout en me concentrant sur les nouvelles idées, les techniques de lancement, la recherche de gens capables de les mener à bien. J'ai également vécu quelques combats en retraite. Sur le moment, ils m'ont paru coûteux, mais, avec le recul, ils se sont révélés un nécessaire amarinage.

Vint un moment où, le marché se saturant, nous ne pouvions plus aller assez loin ni assez vite avec de simples créations de produits. Je me suis alors intéressé à ce dont je n'avais encore jamais tâté : les acquisitions. Encore un métier à apprendre. Chaque fois, pour pouvoir me consacrer à la nouvelle phase, je confiai à d'autres ce qui, peu auparavant, constituait l'essence même de ma fonction. Je ne gardai que ce qu'un patron ne peut déléguer : contrôle et questionnement.

Les acquisitions, c'est comme la chasse : plutôt que traquer un lièvre, autant s'attaquer à un sanglier. Après la Sologne, on a des envies de Congo. Les acquisitions à l'étranger posent de nouveaux problèmes, ne serait-ce que de découvrir ou réapprendre, pour chaque pays, les rudiments du droit local. Comme nos affaires prenaient de l'ampleur, j'ai dû en même temps cultiver des réflexes financiers dont, jusqu'ici, je n'avais eu que peu besoin.

Ainsi, en conservant la même carte de visite, ai-je exercé dix métiers différents et amené mes collaborateurs à en faire autant, puisque, peu ou prou, je leur demandai de me remplacer chaque fois dans mon job précédent.

Encore un privilège pour le chef d'entreprise, qui garde les mains sur le volant : tout en restant en contact avec la route (le réel), il peut mener son véhicule vers les explorations qui l'intéressent et, de ce fait, opérer un renouvellement de soi. Tant qu'il sait conserver du désir, il régénère sa maison avec lui et n'a que l'âge de ses artères. Mais dès qu'il sent s'affadir l'envie d'explorer et d'apprendre, dès qu'il se rend compte que la régularité d'un fonctionnement bien rodé lui convient, il doit à son entreprise de réexaminer sa propre utilité à ce poste.

Changer périodiquement de fonction tout en restant au même poste non seulement ressource, mais entraîne au non-attachement. On doit périodiquement se distancier de collaborateurs, de produits, d'activités avec lesquels on avait tissé une relation mutuellement nourricière. On se demande pourquoi le chef d'une grosse entreprise en vient parfois à consacrer un temps disproportionné à l'un des petits centres de profits de la maison ; il s'agit souvent de celui dont il s'est occupé en arrivant. Sentimentalisme des managers...

S'habituer chaque année à prendre du recul vis-à-vis de pans d'activité dont on a eu la responsabilité, contribuera à forger cette attitude. C'est l'école de l'après-patron ; elle prépare au jour où il faudra savoir abdiquer.

LES STYLES. — Ce jour-là n'est pas vécu de façon identique par chacun. Le tempérament, l'image de soi, la préparation, l'éthique personnelle interviennent pour en faire tantôt un moment d'élégance discrète, tantôt un drame poignant.

Un chercheur de Harvard, Jeffrey Sonnenfeld, a consacré à cette diversité des comportements une étude fournie qu'il a publiée sous le titre *L'Adieu des héros*. Après avoir enquêté auprès de nombreux patrons sur le départ ou retraités, il a établi une typologie en quatre catégories qu'il appelle les Monarques, les Généraux, les Ambassadeurs et les Gouverneurs.

Les *monarques* ne quittent leur place que lorsqu'ils meurent ou sont renversés, comme Bourguiba, par un complot interne. Ils se sont entièrement identifiés à leur firme. Ils n'ont préparé aucun dauphin, ou ont seulement fait semblant. Comme les rois, ils ne conçoivent pas que le problème de leur remplacement puisse se poser avant leur enterrement.

Ainsi Armand Hammer qui, à plus de 90 ans, continue à mener Occidental Petroleum comme son empire personnel. Il a même placé un imposant buste à son effigie dans le hall du siège social.

Dans le folklore de la presse, on raconte les derniers temps d'A. Boucherit, propriétaire de *Modes et Travaux*, qui, à 101 ans, continuait chaque jour à venir en Rolls blanche passer quelques instants à son bureau.

Plus récemment, il a fallu une révolte de palais pour que Jean Mantelet, créateur inspiré de Moulinex, presque nonagénaire, accepte, sans toutefois quitter la présidence, de laisser le pouvoir à son état-major. La société, au bord du gouffre, s'est vite redressée.

La fin de l'empire de Jean Prouvost, créateur de *Match, Marie-Claire, Télé 7 jours*, propriétaire du *Figaro*, a été plus pénible. En 1976, âgé de 91 ans, seul aux commandes, il avait laissé son groupe s'enfoncer. Contre son gré, il lui fallut alors tout vendre. Ses banquiers durent pratiquement lui tenir la main pour signer. Il mourut en solitaire deux ans plus tard.

A la veille de sa disparition, le vieil avionneur Marcel Dassault avait gardé assez d'énergie pour arracher son groupe à une nationalisation qui paraissait sinon inéluctable, du moins logique. Mais paradoxalement, il n'avait pas su le diversifier au moment où les commandes d'armements se raréfiaient, ni chercher d'indispensables alliances. De surcroît, il s'était abstenu de se prononcer sur sa succession, alors qu'il avait un fils et héritier dans la place. Vexant pour Serge.

L'ego du *monarque* lui bouche l'horizon. Il ne parvient pas à s'intéresser à ce qui est au-delà de lui. Peut-être même n'est-il pas persuadé que cela puisse exister. L'« après-moi le Déluge » de vieillards eux-mêmes souvent diminués, pendant les années qui précèdent leur fin, risque de rendre la survie de l'entreprise bien difficile. Les morceaux de l'empire Boussac sont dispersés aujourd'hui aux quatre vents.

Les *généraux* ne partent souvent que parce qu'ils y sont contraints par les statuts ou la pression des actionnaires. Mais, leaders par la renommée et la stature, ils ne peuvent tout à fait se résoudre à laisser la place à leur successeur. Harold Geneen, qui inspira les managers des années 60 par le contrôle minutieux et féroce qu'il exerçait sur le plus grand conglomérat de l'époque, I.T.T., a pris sa retraite à 67 ans, en 1978. Son successeur, Lyman Hamilton, entreprit alors de procéder à certains désinvestissements, mais Geneen, demeuré administrateur, s'opposa à lui, y compris par des discours au personnel. Au bout de dix-huit mois, il obtint du Conseil le départ de Hamilton et son remplacement par Araskog. Ce dernier, bien que choisi par Geneen, n'en continua pas moins à démanteler l'empire dont les profits plongeaient. Mais, pour pouvoir le faire, il dut exiger que Geneen fût désormais cantonné dans son rôle de simple membre du Conseil.

Moins dramatique, la transition à l'Oréal fut néanmoins assez compliquée. François Dalle, qui présida la société pendant vingt-sept ans, en avait fait un géant mondial des cosmétiques. A 66 ans, en 1984, il quitte son poste de P.-D.G., qu'il laisse à Charles Zviak, de quatre ans seulement son cadet, et qui avait vécu dans son ombre. Pour continuer à régner, Dalle prend la présidence du Comité stratégique « chargé de déterminer les choix fondamentaux de l'Oréal », et continue à exercer une présence médiatique soutenue. Presque personne ne s'est alors aperçu que l'Oréal avait changé de patron. D'ailleurs, était-ce bien le cas ?

Ce n'est que quatre ans plus tard, à la retraite de Zviak, que la succession de Dalle s'est amorcée avec l'avènement d'un homme plus jeune d'une trentaine d'années, Lindsay Owen Jones. Mais François Dalle a encore bon pied, bon œil...

Les *généraux* sont particulièrement nombreux dans les P.M.E. ; tout en cédant la place à leur fils, ils ne peuvent se résoudre à couper le lien quasi biologique qui les a fait vivre au même rythme que leur entreprise. Ils restent là et, *de facto,* conservent l'essentiel du pouvoir. Tous les pères ne savent pas se laisser tuer.

Ces hommes qui ne veulent pas rendre les armes sont-ils des statues du commandeur qui n'acceptent pas la loi de la vie, ou bien d'excellents patrons prématurément écartés par des règlements trop formels ?

Dans ce dernier cas, il arrive, si la succession se passe mal, qu'on leur demande de reprendre du service. C'est ce qui s'est passé, ces dernières années, chez Walter Thompson, à la Bank of America et chez Pillsbury. Mais ces généraux avaient-ils vraiment choisi les meilleurs successeurs possibles ?

Les *ambassadeurs* aussi ont envie de rester actifs, mais ils ne cherchent nullement à conserver leur pouvoir, encore moins à le reprendre. Ils acceptent la règle de la limite d'âge, même s'ils n'en demeurent pas moins des sexagénaires en parfait état de marche. En accord avec le nouveau président, ils savent se trouver un rôle de conseiller, ou, justement, d'ambassadeur. C'est d'autant plus utile quand leur prestige personnel reste associé à l'image de l'entreprise. Ainsi David Ogilvy, fondateur de la célèbre agence qui porte son nom : à 62 ans, en 1973, il a abandonné son poste de chef d'entreprise pour prendre le titre de directeur de création. Il partage son temps entre ses loisirs dans son château, en France, et des visites aux quatre coins du monde dans les filiales de l'agence, où il joue un rôle de père de la nation et de figure emblématique. Manifestement, il préférait la publicité au pouvoir.

Hélène Rochas, après avoir vendu les parfums Rochas à Roussel, a accepté de continuer à assurer le « service du nom » en participant aux manifestations où celui-ci devait être représenté. C'est aussi ce qu'a su faire Frédéric Chandon quand il a cédé, en 1982, la présidence de Moët Hennessy à Alain Chevalier. Depuis, il sillonne le monde, visite filiales et succursales et joue un utile rôle de représentation.

Enfin, c'est plutôt comme conseiller et témoin moral qu'Hubert Beuve-Méry avait choisi, après sa retraite, de rester au sein de sa famille : *Le Monde*. Les ambassadeurs, quand ils acceptent la discrétion qu'implique leur rôle, peuvent rendre de réels services au nouveau patron. Ce dernier, ne pouvant se démultiplier, se trouve fort bien de pouvoir confier des missions à quelqu'un qui connaît parfaitement la maison et la représente légitimement.

Lorsqu'ils quittent leur fauteuil présidentiel, les *gouverneurs* le font pour de bon et, le plus souvent, le prouvent en allant s'investir ailleurs. Choix doublement intéressant : parce qu'ils semblent faire montre d'un tempérament plus équilibré ; et parce que leur démarche, plus moderne, cadre avec une époque où chacun a la possibilité de traverser plusieurs vies professionnelles.

Parmi ces quatre types de hauts retraités, ce sont les seuls qui cessent de se définir par l'entreprise qu'ils ont faite et qui les a faits. Peut-être sont-ils plus réalistes : sur l'entreprise, dont ils savent qu'elle peut vivre sans eux ; sur eux-mêmes, qui ont d'autres ressources de leur personnalité à utiliser. Peut-être aussi savent-ils faire leur deuil d'une phase de leur vie ; peut-être, plus simplement, sont-ils adultes.

Les circonstances actuelles les y poussent. Puisqu'il est devenu fréquent de faire sa carrière dans plusieurs entreprises, la retraite n'est qu'un changement de plus. L'âge de la retraite, souvent obligatoire à 65 ans (60 ans chez I.B.M. ou à la Shell), permet de reprendre, presque encore jeune, de nouvelles activités. En France, de surcroît, la rotation accélérée, pour raisons politiques, des grands patrons du service public, a créé une catégorie particulière de « P.-D.G. errants ». On retrouvera tel ou tel banquier puis industriel (comme Calvet), ou industriel puis fonctionnaire (comme Jacques Maison-rouge), ou patron du privé, patron de l'E.N.A., puis banquier (comme Simon Nora), ou encore haut fonctionnaire, banquier, assureur, puis patron du privé (comme Jean Dromer). On finit par ne plus trop savoir s'ils ont ou non passé l'âge de la retraite. Ils continuent tant qu'ils conservent un cerveau en état de marche. Ce parcours d'étapes paraît toutefois être l'apanage de ceux qui ont occupé des postes parmi les plus importants du public ou du privé. Ils y ont souvent accédé grâce à une éducation poussée ; chemin faisant, ils y ont acquis une ampleur de vues qui facilite leur troisième carrière. A l'inverse, les patrons de P.M.E. — numériquement, l'immense majorité — auront tout appris par l'entreprise, ils auront vécu en symbiose avec elle au point de ne plus pouvoir, à la longue, s'en distinguer. Aussi en sortent-ils rarement gouverneurs.

Quels que soient les styles de départ des patrons, ils dépendent beaucoup moins de la nature de leur activité ou de leur manière de diriger que de l'idée qu'ils se font d'eux-mêmes. Soudain, le potentat, censé incarner la puissance, se retrouve beaucoup plus vulnérable, dépendant et solitaire qu'il ne s'y attendait. La seule force qui lui soit alors nécessaire est intérieure.

Ambassadeurs et *gouverneurs* ont moins besoin que d'autres des signes extérieurs du pouvoir et de la reconnaissance sociale. Ils disposent d'une estime de soi (un sain narcissisme, disent les psy) qui ne doit rien à l'organisation. Elle leur appartient, ils peuvent l'emporter avec eux.

A l'inverse, pour les *monarques* et les *généraux*, les trompettes de la renommée, l'approbation quotidienne de leurs équipes, ou l'usage de leur *jet* privé sont devenus indispensables pour conforter le sens de leur propre valeur. Ils en sont dépendants et redoutent les rudesses de la désintoxication.

Les uns s'emploient à survivre à l'après-patron, les autres y voient une mort prématurée.

LA SUCCESSION. — Chaque patron quinqua ou sexagénaire encore en activité pense un peu ou beaucoup à sa succession sans pouvoir être sûr d'en rester maître ni d'avoir les moyens de la régler.

Entre le plus simple (« Je possède 100 % du capital. A ton tour, mon enfant !... ») et le plus compliqué (la désignation du futur directeur du *Monde*), beaucoup de cas de figure échappent à l'influence du patron à remplacer : changements imprévus d'actionnariat (O.P.A. ou fusions), décisions régaliennes de l'État (service public et nationalisé), incident de parcours (faute de gestion, conflits internes), accidents de la vie (la fin brutale de Michel Baroin, ou l'infarctus), voire, enfin, recrutement pour de plus hautes destinées. Toutes ces circonstances empêchent une succession organisée. Le remplacement sera alors assuré par d'autres, et plutôt à la hâte. Les patrons qui disposent du temps nécessaire pour le prévoir sont minoritaires (sauf dans les P.M.E.) ; ceux qui s'en servent effectivement pour régler leur succession sont encore plus rares.

Faut-il, peut-on avoir, dans l'entreprise, un dauphin ? Question fort ancienne. Les réponses dépendent avant tout du tempérament du P.-D.G. Jean Riboud avait cru le trouver, à Schlumberger, avec Jérôme Seydoux ; il s'est vite aperçu qu'il n'en supportait pas lui-même la présence. A l'inverse, Olivier Lecerf, chez Lafarge, a préparé de longue date Bertrand Collomb et a su lui ménager une transition graduelle afin qu'au jour dit, la passation se fasse sans heurts.

Obstacles au dauphinat : répugnance du P.-D.G. à affronter sa propre mort ; trop forte personnalité ne supportant pas le tempérament du futur numéro un ; P.-D.G. encore trop loin de l'âge de la retraite pour qu'un dauphin digne de ce nom accepte d'attendre ; risque de démotivation de l'équipe dirigeante dès que la ligne de succession n'offre plus de mystère.

On observe que plus le patron est maître de la date de son propre départ, moins sa succession sera organisée. Comment un homme en bonne santé résisterait-il, s'il en a la latitude, à la tentation de faire prolonger l'âge statutaire de la retraite ou à faire voter à son bénéfice une prorogation exceptionnelle ? Si, en revanche, la règle est implacable et a déjà été appliquée à d'autres, comment ne pas faire preuve d'un minimum de sens des responsabilités en préparant une transition aussi prévisible que les marées d'équinoxe ?

Et si le dauphin vous appelle « papa », est-ce plus simple ou plus compliqué ? Jusqu'à ces dernières années, la cause paraissait entendue : dans les P.M.E., le patron-propriétaire devait un jour choisir entre la vente et la transmission héréditaire. Tous, en effet, n'avaient pas un enfant capable ou intéressé par l'entreprise familiale. Quant aux grandes entreprises où les familles en venaient presque toutes à perdre le contrôle du capital, la suite des événements y était régie par la méritocratie qui sélectionnait les meilleurs managers. Les exceptions à ces règles pouvaient se compter sur les doigts d'une main.

Or, aujourd'hui, au renouveau du capitalisme gestionnaire correspond logiquement une nouvelle tentation dynastique. Vieille comme le monde, naturelle comme la famille, elle retrouve ainsi une expression moderne. Pour que le fils (les filles sont encore rares) soit incontestable, il lui faut le nom, le contrôle et une compétence reconnue par les autres dirigeants. Ce qui implique qu'il ait fait des études poussées et internationales.

Même ainsi, ceux qui sont officiellement

désignés par leur père restent l'exception. C'est le cas de Serge Trigano (bien que Gilbert ne soit que manager non-propriétaire) et Martin Bouygues (dont la famille ne contrôle que 11 %). Il leur reste, le moment venu, à être confirmés par l'actionnariat. D'autres ont pris place à la droite du père, mais sans responsabilités hiérarchiques directes.

Arnaud Lagardère et Rodolfo De Benedetti ont moins de 30 ans et jouent les bourreaux de travail au sein de la holding familiale. Seront-ils eux-mêmes les successeurs de leur père ? Héritiers, ils joueront en tout cas un rôle dans le choix du futur patron.

La liste reste courte, et, si l'on y ajoute Bruno Bich et Michel-Édouard Leclerc, elle se révèle presque complète. Le cas de Serge Dassault doit être considéré à part, puisque, en ce qui le concerne, la tentation dynastique venait plutôt du fils.

Un patron qui peut organiser sa succession a beaucoup de chance. Mais partir sans le faire, n'est-ce pas laisser sa toile sans signature ? Il est néanmoins essentiel qu'il sache d'emblée qu'un successeur ne doit que rarement être un continuateur. Le changement d'homme est le moment rêvé pour le renouvellement des idées, des méthodes et même des objectifs. Ce n'est donc pas seulement par courtoisie, mais par respect des rythmes vitaux de l'entreprise, que l'ancien devrait accepter de ne rien dire sur le nouveau, sauf pour l'aider.

Le métier de patron est absorbant. L'osmose entre l'homme et l'organisation est aussi souhaitable qu'inévitable. Aussi le jour où doivent soudain diverger leurs chemins ne peut-il qu'être chargé d'émotion. C'est toujours une perte pour le patron, quelquefois aussi pour l'entreprise. On ne peut l'esquiver ni la gommer ; il convient seulement de travailler quotidiennement à s'y préparer au mieux. Alors, peut-être, à l'heure du départ, la fierté tendra un mouchoir à la nostalgie.

CONCLUSION

Cinq traits de caractère

Serait-ce un art ? – L'essentiel reste informel. – Les écueils du métier. – Patiner face à la nouveauté. – Gagner est facile. – Empathie, adaptabilité, générosité, courage, ténacité. – La ratification quotidienne. – Un métier d'homme libre.

Métier... Dans l'étymologie du terme, il y a du « ministère » et un poil de « mystère ». Paul Valéry remarque : « Métier, c'est ministère (dans lequel *minus* s'entrevoit)... Le langage a utilisé ce mot dans des locutions dont l'une en relève le sens : métier de roi, l'autre le réduit à désigner une machine : métier à tisser » *(Regards sur le monde actuel)*.

On découvre avec surprise que dans la liste de plus de cent cinquante métiers que donne le *Robert* (comme ânier, balutier, champignonniste, coltineur, fakir, grutier, journaliste, meneur de jeu, perceur, saute-ruisseau, script-girl, suisse, torero, vermicellier et walkman), le mot patron n'apparaît pas. Si ce n'était donc pas un métier, serait-ce un art ?

On ne lui connaît pas de manuels, ni de

techniques répertoriées, pas même d'écoles. Pas plus que pour les métiers de parent, d'ami, d'amant, de chef d'État. Pourtant, parmi ceux-ci, il y a des bons et des mauvais, et les différences nous sont souvent cuisantes. N'a-t-on pas, dans tout ce qui affecte les autres, besoin d'un peu de talent ?

S'il y a de l'artiste chez le patron, c'est davantage comme exécutant (Karajan, quel patron !) que comme créateur (Arnault embauche Lacroix ou Ferré, et moi les meilleures plumes possible). Mais ce qui reste commun avec l'artiste, c'est que par-delà l'expérience, la pratique, le travail, l'essentiel demeure informel et intuitif. Sur ces marges inorganisables se joue l'écart entre le convenable et l'excellent.

Ce livre n'aurait pas été honnête s'il avait prétendu offrir des recettes. Chacune risquerait d'être démentie dès le lendemain par quelque situation imprévue. Mais n'est-il pas dans notre nature d'essayer inlassablement de cerner au plus près l'inexplicable ?

Comment peut-on devenir, puis rester un bon patron ? Réexaminons une dernière fois cette question en l'abordant *a contrario*. Le plus modeste mérite du métier n'est-il pas de durer, de ne pas échouer ? Et comme on apprend davantage de l'échec que du succès, l'équipement minimal du patron ne serait-il pas de bien connaître les écueils du métier ? On ne dressera pas ici la liste des accidents ou circonstances extérieurs sur lesquels chacun n'a guère d'influence, mais celle des traits et comportements particuliers qui semblent constituer nos plus fréquentes entraves. Quand on scrute l'histoire de dirigeants qui n'ont pas réussi leur parcours, on en vient à dégager cinq pièges courants :

- *mauvaises capacités relationnelles :* que ce soit la plus répétitive des causes d'échec ne saurait surprendre. Ceux qui en souffrent franchissent même rarement les ultimes étapes vers les postes de commandement. Quels que soient leurs connaissances, leurs diplômes ou leurs compétences, ceux qui ne savent pas écouter, ni accepter la critique, ni la décerner à bon escient, sont incapables d'obtenir l'adhésion de leurs subordonnés. Leur attitude face aux conflits est significative : ils en ont peur, les considèrent comme négatifs, et donc les fuient, au lieu de les accepter comme inévitables et de s'attacher à les régler.

- *inadaptation au changement :* il ne s'agit pas ici seulement du conservatisme rond-de-cuir de ceux qui refusent le principe même du changement. A ceux-là manque l'envie même de la course. Mais nombre de responsables qui, longtemps, ont pu réussir à leur poste, pendant une certaine phase de la vie de l'entreprise, semblent soudain patiner ou bégayer face à la nouveauté. Le plus souvent, ils ne s'en rendent pas compte eux-mêmes, au grand embarras de leur environnement qui ne peut faire abstraction de leurs mérites antérieurs. Comme cette inadaptation peut se manifester à n'importe quelle étape du parcours, il n'est pas rare, nous l'avons vu, que des patrons déjà affirmés s'en révèlent affectés. S'ils ne peuvent changer, ou si personne ne peut les déloger à temps, c'est toute l'entreprise qui se retrouve en position d'échec.

• *narcissisme envahissant* : à tous les niveaux, chacun a besoin d'être reconnu, apprécié, valorisé. Mais, chez certains, cette demande s'exacerbe au point de leur boucher l'avenir. Peut-on, en effet, aborder les cimes si l'on continue à avoir besoin qu'un chef vous fasse des compliments ?

Surtout, ceux qui tendent à s'attribuer le mérite du succès ou à s'arroger un maximum de pouvoir finissent par lasser quiconque travaille pour eux. On ne peut se faire accepter comme patron sans un minimum de générosité.

• *pusillanimité* : le jeu consiste à agir, et tout le monde n'aime pas le risque. Il est facile de s'évader dans l'étude et l'instruction du dossier sous prétexte qu'aucune décision n'est jamais parfaitement préparée. Même chez certains grands chefs, on est surpris de constater une réelle difficulté à trancher. Encore la crainte, encore le manque de confiance en soi, parfois l'absence de courage. C'est renoncer à disposer des outils du métier.

• *faible coriacité :* gagner est facile, tout le monde en est capable. Mais la déconvenue et même l'échec font partie du lot et, fatalement, se présentent. Ceux qui les supportent mal oscillent entre le refus de les admettre et l'incapacité de s'en remettre. Il n'est pas de vrai patron qui n'ait su traverser les épreuves, s'endurcir, se blinder, s'accrocher et, si possible, faire bonne figure. On attend de lui, de surcroît, qu'il sache ensuite rebondir.

De ce portrait en creux ressortent les cinq traits que l'on peut attendre de tout candidat-patron : empathie, adaptabilité, générosité, courage, ténacité. Traits de caractère, bien sûr, qui ne font donc pas la première place à ce que notre système scolaire place au zénith : intelligence et connaissances.

Traits qui ne sont ni surprenants, ni spécifiques. On aimerait en voir dotés tous ceux que l'on est amené à côtoyer dans la vie, puisque ce sont ceux des hommes de bonne volonté. Mais, dans le cas d'un patron, ils revêtent un caractère impératif dans la mesure où ils conditionnent son succès.

S'il y avait une seule idée à retenir sur le métier de patron, peut-être la toucherait-on du doigt en faisant cette simple constatation : on est patron que si les autres pensent que vous l'êtes.

Patrons de bistrot ou de multinationale, ils n'ont guère besoin d'avoir fait les mêmes études ni de penser au même niveau ; mais, pour réussir à la tête de leur entreprise, il leur faut, à l'un comme à l'autre, être reconnus par les autres. Cette ratification quotidienne découlera de leur comportement et de leur tempérament bien plus que de leurs raisonnements.

S'il faut des diplômes pour occuper un nombre croissant de positions dans la pyramide sociale, ils ne sont pas indispensables pour se proclamer patron. Mais, sur la durée, on n'échappe pas à la nécessité de faire partager cette opinion aux autres, ni d'apporter la preuve d'un succès régulier. Pas de concours, donc, mais un contrôle continu des capacités.

On peut refuser cette exigence permanente et préférer des fonctions moins exposées. Mais elle est consubstantielle à ce qui fait d'une vie de patron un métier d'homme libre, et donc responsable.

Samsara,
septembre 1989.

DIX GRANDS PATRONS

par

Perla Servan-Schreiber

Pourquoi eux ?

« *Patron* » *:* sur son passeport, aucun ne l'a écrit. Arnault, De Benedetti, Bouygues se disent « ingénieurs » ; Bolloré, Chevalier, Riboud et Tapie se présentent comme « industriels » ; Lagardère, comme « président de société », Rousselet comme « administrateur (seulement ?) de sociétés » ; quant à Trigano, il s'est sacré G.O., « organisateur de vacances ». Cher Gilbert !

Peut-être était-il encore mal vu ou présomptueux de se dire patron quand ils ont établi leur document de voyage.

Aujourd'hui, la profession ne figure plus sur les nouveaux passeports. Mais la notion de « patron » entre-t-elle bien dans cette rubrique ? Cette appellation typiquement française n'est-elle pas davantage un *métier*, assimilable à celui d'un artisan qui s'appuie sur des techniques et des hommes, un métier qui ne s'enseigne pas, qui s'invente pour soi, à ses mesures ? Un « beau métier », disent ceux qui l'exercent, mais peut-être plus encore un tempérament ?

Pourquoi dix portraits et pas davantage ?

Pourquoi les « dinosaures » du métier et non pas des anonymes méritants et tout aussi authentiques ? Pourquoi même ces portraits, comme un bref album de famille ?

Il n'était pas réaliste, devant un troupeau d'individualistes, de tenter d'élaborer un échantillonnage représentatif. L'image aurait perdu en relief et en singularité. Ni modèles, ni même exemples, nous n'avons fait que réunir des « cas », comme on dit dans les *business-schools.*

Mais quels cas ! Dix des plus médiatisés du métier, à la mesure de leur réussite éclatante. D'autres patrons sont aussi célèbres qu'eux, et tout aussi patrons ; mais, puisqu'il fallait choisir, nous avons privilégié ceux qui avaient façonné personnellement leur empire. Certains l'ont créé, comme Bouygues ou Rousselet ; d'autres sont partis d'une entité symbolique, comme Bolloré, Trigano ou De Benedetti ; d'autres enfin l'ont assemblé à partir de pièces qui, sans eux, ne seraient pas devenues puzzles, comme Chevalier, Riboud, Tapie ou Lagardère.

Ce sont tous des hommes car, en France, aucune femme patron n'a encore réalisé un parcours comparable.

Signe des temps, à part nos deux septuagénaires, Antoine Riboud et Gilbert Trigano, tous sont des capitalistes combinant le sens de la propriété et l'exercice du pouvoir. Aujourd'hui, même Alain Chevalier a franchi ce Rubicon. Mieux vaut tard que jamais...

Une réflexion sur le métier de patron trouve

son complément naturel dans des portraits en action. Car ce qui fait le patron, c'est avant tout son tempérament, son rapport personnel avec un réel mouvant. A défaut de pouvoir vous les faire rencontrer personnellement, nous avons voulu essayer de vous les faire approcher. Leur image est bien connue, leur épopée industrielle ou financière a été largement décrite dans la presse ; ces dix portraits s'attachent surtout à débusquer les ressorts de leur dynamisme, ce qui les fait courir, et quelques secrets de leur réussite.

C'est avec leurs obsessions, leurs fantasmes, leurs angoisses, leurs intuitions qu'ils ont inventé ce métier et accompli leur destin. Qu'ils soient tous remerciés de nous avoir accordé un peu de ce qu'ils ont de plus précieux : leur temps.

Huit à dix heures, étalées sur plusieurs mois, on été nécessaires pour faire parler chacun de lui-même. Malgré les innombrables interviews qu'ils accordent, cet exercice leur a paru inédit. Ils nous ont même dit y avoir pris plaisir. Il est vrai qu'ils n'ont guère le loisir de souvent et longuement réfléchir sur eux-mêmes, de prendre du recul. Ce ne sont pas non plus des adeptes du divan. En auraient-ils seulement le temps ?

Pour mettre en perspective cette vision d'eux-mêmes, nous avons également interrogé leurs collaborateurs, secrétaires, épouses, enfants, et même leurs adversaires. S'ils sont ici, tous les dix, traités d'un œil bienveillant, c'est que notre but n'était pas de les mettre en cause, mais de les mettre en scène. Avec un pareil parcours, tous ont forcément commis quelques dégâts sur leur passage. Mais, au total, ils jouissent de la considération de leurs contemporains et suscitent chez les jeunes l'envie d'être à leur tour patrons.

La rapidité avec laquelle le monde du *business* se transforme, ils en sont eux-mêmes une illustration éclatante. Pendant les dix-huit mois de préparation de ce livre, Alain Chevalier est passé de L.V.M.H. à Balmain, du statut de grand manager international à celui de patron propriétaire de P.M.E., et Bernard Arnault l'a remplacé. Francis Bouygues a cédé son fauteuil à son fils Martin, sans vraiment prendre sa retraite. D'entrepreneur et financier, Bernard Tapie s'est mué en député-président de club de football. Et tous les autres ont accru de façon spectaculaire leur implantation internationale. Les événements changent, leur tempérament reste le même. Leur réussite est le fruit de leur énergie individuelle. Hommes de front ou stratèges d'état-major, ils ont osé aller à contre-courant pour créer, développer, apprendre et s'accomplir.

A chacun sa vérité ; leur exemple vaut comme encouragement, non comme impératif. Comme les artistes guidés par leur intuition, leur tempérament et leur expérience, ils créent à partir de ce qu'ils sont. Tantôt visionnaires, tantôt attentifs aux moindres détails, ils fonctionnent à deux vitesses. Franchir le cap de la délégation a été souvent pour eux le plus difficile. Ce qu'ils aiment particulièrement, c'est faire et animer une équipe en toute liberté. L'argent ne semble pas être leur premier moteur, non plus vraiment que le goût du pouvoir. Certes, aucun n'est indifférent à la reconnaissance sociale, et certains sont amoureux de leur produit (qu'on se souvienne d'Antoine Riboud brandissant son « Carambar » sur le plateau de *L'Heure de Vérité* !...). Mais, surtout, ils n'échangeraient leur place contre aucune autre.

BERNARD ARNAULT

Le Prince de l'avenue Montaigne

Il aurait pu tenter une carrière de virtuose. Mais, dit-il, « il ne suffit pas d'être doué ; il faut être surdoué... »

Ils sont comme ça, dans les grandes familles du Nord. L'ambition lucide, vertu bourgeoise.

Bernard Arnault s'évade de temps à autre pour faire une heure de piano. Il peut encore s'immerger dans une sonate ou décortiquer un quatuor. Mais il faut croire qu'il était encore plus doué pour autre chose. Tout ne l'y poussait-il pas dans la grande maison familiale de Roubaix ? Le charisme de son père, Jean Arnault, entrepreneur de travaux publics ; la tendresse encourageante de sa grand-mère Savinel, dont le mari avait fondé l'entreprise et qui l'a élevé. Une demeure qu'il n'a quittée que pour entrer en « taupe », puis à Polytechnique.

Le travail et l'esprit d'entreprise, vertus bourgeoises...

Oui, mais servies par une passion dévorante. Oh ! certes, cela ne se voit guère. Physiquement, Bernard Arnault a le type qu'Alfred

Hitchcock aimait chez ses héros : grand, mince, bien peigné, distingué, réservé — pour tout dire, un peu coincé.

Costumes et décor : blazer bleu marine, cuir gris perle, fleurs toujours blanches dans un bureau de taille modeste. Au mur, dessins de Dior en noir et blanc ; deux toiles contemporaines aux couleurs tendres : un Bolin, un Lanskoy. La discrétion, vertu bourgeoise...

Mais souvenez-vous d'Anthony Perkins : le feu sous la glace. Si tout est contrôlé dans l'apparence, l'appétit, le tempérament, l'envergure éclatent dans le curriculum et le regard. Un regard franc, fortement souligné par d'épais sourcils à la Pompidou qui donnent à ce visage plutôt angélique, aux traits réguliers et au teint diaphane, un côté luciférien.

D'une voix douce, il accouche avec précaution de mots simples, de phrases courtes, d'expressions courtoises. Mais nul n'ignore qu'il sait se montrer dur en négociation et licencier sans trop d'états d'âme. L'autorité, vertu bourgeoise...

D'où l'impression ambiguë que laisse le premier contact : de la sérénité, mais aussi un certain malaise chez cet homme jeune qui a peut-être grandi trop vite. A quelqu'un qui le qualifiait de héros romantique, il répondit : « Avoir l'air d'un héros romantique, cela sert parfois dans les affaires ; le tout est de se contenter de l'apparence. »

Claude Gros, son ami et conseiller, le définit

ainsi : « Il sait décider, reconnaître ses erreurs et s'entourer. »

Sous quelles influences l'homme du Nord a-t-il grandi ? L'entreprise : il l'a goûtée au biberon. Sortant de l'école, il entre tout naturellement chez Ferret-Savinel, chez Papa. Mais l'héritier a ses idées. Il va jouer sa première grosse partie : délaissant la construction, il recentre l'affaire sur la promotion immobilière (« Férinel, propriétaire à la mer... », c'est lui). Premier succès.

L'Amérique : en 1981, Férinel a de l'argent à placer, mais la gauche arrive au pouvoir. Si Bernard s'en va voir là-bas, c'est qu'« il fallait être fou pour investir en France en 1981 ». Il apprécie la façon de travailler des Américains : « des sacrés requins ». Mais enfin, sa vie n'est pas là et quand, en France, Fabius se fait rassurant : Arnault revient.

Le textile : il rachète Boussac mais il n'y connaît rien. Il passe alors un accord avec Julien Charlier, patron de D.M.C., autre grand de la profession, et, en six mois, sur le tas, il apprend tout ce qu'il a besoin de savoir.

1984 : Boussac est un monstre qui n'en finit pas de mourir et dévore cent millions de *cash* par mois. Un sac de nœuds national qui donne des insomnies à l'*establishment* énarchique. Bernard Arnault a 35 ans et traîne ses guêtres en Amérique, cependant que Pierre Godé, l'avocat de son père (il va devenir son collaborateur le plus proche), lui recherche « une affaire en difficulté avec du potentiel ». Boussac ? Une chance sur mille que l'affaire soit redressable. Une chance sur mille que tous les intéressés puissent se mettre d'accord... Bernard va néanmoins conclure avec les propriétaires d'alors, les frères Willot (autre grande famille du Nord). Fantastique coup de dés ? Oui, mais surtout — après coup, on peut le dire ! — le premier exemple de la méthode Arnault : d'abord y voir clair dans tous les recoins, puis agir sans hésitation.

Chez Boussac, il y avait une pépite : Dior. On la garde, et on en fera le fer de lance du développement ultérieur. Des vaches à lait : Peaudouce, Conforama. On vend l'une aux Suédois, on introduit l'autre en Bourse pour récupérer des sous. Le reste ?... Arnault ouvre les placards, aligne les cadavres, se collette avec le comité d'entreprise (le plus grand de France : 80 syndicalistes de tous bords !), et, en trois ans, à chiffre d'affaires égal, réduit les effectifs de moitié, alors qu'il s'était engagé à n'en rien faire. Commentaire d'Arnault : « Je n'aime pas ça, mais je l'ai fait. Parce que si vous commencez à les écouter... »

Ce jour-là, son image était faite. Il avait osé dire une chose et faire son contraire. Sacrilège. L'*establishment* parisien affecte de ne pas lui pardonner.

1988 : la prise de Louis Vuitton-Moët-Hennessy (comme on dit la prise de la Smala d'Abdel-Kader par le maréchal Bugeaud). Beaucoup plus fort encore...

Résumons : il y avait Henry Racamier, un vieux monsieur à qui un miracle était arrivé — bluffer le monde entier, jusqu'aux Japonais, en imprimant les initiales familiales L.V. sur de la toile plastifiée marron ; et Alain Chevalier, un énarque à qui des actionnaires familiaux (Chandon, Mercier, Hennessy, de Voguë) avaient confié la gestion de véritables pactoles, champagnes et cognacs. En 1987, le capitaliste autocrate et le manager *successful* marient leurs entreprises. L.V. et M.H., avec leurs marques prestigieuses, forment un groupe magnifiquement rentable.

Et Bernard Arnault, dans tout cela ? Rigoureusement absent. Pourtant, deux ans plus tard, c'est lui le patron de L.V.M.H. On n'en finirait pas de raconter le feuilleton : pourquoi Racamier et Chevalier ne s'entendaient pas, comment ils demandèrent à la banque Lazard de les départager (après les avoir mariés), comment Chevalier appela Guinness à son secours, et pourquoi Racamier introduisit Arnault, enfin, les amours compliquées de celui-ci et des Anglais... Toujours est-il que Chevalier fut poliment remercié, Racamier noyé dans la procédure. L.V.M.H. n'a pas été démantelé, et Guinness n'a pas décroché le coquetier. Arnault, oui.

Chic pour le projet d'entreprise, mais choc pour l'image ! Tout a un prix... le succès aussi.

Un *raider*, alors ? Pas si simple. A la question : « financier ou industriel ? », il répond « industriel d'abord », presque avec chaleur : « Ce que j'aime, c'est bien comprendre un *business*, bien voir où sont les marges, les risques, les potentialités du marché, faire les grands choix stratégiques... Et puis constater, au bout de quelques années, qu'on a pris des risques, mais que, finalement, c'est payant. Voir les incrédules d'hier gonflés à bloc. Voilà ce qui me plaît ! ».

Pourtant, au *kriegspiel* financier, aux savants montages de participations en cascade, il se montre redoutable, mais « par nécessité, pas par vocation. N'être que banquier me rendrait neurasthénique. Si je m'occupe de finance, c'est seulement pour garder ma liberté, parce qu'un industriel sans dimension financière est à la merci du capital ».

Comme d'autres grands manœuvriers, il sait inscrire ses « coups » dans une ligne stratégique : « bâtir le premier groupe mondial du luxe ; quelque chose de solide et de durable, qui prenne tout son sens dans quinze ans. » Au demeurant, la vision stratégique est une nécessité : pour motiver les gens, convaincre les financiers et le marché, « il faut avoir un message, quelque chose à dire qui soit fort ».

Mais sa passion a d'autres dimensions. *Esthétique*, notamment. Ce n'est pas un hasard s'il a installé son bureau avenue Montaigne, en haut de chez Dior, l'entreprise de haute couture la plus célèbre du monde... Goût du produit noble sans fracas, homothétique de son style de vie. *Éthique,* aussi : si dur qu'il soit parfois, il y a pour lui des choses qui ne se font pas. « Je ne mens jamais, dit-il. Ça fait gagner du temps. » Bernard Arnault est « un esthète de l'action », confie Pierre Godé, qui le connaît bien. Une personnalité autrement plus complexe, en tout cas, que celle d'un spéculateur boursier.

Celui qui a sans doute exercé le plus d'influence sur lui est Antoine Bernheim, *partner* à la banque Lazard. Il l'a rencontré lors de l'affaire Boussac. « Ce qu'il m'a appris, c'est saisir les opportunités. Dans les affaires, tout repose sur un bon *timing.* » Avant qu'il ne lance son O.P.A. sur L.V.M.H., Bernheim lui avait conseillé : « Ne vous précipitez pas. Attendez, ce sont eux qui viendront vous chercher... » C'est bien ce qui s'est passé. Un pareil flair, appuyé sur une parfaite connaissance du paysage financier : quoi de plus précieux ? Antoine Bernheim fut le conseiller de la première heure ; il est, aujourd'hui, son Richelieu.

Si Bernard Arnault parle peu, il sait écouter et apporte le plus grand soin au choix de ses collaborateurs. La directrice de Dior, Béatrice Bongibault, il l'a cherchée pendant trois ans. Pierre Godé est agrégé de droit (sujet de sa thèse : *Volonté et manifestations tacites,* autrement dit : la signification juridique du silence...). Michel Lefebvre, son adjoint, le suit depuis Roubaix.

Dira-t-on qu'il est moins circonspect lorsqu'il

s'agit de licencier ? Il s'en défend : « L'entreprise, ce n'est pas fait pour ça, en principe. Mais quand la majorité des cadres sont mauvais, comme chez Boussac, on ne peut leur répéter tous les matins qu'ils sont nuls... »

Une fois l'équipe constituée à son goût — il travaille directement avec une dizaine de personnes, pas davantage —, ça baigne dans l'huile : « on met tout sur la table, on en discute et on délègue. » Transparence et confiance. « Pas de problèmes, dit Godé. Il suffit d'être simple pour s'entendre avec lui. » « Quand j'arrive au bureau le lundi matin, confirme Arnault, c'est une joie pour moi de retrouver tout le monde. Si j'ai obtenu quelques résultats hors du commun, c'est grâce à leur acharnement. Et on s'amuse beaucoup ! » Acharnement : autre mot clé de son *credo*. Et méthode (on retrouve le polytechnicien) : « J'aime la mise en œuvre et le suivi. »

Sa secrétaire gère tout, sauf son agenda. Diorissime jusqu'au bout des ongles, elle choisit ses costumes, ses cravates, ses cadeaux de Noël, ses menus de déjeuner — avec ou sans chocolat, selon le verdict de la balance —, prend tous ses appels téléphoniques (comme il l'exige) et donne au chauffeur le planning de la journée. Elle connaît son horreur de l'intendance (presque autant que du tutoiement) ; alors, elle « assure » avec délices...

Stressant à force d'être exigeant, il a besoin d'avoir en permanence à sa portée ses trois principaux collaborateurs. Pierre Godé, son Attali, travaille sur tous les dossiers. « Il m'a sorti de l'ennui pour vivre l'aventure... Avec lui, je me sens moi à 100 %. » Peut-on rêver plus belle déclaration ? Pour mieux nous éclairer sur le personnage, Pierre Godé ajoute : « Avec lui, on ne substitue pas l'idée à la réalité. »

Grand travailleur, pragmatique et efficace, Bernard Arnault n'aime ni le bavardage ni le délayage. La fantaisie, il laisse ça aux couturiers, et l'humour à ceux qui savent s'en servir. Il a une conception claire du management : un bon rapport au réel, un talent de simplificateur et une excellente mémoire des dossiers. Une bonne mécanique sans états d'âme.

Avec ses proches collaborateurs, il a un truc : fixer des délais impossibles et les raccourcir encore. Chez Boussac, il avait institué ce qu'il appelle des « actions de progrès » : chaque cadre devait imaginer — et réaliser — dans son budget semestriel, au moins cinq améliorations précises (en général de productivité). « Vous voyez cela ? Avec 500 cadres, cela faisait 2 500 actions concrètes à suivre ! L'intérêt du système, c'est qu'il permet de formaliser les améliorations. »

Ses réunions sont planifiées sur l'année. Tous les lundis, avec les « dix », sans ordre du jour précis, on ventile les tâches. Tous les mois, par secteur (luxe, distribution, industrie), on épluche les résultats. Tous les trimestres, un déjeuner avec les directeurs des principales sociétés. Enfin, entre juin et novembre, réunions budgétaires avec plan à trois ans.

Entreprendre, organiser, diriger : à l'évidence, c'est son truc. « Au commencement était l'action », pourrait-il répéter après Nietszche. La volonté de puissance, ça le connaît.

Dernier ressort fondamental : surtout, garder les mains libres. Il a toujours pris soin de « travailler avec son argent » (fût-ce aussi avec pas mal de partenaires). Entre deux modèles qu'on lui propose, Giovanni Agnelli et Carlo De Benedetti, il préfère Agnelli, « parce qu'il est insubmersible ». C'est évidemment ce qui le distingue d'un manager pur, et fait de lui le prototype de la nouvelle race de capitalistes-entrepreneurs-gestionnaires, d'autant plus exigeants qu'ils sont responsables et engagent leurs propres fonds...

Ajoutez à cela un bon flair stratégique et une garde prétorienne sans faille : la panoplie d'un grand chasseur.

Il traque les entreprises et les individus à fort potentiel. Le meilleur exemple en est Christian Lacroix. Non content d'être devenu le Prince de l'avenue Montaigne (Givenchy au nº 8, Dior du nº 26 au nº 32, Céline au nº 38 et Louis Vuitton au nº 54), Bernard Arnault décide de révolutionner le Faubourg Saint-Honoré. En novembre 1986, au Bristol, il rencontre l'enfant terrible de la Haute Couture. Un mois plus tard, ce Camarguais de 35 ans aux chemises fuchsia et aux cravates jaunes à pois noirs signe avec « le monsieur-tout-gris » — ainsi nomme-t-il Bernard Arnault dont l'intelligence le fascine, l'impatience le désarçonne, mais dont le regard le séduit, parce qu'il « exprime l'émerveillement ». Avec humour et talent, celui qui faillit être conservateur de musée va ensoleiller l'univers sage et figé de la mode parisienne. Dès son premier défilé, le voici porté aux nues par les critiques du monde entier. Moralité : il lance son premier parfum en janvier 1990. Pour Bernard Arnault, avec un peu de chance, c'est le début du *jack-pot.* Il a misé, il veut gagner.

Voici donc notre provincial, quarante ans tout juste, installé sur les cimes du pouvoir économique et du « chic » commercialisé, avec en portefeuille — valorisé à deux milliards — le faste, le rêve, la tradition et le talent. Dior et Christian Lacroix, Dom Pérignon et la Veuve Cliquot, Vuitton et Moët et Chandon, Givenchy et Hennessy, sans oublier, à l'étage au-dessous, Conforama, Céline, le Bon Marché. Toutes ces marques connues dans le monde entier font partie, au même titre que la Tour Eiffel, du patrimoine de la France. En être le patron, n'est-ce pas être un peu l'ambassadeur des Français ?

Sa grand-mère, « qui le prenait pour un dieu », nous dit sa femme, le trouverait sans doute aujourd'hui à sa place.

Avec les autres, il est capable de frapper fort, afin qu'on le respecte, mais aussi de séduire par des vertus simples — bon sens, efficacité, détermination. Il sait se tenir à bonne distance, autrement dit assez loin, et, ruse suprême, se cacher derrière sa transparence. Avec toujours ce mélange déroutant d'éthique et de pragmatisme : « En dehors du fait que ce n'est pas mon style d'être inamical, je crois que ça ne marche pas ! » Des nerfs solides, un ego bien rodé, capable de se dominer, sauf face à la critique, et au besoin de se cravacher physiquement et mentalement. Il a deux ou trois décennies devant lui pour mettre en œuvre ses moyens intellectuels et financiers dans une activité qui dominera, au siècle prochain, la planète post-moderne... De quoi être emballé, non ?

Lui reste calme, mais n'en pense pas moins.

Heureux ? « Réussir lui a fait du bien, il est plus épanoui », confie sa femme Anne — une Dewavrin, encore une grande famille du Nord. On peut compter sur lui pour maintenir ferme la tradition bourgeoise : tennis, piano, vacances à Saint-Tropez et regard attentif sur les devoirs de Delphine et Antoine, ses enfants.

Quand le stress menace, il va se coucher. Et il dort.

CARLO DE BENEDETTI

Padre Padrone

Quarante et un volumes de proportions encyclopédiques, luxueusement reliés, occupent deux rayons de sa bibliothèque à Turin : c'est le *press-book* de Carlo De Benedetti.

Mégalomanie ou signe des temps ? Dix ans ont suffi à l'*ingegnere* pour s'imposer sur la scène internationale. Son secret ? Charme, intuition et charisme en trois langues, avec juste ce qu'il faut d'accent pour vous rappeler qu'il est né au pays de Garibaldi, de Mastroianni et d'Agnelli.

Déterminé à réussir, tenant à être reconnu, il avait le choix : l'industrie ou Cinecittá. La culture familiale a tranché : ce sera l'industrie. Sourire assassin, œil de velours et voix sensuelle : Carlo n'en est pas moins une star.

« Ingénieur juif » : ainsi lui arrive-t-il parfois de se définir lui-même, comme si gisait là quelque savoureuse contradiction, et il ajoute : « Ma mère était catholique et a eu une grande influence sur moi. »

Carlo De Benedetti est une personnalité

complexe qui semble se régaler de sa complexité : « J'aime m'analyser, avoue-t-il. Je suis un cocktail d'extrêmes ! » De fait, au petit jeu du portrait balancé, on n'en finirait pas d'aligner les contrastes : patron de gauche, marginal de l'*establishment*, père attentif toujours absent, gagneur angoissé, gestionnaire industriel et *superman* de la finance... Et encore : intuitif et rationnel, fonceur et cyclothymique, comptable et philosophe, séduisant et solitaire... Quel trousseau de clés pour un seul homme ! Le lien : un charme insolent.

Ingegnere, certes. Diplômé de l'École polytechnique de Turin, il a dirigé pendant treize ans, de 1959 à 1972, l'entreprise familiale (une fabrique de tubes métalliques flexibles). A ses débuts, à 28 ans, il n'imaginait guère ce que serait son avenir : « Je n'ai jamais programmé mon existence. Une chose en a entraîné une autre... » Il savait seulement qu'il voulait réussir, et pourquoi : pour échapper à l'insécurité, être indépendant (son obsession), peut-être aussi pour prouver à son père qu'il était aussi doué que son frère Franco.

Motivations puissantes, il faut croire. En treize ans, les effectifs de l'affaire familiale passent de 50 à 1 500 personnes. La crainte de l'insécurité, c'est sa « part juive » : un sentiment permanent d'incertitude, de précarité, qui lui vient des années de guerre, « lorsque nous avons dû partir d'Italie sans un sou, et que j'ai vu pendant deux ans mon père peler des pommes de terre dans un camp de réfugiés en Suisse... ». La crainte, dit-il encore, de la « déchéance », de voir le monde s'effondrer autour de lui, sa maison « couverte de poussière et sans fleurs » ; la déchéance qui, pour un patron, s'appelle faillite ou nécessité de vendre. Et la conviction diffuse que « tout se paie » un jour. Mais il sait aussi transmuer cette angoisse en énergie et redémarrer chaque matin, revigoré : « C'est difficile à vivre, mais on doit mériter ce qu'on est ! »

« Tout se paie » : c'est sa petite musique à lui, celle qui nourrit son appétit de croissance et aiguise son sens du réel. « Je n'arrive jamais à m'abstraire de cette idée, sauf dans des instants rares, devant un paysage ou un tableau. »

Rien ne paraît pourtant pousser à l'inquiétude, dans le douillet bureau-bibliothèque turinois où il nous reçoit entre deux avions. Une maison toute à son image : solide, carrée, accueillante, rassurante, sous la garde d'Armaduck, le labrador beige. Le mobilier est classique, choisi avant tout avec souci du confort. C'est un homme seul, ou presque, qui vit là. Pas de luxe, sauf quelques toiles contemporaines qui manifestent son goût pour la peinture. Sa préférence va à un beau Francis Bacon : portrait d'homme sur fond vert, au visage défiguré par l'angoisse, le doute et la souffrance. « Je trouve qu'il me ressemble », confie-t-il.

A part ses maisons (Turin, Milan, Rome, Genève et en Sardaigne), ses tableaux et, bien entendu, ses entreprises, il se dit peu tente par l'instinct de propriété ni par l'argent (« que je n'ai pas le temps d'utiliser »). Il regretterait même de n'avoir plus rien à désirer, sauf peut-être un tableau : « C'est bon de se dire : celui-là, je ne peux pas me le permettre. » Toujours le goût de l'insatisfaction, le besoin de se réserver encore une bataille à gagner.

Toute sa carrière, si riche en tournants brusques et en éclats inattendus, peut se lire à la lumière de cette pulsion fondamentale : se prouver à lui-même qu'il peut faire autre chose, plus et mieux, et s'en aller s'il en a envie : gagner, mais garder sa liberté.

Pourquoi cette impatience à quitter l'entreprise familiale ? Parce qu'elle bridait son désir de croissance et n'offrait intellectuellement qu'un horizon somme toute limité. A son père qui pensait que seule la qualité fait vendre, il objectait : « La technique, ça n'existe pas. La réalité, c'est la liaison entre le produit et le marché. » Telle fut sa première intuition stratégique : chercher sans relâche où se forme la « valeur ajoutée », et s'y porter par priorité.

Cette réflexion permanente le conduira bientôt aux activités financières, et fera de sa vision du monde des affaires l'une des plus sophistiquées qui soient.

En 1972, pour se donner de l'air, il introduit l'entreprise en Bourse et devient P.-D.G. de Gilardini, sa première holding. Du même coup, il apprend la finance, et surtout la façon de s'en servir, c'est-à-dire comme d'un marché doublé d'une obligation morale : faire prospérer l'argent des actionnaires comme le sien, et, réciproquement, obtenir leur confiance en misant son propre argent.

Les circonstances aidant, armé de cette logique aiguisée, il va « lever » en quelques années des capitaux énormes, quitte — c'est bien lui ! — à le regretter un peu, au second degré : « C'est un puissant ressort que l'obligation de rendre des comptes. Mais je suis devenu une machine à faire de l'argent pour mes actionnaires, un matérialiste forcené. Je n'ai plus le droit d'avoir une vie personnelle... »

Il n'empêche que son groupe — participations dans l'électronique, l'alimentation, la finance, la métallurgie, les assurances, la communication — est aujourd'hui le troisième d'Italie (la C.I.R.) et la quatrième holding financière privée en France (Cerus). Le tout est placé sous une bannière orgueilleusement timbrée à ses armes, la COFIDE (Compagnie Financière De Benedetti).

Mais attention, la finance n'est pas tout : « Pour moi, c'est un moyen dans lequel il faut avoir une certaine expertise, mais qui ne sert à rien si vous n'avez pas de bons produits et des gens capables de les mettre sur le marché. » Pas question, donc, d'abandonner l'industrie. En avril 1978, il devient vice-président chez Olivetti, qui filait un mauvais coton et dont il est l'un des principaux actionnaires ; en août

1983, il en prend la présidence. Olivetti, numéro un de l'électronique italienne, pionnier depuis toujours en matière sociale : belle arène où faire briller ses talents de gestionnaire. En quelques années, après un étourdissant quadrille d'alliances (Saint-Gobain, A.T.T., les Japonais), il lui rend la santé. Plus tard, il réussira un redressement de même ampleur dans l'équipement automobile en reprenant la société française Valéo. Son coup de génie : avoir convaincu Noël Goutard de s'en occuper.

Son style, Alain Minc (patron français de Cerus, un des rares collaborateurs à l'appeler « Carlo ») le définit en quelques mots : « Il a une grande intuition industrielle et un formidable diagnostic sur les gens et les choses. »

L'intuition consiste à trouver les bonnes idées le premier et à ne pas avoir peur de se tromper. Voulez-vous savoir (c'est un tuyau) sur quoi lorgne actuellement Carlo De Benedetti ? Sur la Hongrie, le Portugal et la Turquie. « La Turquie, c'est l'Espagne d'il y a vingt ans, l'Italie d'il y a quarante ans. Elle viendra un jour en Europe. Et aujourd'hui, tu achètes toute la Turquie pour rien. » Mais il attend encore pour y investir.

Quant à son approche des hommes, voilà ce qu'en dit Rodolfo, son fils aîné, 28 ans : « Il communique à tout le monde l'envie de se surpasser en donnant l'exemple. »

Participation, communication, motivation, charisme, telle est à ses yeux l'essence même du pouvoir : « Je délègue ce que je peux déléguer, c'est-à-dire tout, sauf le *leadership* et la capacité de conviction. » Mais ce qu'il estime être sa tâche propre — dynamiser les gens —, il s'y donne à fond : « La vie est une bataille, leur répète-t-il. Chaque jour, chaque heure, chaque minute, vous devez être plus fort que le type d'en face ! » Quitte, après coup, à relativiser : « Plus on gagne, plus il est difficile de gagner. C'est la malédiction du succès... » Et de porter sur ses relations avec les autres un jugement froidement lucide : « C'est fatigant de travailler avec moi, parce que je change sans arrêt de longueur d'ondes. Il faut être très idiot ou très intelligent ! Je m'entends mal avec les gens médiocres, qui sont malheureusement la grande majorité. » Sans doute est-ce pour cela qu'il apprécie Alain Minc : « Il me fascine par sa fantaisie intellectuelle, par ses défauts mêmes, comme cette façon qu'il a de rationaliser sur-le-champ sa dernière intuition... »

Au demeurant, compte tenu du rythme de vie dément qu'il mène, voudrait-il se mêler davantage de ses entreprises qu'il ne le pourrait pas. Tous les dimanches soir, il réunit ses principaux collaborateurs (cinq ou six, pas davantage, dont Rodolfo) dans sa maison de Turin. Ordre du jour : les motiver. « C'est comme à la chasse, dit-il, il faut que chacun sache qu'il a un objectif — la croissance — et que le reste de la semaine il sera seul. » Quant à lui, du lundi au vendredi, il change de lit tous les jours : Ivréa, Turin, Rome, Milan, Paris, Bruxelles. Deux fois par an, il passe cinq jours au Japon (pour Olivetti) ; une fois par mois, trois jours aux États-Unis (il y a aussi des intérêts qui lui ont donné, dit Alain Minc, « une culture des affaires très anglo-saxonne »). Et une fois par semaine à Paris. Il estime travailler quatorze heures par jour, de 6 à 22 heures. Son agenda, établi un an à l'avance, en novembre, est un puzzle surréaliste : dix-huit conseils d'administration par an, une quinzaine de réunions de contrôle de gestion (il y tient beaucoup !) par mois, sans compter les interventions, les contacts politiques, et quatre heures par semaine réservées à l'imprévu. Chaque membre de l'équipe de direction peut le joindre à tout instant, où qu'il soit. L'avion, le fax et le téléphone font le reste.

En août 1988, pour la première fois de sa vie, il a pris un mois de vacances, au Mexique, sur les traces des civilisations amérindiennes. Aucune catastrophe ne s'étant produite, il en est encore tout étonné : ne serait-il donc pas indispensable ?

Jusque là, les seuls moments de rencontre avec lui-même, il les trouvait à ski, seul. Son hélicoptère le déposait en haut des pistes, et, après quelques heures de descente, il rentrait chez lui, le cœur et l'esprit oxygénés.

C'est encore le même qui affirme n'avoir aucun secret pour ses collaborateurs (« Je n'en ai pas le temps ! »), ni aucun tiroir qui ferme à clé.

Un pareil homme est bien trop changeant, impulsif et individualiste pour se sentir à l'aise dans l'*establishment*. Toute sa vie dégage un parfum de revanche, comme s'il avait décidé une fois pour toutes de ne compter que sur lui et de prendre un malin plaisir à faire enrager ses pairs. Il n'est pas banal qu'un grand patron comme lui ait compté parmi ses amis un secrétaire général du parti communiste, Enrico Berlinguer, et ait pris la parole à la fête de l'*Unita*.

Un épisode illustre presque caricaturalement son goût de la marginalité : en mai 1976, frappé par la bonne marche de son entreprise familiale de tubes, la famille Agnelli, croyant trouver avec lui une réponse à ses propres problèmes, l'appelle à la tête de Fiat. Directeur général de la plus belle entreprise italienne à 42 ans, quoi de plus flatteur ? Mais le malentendu éclate bientôt. Carlo De Benedetti comprend qu'il ne sera jamais chez Fiat que le numéro deux, alors qu'il se croit né pour être numéro un. Trois mois plus tard, il claque la porte. Il le paiera d'ailleurs fort cher. Avec l'appui des mêmes Agnelli, il s'était laissé tenter par la présidence de l'association des industriels turinois. Deux années au cours desquelles il accède à la notoriété et à la reconnaissance. Sa carrière dans les organisations patronales italiennes s'arrêtera là : il a osé dire *non* au roi...

« Quand votre situation change, vous restez le même, mais les autres ne vous regardent plus de la même façon, et vous ne pouvez plus les regarder non plus de la même façon. »

Il se console sans peine avec Olivetti, où il devient d'emblée numéro un. Le nouveau Carlo est né : merci, M. Agnelli !

Alors, patron de gauche ? « Si être de gauche, répond-il, signifie accepter le dialogue avec les syndicats, ou expliquer aux communistes que le marxisme c'est fini, d'accord ! Mais ce n'est pas parce que le marxisme a fait faillite que le problème social n'existe pas. »

Chez Olivetti, il a cherché une formule de participation et institué finalement une prime basée sur la marge brute de l'entreprise. Sur la marge, non sur le profit, car, dit-il, « c'est entre ces deux notions, marge et profit, que doivent jouer les responsabilités du dirigeant envers ses actionnaires ». Quant à l'*establishment*, « c'est une mafia reposant sur l'ignorance, une façon de faire croire à un pouvoir qu'on n'a pas. L'antidote à la mafia, c'est la démocratie économique, le marché, la transparence et l'information ».

« J'adore être un individu, le contraire de celui qui fait partie d'un troupeau. » Voilà pourquoi il préfère les civilisations orientales, où l'homme est libre, responsable de sa propre vision du monde. Il éprouve la nécessité d'une vie intérieure et son intuition le porte à croire que la vérité d'une société plus juste résulterait d'une convergence entre philosophies orientale et occidentale. Réconcilier Descartes et Bouddha : le prochain pari de Carlo ?

Il n'est jamais à court de formules percutantes, fleurant toujours le paradoxe ou la provocation. Le capitalisme : « C'est la stratégie, plus le contrôle. » L'entreprise : « Croissance *et* gestion ». Un esprit aussi agile retombe toujours sur ses pieds : anticonformiste, entier, impatient. Son impatience, c'est sa faiblesse. Ses échecs — quand il en subit —, il les reconnaît le premier avec une parfaite bonne grâce, et se plaît même à les disséquer afin d'en tirer le meilleur profit. Son plus célèbre faux-pas : la tentative de prise de contrôle de la Société Générale de Belgique ?

La S.G.B., monstre mou, offrait en 1988 une proie tentante dont la conquête aurait définitivement installé l'*ingegnere* sur les sommets du *business* européen. On sait comment il dut finalement renoncer à l'ambition d'en devenir l'« actionnaire de référence » (expression inventée par lui pour la circonstance) et s'incliner devant la crème du capitalisme traditionnel, mobilisé par la Compagnie de Suez. En l'occurrence, la fougue d'Alain Minc ne l'a pas aidé : le diagnostic était bon, l'avance suffisante, mais, comme dit Minc, « nous aurions dû nous rendre compte plus vite qu'on allait être battus et dire : à 25 %, on bloque et on discute. Mais de ce point de vue, mon tempérament lui a rendu un mauvais service. Aucun de nous deux n'a freiné l'autre ». Erreur psychologique, donc, mais qu'en pense Carlo aujourd'hui ?

« J'ai compris trois choses : que l'arrogance ne paie pas ; que l'*establishment*, c'est-à-dire le poids du conservatisme, est plus fort que je ne l'estimais ; enfin que les gens de l'*establishment* ne pensent pas que j'appartiens à l'*establishment*, en quoi ils n'ont pas tort. »

Sur l'affaire elle-même : « Premièrement, l'objectif était juste ; sinon, je n'aurais pas eu de concurrents. Deuxièmement, j'ai provoqué la mutation de la S.G.B., qui va devenir une véritable entreprise. Troisièmement, j'apprends comment élaborer une stratégie d'actionnaire minoritaire, mais néanmoins indispensable. Enfin, je suis curieux de voir comment les autres vont s'en tirer... »

Peut-on faire plus habilement contre mauvaise fortune bon cœur ?

Brun, de bonne taille, juste ce qu'il faut de rondeur pour dire sa générosité, il nous offre, pour parler de lui, ce qu'il a de plus précieux : son samedi, seul jour où il se pose. Il est de ces êtres que l'on rencontre pour la première fois en croyant les connaître depuis toujours. L'empire qu'il contrôle vaut en Bourse quelque 70 milliards de francs, placés dans des entreprises prospères et variées (sa dernière lubie : la communication, avec le triplé : les éditions Mondadori, *La Réppublica*, *L'Espresso*). L'un des rares *businessmen* européens vraiment connus à Wall Street, mais capables aussi bien de vous parler du charme des jardins zen à Kyoto ou des mystères du musée archéologique de Mexico. Au sommet de ses moyens, de quoi peut-il encore avoir envie alors qu'il vient de célébrer son cinquante-cinquième anniversaire ?

De se survivre. De transmettre. Il ne serait pas italien s'il n'y avait pas chez lui un certain sens dynastique. Il aime parler de sa famille.

A propos de sa petite-fille Neige, deux ans, fille de Rodolfo, il dit : « Certains événements sont comme des déclics dans la vie. Pour moi, ça a été de devenir grand-père. » La photo de son grand-père à lui, avocat célèbre, figure en bonne place dans son bureau : « Un beau visage juif, n'est-ce pas ? » Son père a 96 ans ; il y a deux ans, il a fait un grand voyage en Chine. Et il y a ses trois fils.

En 1975, à l'époque où sévissaient les Brigades rouges, le général Della Chiesa lui déclara : « Je peux te protéger, toi, mais pas tes enfants. » Trente-deux ans après leur père, les trois adolescents prirent donc le chemin de la Suisse, dans des conditions certes moins dramatiques. Aujourd'hui, ils sont tous trois autonomes, trilingues et internationaux. Marco, 27 ans, travaille dans une banque à New York. Eduardo, 25 ans, ex-Médecin du monde, exerce aujourd'hui à Genève. Seul l'aîné, Rodolfo, 28 ans, est entré l'an dernier dans les affaires de son père après s'être fait un peu prier. Carlo De Benedetti espère que Marco suivra son exemple, tout en étant parfaitement conscient des ingrates difficultés de la condition d'héritier : « Je suis antimonarchique, affirme-t-il. L'héritage n'est pas un système valable. »

Mais il a fait tout ce qu'il pouvait pour que ses fils soient à la hauteur. Quand ils ont eu 15 ans, il a versé à chacun un salaire annuel afin qu'ils commencent à penser en termes de budget et d'épargne. Puis, à 21 ans, un capital qu'ils sont libres de gérer, mais dans l'indivision : ils ne peuvent pas vendre, mais font ce qu'ils veulent des dividendes. Quand Rodolfo a commencé à travailler, il a été le premier à dire à son père : « Maintenant, tu ne me donnes plus rien. »

Ainsi pense-t-il avoir inculqué à ses enfants le sens de la gestion d'un patrimoine. Car, dit-il, « le plus terrible, c'est de croire qu'on peut toujours pomper sans connaître la profondeur du puits... »

Le voici donc prêt à vivre sa dernière contradiction, la plus douce, mais peut-être aussi la plus irréductible : celle du *padre padrone*, le père-patron, maître de la maisonnée, tenu à la fois d'assumer l'impitoyable guerre des affaires et de cultiver la tendresse des liens familiaux. Curieusement, sur ce point, Carlo n'a pas l'air angoissé.

VINCENT BOLLORÉ

Le sentier lumineux

Il y avait autrefois à Paris, près du parc Monceau, un magasin qui s'appelait « *A l'enfant voué au bleu* ». Les familles bien pensantes venaient y vêtir de bleu leur progéniture consacrée à la Vierge. Le bleu est la couleur préférée de Vincent Bolloré : bleu le costume, bleue la chemise, bleus les yeux, bleus les rêves... Certes, « catholique et breton toujours », il croit en la Vierge Marie, ne manque jamais la messe, et ses enfants fréquentent Saint-Jean-de-Passy. Mais il n'est plus tout à fait un enfant de Marie.

Demandez plutôt à ses oncles qui, il y a quinze ans, partageaient avec le père de Vincent la majorité de l'antique entreprise familiale des papeteries Bolloré, pas loin de Quimper, et qui n'y sont plus rien aujourd'hui !

Il est vrai que l'affaire, spécialisée dans des produits aujourd'hui caducs (papier-bible pour missels, papier-carbone, papier à cigarettes), était alors en si mauvais état que les trois frères en bisbille durent céder progressivement le capital à la Compagnie Financière d'Edmond de Rothschild, ami du père de Vincent. C'est donc à ce dernier que Vincent et son frère aîné Michel-Yves la rachèteront, en quasi-faillite et pour le franc symbolique, en 1981.

Vincent a alors 29 ans. Après de modestes débuts (à 18 ans) dans la banque et un diplôme de droit des affaires passé tout en travaillant, il consacre alors ses talents... à la Compagnie Financière, précisément. Le souvenir de cette manœuvre n'éveille aucun trouble dans ses yeux bleus : « J'étais le cinquième d'une famille qui, elle-même, avait douze branches, donc le cinquante-troisième dans la file d'attente ! Et j'embarquais sur un bateau qui avait le feu dans ses cales ! »

Pour lui, tout commence là. Mais c'est de l'histoire ancienne, et il a fait assez de chemin depuis lors pour asseoir solidement sa légitimité. Les papeteries Bolloré, devenues Bolloré-Technologies, ont d'abord été presque totalement reconverties dans des produits d'avenir (autocopiants chimiques, films pour condensateurs, nettoyants pour optique et... sachets à thé) pour la plupart desquels elles exercent un leadership mondial. Elles exportent jusqu'à 90 % de leurs productions et affichent désormais une rentabilité superbe (15 %). De plus, jouant de son *cash-flow* tout neuf et de son expérience bancaire, Vincent s'est lancé, à partir de 1986, dans une série de raids audacieux visant successivement la holding financière Sofical, le papier à cigarettes Job, la SCAC (transport, voyages, négoce de combustibles et commerce africain), les Éditions de la Table Ronde, le Diner's Club, enfin — après un affrontement avec Elf Aquitaine — la Société Rhin-Rhône, premier négociant français de produits pétroliers.

A première vue, un bric-à-brac, mais qui fait d'ores et déjà du groupe Bolloré une affaire de taille respectable (dix-sept milliards de chiffre d'affaires), dont Vincent souligne la diversification en trois pôles, affirme-t-il, complémentaires : industrie, finance et services.

En fait, pour l'instant, l'élément fédérateur, c'est lui.

Quel rôle personnel a-t-il joué dans cette épopée-éclair ? D'aucuns ne manquent pas d'observer que Rothschild avait commencé à faire le ménage dans la papeterie avant 1981, que l'idée du film en polypropylène vient de l'oncle Gwenn-Aël, et que certains montages financiers de Vincent se révélèrent assez acrobatiques. Pourtant toute l'aventure porte son empreinte, celle de l'efficacité et de l'impatience. Écolier, déjà, quand la maîtresse était absente, il n'aspirait qu'à la remplacer. Il reconnaît d'ailleurs volontiers qu'il a eu de la chance, que son intuition l'a beaucoup servi, et il n'est pas loin d'y voir le doigt de la Providence : « C'est un peu comme si vous étiez perdu dans une forêt ; tout à coup, une grande flèche lumineuse s'allume et vous montre le seul chemin possible. Jusqu'à présent — je touche du bois ! — ce chemin a toujours été le bon : mon mariage, la reprise de Bolloré, le rachat de la SCAC, l'ouverture du capital... »

Telle est la nature singulière de sa religion, mi-superstitieuse, mi-pragmatique : ce qui lui arrive était écrit, c'est tout juste s'il ne se croit pas investi de quelque mission divine. Mais il ne se pose pas de questions métaphysiques, il n'en a pas le temps. Il se contente de croire au Paradis, à son ange gardien, « des choses comme ça ». Avec lui, la religion d'amour devient un guide de la réussite : « Je ne cherche pas à comprendre, mais ça m'est bien utile ! »

Quand il vous reçoit, Vincent Bolloré fait au moins trois choses à la fois : lire son courrier, répondre à vos questions et parler au téléphone, le tout, sans se départir de son sourire. On en est d'abord surpris, puis amusé, avant de se rendre compte que se livrent ainsi les ressorts du personnage : vigilance et rapidité. La perception aiguisée du marin sur l'océan alliée à la promptitude de décision lui permettent, au lieu d'être roulé par les vagues, de surfer sur leur crête. Impressionnant jeune homme, mi enfant de chœur, mi héros de bande dessinée (il a une tendresse particulière pour Buck Dany), dur et lisse comme un galet, il roule, inspiré et triomphant. « Avec lui, on n'existe plus », dit sa femme Sophie (diplômée de Dauphine et ingénieur à la Cegos).

Parfois, cela ne va pas sans quelques tourments. Il a fait la connaissance de la « pieuvre », comme il dit, en 1981 : « J'étais réveillé par de grandes angoisses, l'estomac tordu, et le cerveau qui commençait à travailler, à réfléchir... Alors, je me levais et rentrais dans l'action. » Aujourd'hui, où les affaires vont beaucoup mieux, il continue de se lever tôt. La bataille de 1988 pour Rhin-Rhône a bien failli réveiller la « pieuvre » : « Je l'ai vécue comme une blessure. Je me trouvais devant un gros obstacle et je ne savais par quel bout le prendre, parce qu'il était politique, donc irrationnel » (lui, l'intuitif, déteste l'irrationnel chez les autres).

Debout vers 5 h 30, il dispose de deux heures de travail tranquille entre 6 et 8 heures. A huit heures — c'est sacré — il revient prendre le petit déjeuner à la maison avec Sophie et les enfants, et conduit ceux-ci à l'école. Quand il n'a pas de repas d'affaires, il fait son jogging et déjeune d'une pomme et d'un yaourt. Retour à 19 h 55, « quand les enfants se battent » (plutôt 21 heures, dit Sophie), et au lit à 22 h 30, car il est physiquement incapable de veiller. Peu de télévision, de cinéma ou de dîners en ville, sauf avec quelques vieux amis. Deux jours par semaine à l'étranger (plutôt trois, dit Sophie), en avion privé (normal, il possède une compagnie de charters). Quand il est parti, il téléphone deux fois par jour à la maison. Dominateur et protecteur, gai et plein de vie, passant en coup de vent d'un sujet à l'autre, des affaires à la famille, des bricoles aux grandes décisions, il ne se laissera plus rattraper par la « pieuvre » :

« Aujourd'hui, j'ai l'impression que c'est tout propre, dans ma tête. »

Cela ne va pas non plus sans une gentille pagaille. Il n'est que de voir son bureau. Vincent prend ses rendez-vous et conduit sa voiture lui-même (pour gagner du temps, croit-il) et il reconnaît volontiers que sa logistique est « nulle » : pas d'horaires fixes, peu de courrier, tout se traite au maximum par téléphone. Comme aide-mémoire, une carte de visite dans sa poche où il note trois grandes options, trois choses importantes à accomplir et quelques broutilles à régler. Quand elle est surchargée, il la renouvelle. Ses secrétaires, il les épuise.

Quant au groupe Bolloré, il est structuré en huit divisions totalement séparées les unes des autres, chacune pourvue de son directeur général. Un *staff* central comprend cinq personnes, et un comité de gestion se réunit en principe tous les mois pour examiner les tableaux de bord, mais laisse en fait l'improvisation se donner libre cours. « L'organisation, dit Vincent, elle est dans ma tête » — et il ajoute : « Je crois que la force de notre groupe, c'est sa souplesse de réaction. Il faut pouvoir d'un coup tout lâcher pour faire autre chose. »

Parfaitement conscient de ses travers, il sait à la fois s'en méfier et s'en servir. Constamment soucieux d'éviter les « dérives » — il a vu trop de gens se ruiner quand il était banquier —, il s'est entouré de garde-fous : des collaborateurs au franc parler, des actionnaires attentifs, et

Michel-Yves, son frère, qui dirige la partie industrielle du groupe, sans l'accord de qui rien d'important ne saurait se faire (la double signature est une règle absolue). Il aime consulter des mentors : Edmond de Rothschild, ou Antoine Bernheim, de la banque Lazard (lui aussi), qui lui a donné un coup de main pour l'O.P.E. sur Sofical, mais aussi tel homme d'affaires qui a fait fortune dans les matières premières, ou un simple paysan breton. Bref, s'il court vite, il n'a rien d'une tête brûlée.

Surtout, il a théorisé son tempérament et ses convictions afin d'en déduire une stratégie consciente et cohérente. Elle peut s'énoncer comme une généalogie biblique : rapidité engendre efficacité, qui engendre diversité, qui engendre sécurité : « Le monde, explique-t-il, tourne beaucoup plus vite qu'avant. Les produits ont une vie de plus en plus courte. L'entreprise doit donc, elle aussi, évoluer de plus en plus vite, ce qui, pratiquement, ne peut se faire que par croissance externe. Certes, il est plus agréable de rester chez soi. Mais les alliances, les regroupements, les acquisitions ne répondent pas à une préférence psychologique : c'est une nécessité économique. Car dans un groupe, si une activité va moins bien, une autre va mieux. S'il y a du vent, j'ai des voiles ; s'il n'y a pas de vent, j'ai un moteur... »

Un conglomérat, alors ? La notion lui déplaît à cause de ses connotations étroitement financières. Son modèle, il serait plutôt allé le chercher au Japon : une banque prend des participations dans des entreprises en s'efforçant de constituer un « panier » équilibré. Voilà pourquoi son groupe est passé de l'industrie (papetière) aux services (transports, négoce de combustibles, voyages d'affaires) : « Parce qu'industrie et services ont des cycles qui ne se superposent pas. Les risques de marché ne se recoupent pas. »

Pour résumer sa façon de faire, il a recours à l'image des jongleurs qui font tourner une assiette au bout d'un bâton, puis deux assiettes, puis trois, jusqu'à dix. « Il y a celle qui va tomber, qu'il faut relancer tout de suite, et celle qui peut tourner encore quelques secondes... »

Car l'objectif suprême, pour Vincent Bolloré, n'est pas l'accumulation, la croissance ou le profit maximal, c'est la sécurité. Pour lui, d'abord. Grâce à un savant mais désormais classique montage de holding en cascade, son frère et lui contrôlent 55 % des droits de vote (sinon du capital) : « Le groupe est totalement verrouillé. » Sécurité aussi pour ceux qui dépendent de lui et dont il exige une rigueur financière quotidienne. Mais la logique du groupe est autant sociale que financière : souplesse, d'accord, mais à condition que soit assuré dans toute la mesure du possible le maintien de l'emploi.

Il a baptisé sa méthode « recyclage » : l'entreprise qui va bien finance la formation et le reclassement du personnel de celle qui va mal. Ce qui implique aussi que les bénéficiaires acceptent, s'il le faut, de changer de métier, voire de région, voire même une réduction temporaire de leur salaire (comme aux usines Bolloré de 1981 à 1983, avec l'accord des syndicats, C.G.T. comprise). On n'a rien sans rien. Une seule fois, en arrivant à la SCAC, il a licencié sec une cinquantaine de cadres dirigeants : question de mentalité et de moralité, donc d'efficacité.

Lui-même estime devoir consacrer une partie de son temps au service de la collectivité en siégeant au C.N.P.F., à la Fondation pour le Mécénat ou dans telle ou telle commission d'étude consultée par le gouvernement. Mais pas question d'engagement politique... du moins pour l'instant.

Des positions dominantes sur des produits « pointus », le pouvoir par la finance, la stabilité par le changement, l'agressivité tempérée par le souci du social : tout cela, c'est vrai, fait assez « japonais ». Une nouveauté dans le capitalisme français ? En tout cas, un patron *new look*. Têtu et souriant, brusque et prudent (« Si j'avance mon pion, est-ce que mon roi est menacé ? et la reine, et la tour ?... »), sûr de lui mais lucide, il a déjà beaucoup évolué en peu d'années. Il avait pensé être avocat ; il est devenu banquier, puis industriel. Aujourd'hui, il mise sur les activités de services et de finance. Né un 1er avril, ce poisson s'amuse entre océan et rivière : « Chaque fois que j'ai entrepris quelque chose, confie-t-il, c'était avec la conviction que je m'y engageais pour toujours. On ne choisit pas ce que l'on est, mais, là où on est, il faut faire du mieux possible. »

C'est vrai aussi pour l'éducation de ses enfants. Il s'y implique quotidiennement avec Sophie. Il veille à leurs prières, à leurs devoirs, à l'organisation de leurs loisirs, attentif à ne pas en faire des gosses de riches. S'il reconnaît néanmoins que l'argent lui donne un sentiment de sécurité, son vrai ressort est le plaisir du travail bien fait. On touche là une valeur essentielle de ce Breton-nippon : le goût de l'harmonie. Harmonie entre famille et entreprise ; entre religion et modernité ; entre éthique et efficacité. « Les affaires, conclut-il sobrement, n'ont pas à être menées en termes de moralité ou d'immoralité, mais en termes d'efficacité. »

Pour être efficace, il n'hésite pas à séduire : il ne dit aux gens que ce qu'ils souhaitent entendre. Tout est stratégique. Tout doit être rentable. Il achète lui-même les journaux, qu'il lit en diagonale tout en cherchant à en tirer le parti maximum. Ainsi l'O.P.A. sur Rhin-Rhône est née d'un entrefilet paru dans *Le Figaro* du 12 février 1988. Il choisit des romans au petit bonheur chez les libraires et les lit dans l'avion, mais surtout au décollage et à l'atterrissage, pour dominer sa peur. Il aime aussi les bandes dessinées, mais c'est de préférence pour les répits sacro-saints du week-end et des vacances.

Contre la fatigue et le découragement, il a un remède souverain. Un chapelet ? Un pèlerinage à Lourdes ? Non : un shampooing ! « C'est très bon, parce que les mauvaises idées se rassemblent en général au sommet du crâne et qu'en se lavant la tête, on les élimine d'un seul coup ! »

FRANCIS BOUYGUES

Bouddha inquiet

Où sommes-nous ? Chez Citizen Kane ? Au Palais d'été de Ceaucescu ? Ou peut-être chez Dieu ?

Deux chevaux de Marly, copiés à l'identique sur ceux des Champs-Élysées, ouvrent la voie triomphale. Au bout d'un océan de gazon étincellent trois dômes de diamant. Titanesque et moderniste, c'est *Challenger*, à Saint-Quentin-en-Yvelines, le siège de Bouygues. On ne dit pas « la société » ni « le groupe », on dit « Bouygues » tout court. *Challenger*, un nom de navette spatiale, emblème du futur ; mais, surtout « *challenge* » est le mot clé dans ce haut-lieu du B.T.P. et dans la bouche de son patriarche.

Traversant le hall immense, véritable serre tropicale où la prouesse architecturale le dispute à la démesure, le voici qui s'avance d'un pas lent, grand, massif, puissant, voix grave et regard profond. A l'image de *Challenger* (à moins que ce ne soit l'inverse), Francis Bouygues impressionne.

Mais, la force et la bonhomie cohabitent. Dans son bureau, assis bien droit, les mains à plat sur la surface de loupe d'orme, un sourire plissant parfois ses yeux, il parle au même rythme qu'il marchait tout à l'heure : lentement, attentif à son équilibre comme au choix de ses mots. Il parle en majuscules, comme on disait du général de Gaulle.

Mais, contrairement à l'homme du 18 Juin pour qui chaque phrase était un paradigme de l'Histoire, Bouygues, c'est « Castor bégayant » : ce totem scout nous éclaire sur son souci de ne pas trébucher, d'arriver sans encombres au bout de son idée en utilisant le terme le plus adéquat. Quand il a pris la parole, n'essayez pas de l'interrompre, vous seriez gratifié d'un : « Vous n'avez rien compris. »

Tel est le géant qui, à la fin de l'été 1989, en abdiquant à 67 ans en faveur de son fils Martin, a mis fin, d'un majestueux paraphe, à un parcours sans faute.

Mégalomane, Francis Bouygues ? Le mot ne convient pas. Vous connaissez l'histoire du psychanalyste qui, après d'innombrables séances, se résigne à dire à son patient : « Non, Monsieur, vous n'avez pas de complexe d'infériorité. Vous êtes réellement inférieur. » De Bouygues on pourrait dire : il n'a pas la folie des grandeurs, il est réellement grand.

Père centralien et officier. Francis : scout et

centralien. En 1952, à trente ans, il crée son entreprise de bâtiment, au capital de 120 000 francs anciens, empruntés à ses parents. Premier contrat important : une usine I.B.M. Années 60 : l'ère de la reconstruction, du logement et de la promotion immobilière. Années 70 : les travaux publics, l'internationalisation. 30 % de croissance par an pendant 30 ans, jusqu'à atteindre 55 milliards de chiffre d'affaires en 1989. Actions d'éclat : le Parc des Princes, les centrales nucléaires, Roissy, l'université de Ryad, la tour Fiat, les autoroutes, la mosquée de Casablanca (la plus grande du monde), l'Arche de la Défense — « un pari fou, dit-il, au-delà de ce qu'on savait faire » —, le tunnel sous la Manche (le plus grand chantier privé du monde).

1987 : ayant fait le plein dans le Bâtiment-Travaux publics en France et dans le monde, où il peut se prétendre le numéro un, il songe à se diversifier, jette son dévolu sur le secteur de la communication et acquiert TF 1. 1989 : alors que TF 1 bat tous les records d'audience, Francis Bouygues se retire « en plein ciel de gloire », comme disait la citation de Guynemer.

Pour prendre sa mesure, il suffit de l'écouter et de le regarder faire. Étonnant mélange de puissance et de lenteur, de démesure et de précaution, d'anxiété et d'audace, l'histoire de Francis Bouygues est celle d'un « pessimiste de la pensée et optimiste de l'action ». Il insiste : « Je prévois toujours le pire. » Ainsi, son goût de l'ordre, de la paix et de l'organisation est le meilleur antidote à son anxiété naturelle. Son plus beau *challenge* : exister tel qu'en lui-même, faire de ses déficits des atouts.

Dans le B.T.P., profession plus encline au système D qu'à la rigueur, il a appliqué les méthodes de l'industrie : matière grise, informatique et gestion. Il a instauré l'ère des logiciels géants, des calendriers impitoyables et des contrats léonins. Peu de ses concurrents savent tenir aussi bien leurs coûts ou, à son exemple, terminer un chantier comme celui du pont de l'île de Ré avec un an d'avance. Ajoutez à cela un bureau d'études hors pair (l'Arche de la Défense est un exploit unique au monde) et un service contentieux féroce avec les clients.

Les hommes, il les gère avec la même minutie que le béton et les bulldozers. Il garde toujours sur lui un document où sont répertoriés les salaires de ses 150 principaux collaborateurs, avec, pour chacun, son âge et son ancienneté dans l'entreprise. « Comme une carte des vins, confie-t-il, pour voir quelles sont les bonnes années ! » Il transporte aussi dans sa serviette les organigrammes des sociétés du groupe — une centaine ! — sur lesquels figurent les noms de tous les fonctionnels. Enfin et surtout, un relevé quotidien des taux d'écoute des principales émissions de télévision. « Je serai vraiment célèbre, lui est-il arrivé de dire, le jour où je passerai au Bébête-Show ! »

En attendant, « il est adulé », nous disent ses secrétaires. « Il nous fait faire l'impossible, dit son financier Poupart-Lafarge. Il nous aide à nous dépasser, puis il nous couvre de lauriers et d'or. On est sous l'œil de l'Empereur. »

Au Bébête-Show, ce serait Napoléon...

D'avoir un ordinateur dans la tête ne l'empêche nullement de succomber avec bonheur au côté aventureux de son métier, ainsi qu'en témoigne une anecdote racontée par Alain Barbanel et Jean Ménanteau dans le livre qu'ils lui ont consacré[1]. Il venait de conclure le contrat de construction de l'université de Ryad et avait touché un premier versement de 340 millions de dollars (peut-être le plus gros chèque jamais libellé pour une semblable tractation). Pas une minute à perdre : une fois déposée en banque, la somme rapporterait 170 000 dollars par jour ! Bouygues loue un Concorde pour l'apporter de Ryad à New York. Mais catastrophe : le brouillard l'oblige à atterrir à Washington. Qu'importe : un hélicoptère le dépose sur le toit de la banque à midi moins deux. Une journée de trésorerie de gagnée !

Au Bébête-Show, ce serait James Bond...

Sa conception des rapports humains ne se limite pas à l'étude des organigrammes et des fiches de paie. « Pour réussir, soutient-il, il faut d'abord aimer les autres. Nos métiers sont des métiers manuels, des métiers de commande-

1. *Bouygues, l'empire moderne*, Ramsay.

ment. On n'y a de véritable autorité que si on aime les gens. C'est alors qu'ils vous le rendent au centuple. » Un paternaliste, mais sans nuance péjorative : sa famille et son affaire sont vraiment pour lui une seule et même chose. Il le traduit en vrac par les mots clés des dix articles de sa « charte des valeurs » : fidélité, challenge, qualité, mérite, compétence, progrès, responsabilité, etc.

Mais l'esprit Bouygues, c'est aussi et surtout une institution sans équivalent ailleurs, un véritable ordre de chevalerie baptisé « *Minorange* » (du nom de la couleur dont on repeint soigneusement le matériel à la fin de chaque chantier). Ils sont un millier sur un total de 70 000 salariés. Rien que des « compagnons » (chez Bouygues, il n'y a pas d'ouvriers) dans cette franc-maçonnerie ; quand on devient chef d'équipe, on la quitte. Aucun privilège particulier ne s'y attache, sinon celui de porter un badge ou une étoile à son casque, de montrer l'exemple et de toujours partir le dernier — à quoi il convient d'ajouter, une fois par an, un grand banquet au cours duquel Francis Bouygues en personne distribue médailles et diplômes. Pour lui le patriarche doit guider ses hommes en développant chez chacun le sentiment d'appartenance à une élite. Qu'on trouve la chose puérile ou biblique, le fait est que le grutier parisien comme le ferrailleur portugais y croient. D'ailleurs, chez Bouygues, « on adhère complètement ou ça ne marche pas ».

Au Bébête-Show, ce serait Moïse...

Curieux, tout de même, ce don pour la communication chez un homme réputé ne jamais écouter quand on lui parle ! Certes, son personnage de tyran cassant, tout d'une pièce, il le cultive en y mettant un brin de provocation. En affirmant catégoriquement, par exemple, qu'il ne lit jamais rien : « C'est trop long de lire ! J'ai beaucoup travaillé sur moi-même, j'ai fabriqué mon organisation, je ne suis pas allé chercher ailleurs, je ne m'intéresse pas à ce que font les autres... Je peux très bien réfléchir en taillant mes rosiers ! » Il revendique une totale autonomie intellectuelle, qui confère à ce qu'il dit la force de l'évidence. De son père centralien et officier de carrière, il a gardé la devise : ordre et discipline. De son grand-père auvergnat, il a hérité la prudence et le sens des chiffres. Tout le reste, il l'a lui-même inventé, organisé, codifié, et surtout animé avec passion. Quand il a souhaité se diversifier alors que le bâtiment et l'international marchaient à merveille, il n'a pas convaincu aisément ses collaborateurs de lui emboîter le pas. Mais il suffisait qu'il y croie, lui.

Pourtant, le « rouleau compresseur » ne manque pas de discernement. Comme l'analyse un de ses proches collaborateurs, Olivier Poupart-Lafarge, le directeur financier : « C'est vrai qu'il parle lentement, qu'il paraît ne pas écouter et chercher ses mots. Mais il capte tout, même les silences, et mieux que personne ! Sa surdité est parfaitement sélective... En réalité, il construit sa pensée en l'exprimant, et à partir de ce moment-là, il ne supporte pas qu'on cherche à modifier son point de vue. Il s'écoute lui-même pour voir si ça se charpente bien. Mais il a une mémoire d'éléphant, et vous serez étonné, des semaines plus tard, de retrouver votre réaction intégrée dans sa décision finale. »

C'est ainsi que Francis Bouygues comprend le consensus : il cherche moins à mettre les gens d'accord qu'à trouver la bonne décision, persuadé qu'elle suffira ensuite à emporter leur adhésion. Si l'on en juge d'après le dévouement fanatique qu'il obtient de ses hauts cadres, presque tous depuis vingt ans et plus dans l'entreprise, il faut croire que la méthode n'est pas mauvaise. Francis Bouygues, d'ailleurs, n'est pas aveugle sur son propre compte : « Je suis sûrement un peu autoritaire, un peu impérialiste, reconnaît-il, mais pas doctrinaire. J'admets mes erreurs — comme celles des autres — et suis toujours prêt à changer. » Chez Bouygues, tout est en fait « *home-made* », les doctrines aussi bien que les syndicats.

Longtemps il a ignoré ces derniers (dans une profession où ils sont traditionnellement forts, et plutôt à dominante C.G.T.). Écoutons-le raconter la suite : « En 1968, je ne pouvais quand même plus rester sans organisation syndicale. Avec 90 collaborateurs, j'ai créé de toutes pièces un syndicat autonome. Aussitôt, il a formidablement prospéré. Arrive 1976 et la perspective d'une victoire de la gauche. Je dis à mes collaborateurs : "Votre syndicat autonome ne peut pas durer ; trouvez-vous un *franchising.*" Alors on a pris Force Ouvrière. Je me suis très bien entendu avec Bergeron ! » Finalement, F.O. fait plus de 80 % aux élections, et Bouygues n'a jamais connu un jour de grève. Grâce à cela, l'esprit Bouygues a pu prospérer dans l'ordre et la paix sociale : « La chose dont j'ai le plus peur dans la vie, dit Francis Bouygues, c'est la mésentente entre le personnel et les syndicats. Je déplacerais des montagnes pour qu'il n'y ait jamais de contentieux. Il faut que l'amour de l'entreprise soit partagé. »

Même philosophie sur les questions d'argent. Sa trésorerie — résultat d'une gestion quasi terroriste — a toujours été pléthorique et lui a permis de vivre tout au long de sa carrière en autarcie financière. « Si un patron n'a pas la notion de l'argent, c'est dramatique. S'il n'a pas dans la tête un fond de gestionnaire, il est perdu. L'argent, j'aime en avoir beaucoup pour ne pas en manquer. » Sur ce point-là aussi, il a tout lieu d'être satisfait.

A cette longue et irrésistible marche vers la grandeur ne manque même pas l'épreuve du mal. Francis Bouygues a dû l'affronter soudainement, en février 1976, lorsqu'on lui apprit qu'il était atteint d'un cancer du poumon. Du jour au lendemain, il décida de se consacrer exclusivement à vaincre sa maladie, confia son entreprise à son associé René Augereau et disparut. « Je me souviendrai toujours, raconte sa fille Corinne, de la froideur avec laquelle il a mis en ordre sa succession devant nous. » Quatorze mois plus tard, il revint guéri : « Je suis rentré dans mon bureau et tout le monde a reculé d'un rang. Mais je n'étais plus le même homme. J'avais beaucoup réfléchi, regardé en arrière — ce que je déteste — et fait mon procès. J'étais devenu plus fort, plus lucide, plus déterminé. » Sa femme ajoute : « Il est devenu davantage attentif aux autres. »

Francis a quatre enfants, Nicolas, Corinne, Olivier et Martin. Tous quatre ont travaillé chez lui et y travaillent encore, sauf Nicolas, l'aîné et dauphin désigné, qui, à l'exemple de son père, a préféré, en 1986, fonder sa propre entreprise. Francis Bouygues en a été très affecté avant de choisir Martin pour lui succéder.

Va-t-il à présent rompre carrément les ponts, comme il a su le faire une fois, et laisser le petit dernier voler de ses propres ailes ? Ce serait assez dans sa manière. Comme, aussi bien, de continuer à hanter les coursives de *Challenger* de son ombre immense. Va-t-il continuer à y arriver à 8 h 10 et rentrer chez lui à 19 h 55 pour regarder le journal de 20 heures (une rigueur de chirurgien — métier qu'il aurait rêvé d'exercer — confirmée par ses deux secrétaires) ? Va-t-il continuer à participer à la trentaine de conseils d'administration auxquels il appartient ? A la réunion plénière des

« cercles de qualité » ? Au séminaire des Compagnons du Minorange ? A la réunion du vendredi matin qui rassemble dans son bureau une douzaine de collaborateurs ? Ou encore au déjeuner mensuel qui regroupe une trentaine de personnes ?

Voilà en tout cas l'homme qui déclare : « Depuis dix ans, je ne fais rien ! » Au moment de la reprise de T.F.1, il y a consacré 80 % de son temps. Ce métier si différent de l'autre, il a dû tout en apprendre, comme d'ailleurs le manager qu'il a placé à la tête de la chaîne, Patrick Le Lay. L'un et l'autre se sont donné trois ans pour rentabiliser convenablement l'investissement (énorme et surpayé) en y transposant, à l'ébahissement des saltimbanques, les méthodes expéditives et impitoyables de Bouygues le constructeur : « C'est un univers primitif que nous avons organisé, informatisé et géré. Là plus qu'ailleurs, il faut aimer les gens. Parce que la télé, c'est immatériel, ce sont des vibrations. » Pour Bouygues, sa devise y vaut tout autant que dans le B.T.P. : c'est le sentiment d'appartenance à une élite qui développe et stimule l'amour du travail. Si le mot élite désigne un groupe humain qui obtient les meilleurs résultats, alors T.F.1 a gagné : 44 % d'audience, contre 18 à 20 % pour A 2 (en 1987, elles étaient ex-æquo à 32 % chacune). Le jour où Bouygues a gagné face à Lagardère, il a déclaré : « C'est le plus beau jour de ma vie », tout en signant également le plus gros chèque de sa carrière. On sait qu'il y a investi aussi toute sa passion : « La communication, avance-t-il, satisfait trois besoins fondamentaux de l'individu : le besoin de savoir, qui correspond au désir de sécurité ; le besoin de comprendre, qui est source d'efficacité ; et le besoin de s'exprimer, lié au besoin de considération. » C'est sur cette intuition qu'il a bâti son empire.

Aujourd'hui, il considère avec une certaine tendresse son ami de vingt-cinq ans : une belle tête de Bouddha qui veille sur lui dans son bureau. « Il vient du nord de la Thaïlande. Il représente la sérénité, ce dont je ne suis pas pourvu. Mais c'est mon modèle. Il m'appartient. »

A quand le Bébête-Show ? Il se pourrait bien que son vœu soit finalement exaucé. Mais sous quels traits ? Dieu n'étant plus disponible, sera-ce sous ceux de Napoléon, Moïse ou Bouddha ? Mais si c'était tout simplement sous les apparences de Francis Bouygues ?

ALAIN CHEVALIER

Le retour du samouraï

« Comment va Monsieur Chevalier ? » demande l'empereur Hiro Hito à Jacques Chirac. Le maire de Paris est bluffé : accueilli pour la première fois au palais impérial, il apprend que son camarade de promotion à l'E.N.A. l'a devancé de trois semaines à Tokyo...

Il est vrai qu'Alain Chevalier connaît très bien le Japon ; il aime tant ce pays et s'y sent si bien qu'il en a les yeux légèrement bridés ! Cultivé, distingué, il fait montre de ce mélange de souplesse et de fermeté qui plaît aux Japonais. Il ne trahirait rien de son allure ni de sa culture s'il devenait ambassadeur de France à Tokyo. Mais son tempérament d'homme d'action le porte à choisir le privé et l'international : depuis septembre 1989, il est le nouveau propriétaire de Balmain. Manager de référence des patrons français qui l'aiment bien, il devient le plus gradé des patrons de PME.

Du Japonais, il a également pris la mentalité de samouraï — non pas du porte-sabre qu'on voit au cinéma, mais du vassal qui s'attache à servir son seigneur avec hauteur et sens de l'honneur.

Pendant près de 20 ans, manager sans capital du numéro un mondial du luxe Louis Vuitton-Moët-Hennessy (L.V.M.H.), il a servi brillamment et fidèlement quelques grandes familles capitalistes avant de devoir, un fatidique vendredi 13 (janvier 1989), s'effacer devant un patron *new-wave* de vingt ans son cadet : Bernard Arnault. Il l'a fait avec simplicité et dignité, usant du privilège de sa caste : le samouraï choisit sans peur de se faire hara-kiri, persuadé qu'il est de ressusciter.

Neuf mois après son départ de L.V.M.H., le patron-manager a refait surface sous les traits d'un patron-capitaliste.

Ressusciter ? Alain Chevalier a déjà eu plusieurs occasions de le faire : « Entre le pouvoir et la liberté, dit-il, j'ai toujours choisi la liberté. » Quant à exprimer davantage ses sentiments personnels, il s'en tient au précepte que Churchill avait lui-même emprunté à Disraeli : « *Never explain, never complain* » (ne t'explique jamais, ne te plains jamais).

Sa première vie se déroule dans l'univers de la haute administration et de la politique. Né à Alger, il « monte » jeune à Paris pour y accomplir le parcours de l'élite : collège Stanislas, Sciences Po, l'E.N.A. A 28 ans, alors qu'il visait l'Inspection des Finances, il obtient la Cour des Comptes. Il entame une banale carrière de haut fonctionnaire. Pendant cinq ans, il va éplucher des « liasses » à la Cour, remplir des missions à la direction du Plan à Alger (on est alors en pleine guerre d'indépendance) et à la direction des Carburants. Mais, pour un pied-noir de sensibilité « Algérie française », la voie classique des cabinets ministériels, à l'époque du gaullisme triomphant, n'offre guère d'attraits. Se lancer dans la politique, comme Chirac ? Il y a pensé, bien sûr. Il s'est même vaguement inscrit au parti radical. Il se souvient : « Quand j'étais à la Cour, l'U.N.R. nous démarchait, nous promettait des circonscriptions. C'était une tentation très forte... » Mais ses ambitions sont intellectuellement plus élevées qu'un siège au Palais-Bourbon ou quelque sous-secrétariat d'État au Commerce extérieur. Inaugurer le bal des pompiers et embrasser les rosières, non, merci, très peu pour lui...

Sa deuxième vie, Alain Chevalier va la jouer dans l'univers du patronat le plus traditionnel, celui des maîtres de forges et du C.N.P.F. En 1964, « par hasard » — c'est sa tournure d'esprit de croire que les choses lui arrivent sans qu'il les ait voulues —, les de Wendel l'invitent à « pantoufler » dans la sidérurgie lorraine, alors au faîte de son développement. Il sera durant six ans secrétaire général de Sacilor et y apprendra, dit-il, à « faire des plans de financement ». A mi-parcours, lorsque l'entreprise se lance à grands coups d'emprunts dans la malheureuse aventure de Fos, il comprend que la caste des ingénieurs des Mines qui tient en mains la sidérurgie française la conduit vers un « désastre monumental ». Revenir « faire de la liasse » à la Cour des Comptes ?... En aucun cas. Sans rien demander à personne, sans point de chute, il démissionne discrètement de Sacilor, en se demandant s'il n'est pas en train de rater sa vie. *Never explain, never complain...*

Un peu plus tard, Jacques Ferry, grand manitou de la sidérurgie, lui demande de rédiger un rapport sur l'exportation en vue d'un congrès du C.N.P.F. Puis il écrit un livre sur *le Bilan social de l'entreprise*. Le C.N.P.F. lui confie alors sa communication économique et lui octroie une vice-présidence. Mais il n'est pas à l'aise avec les grands-ducs du patronat qui le considèrent comme un « fonctionnaire fourvoyé ». Au demeurant, ajoute-t-il, « dans ces trucs-là, on n'arrive à rien en moins de quinze ans ». Il aurait pu tenter de succéder à François Ceyrac, mais, en 1981, la gauche arrivant au pouvoir, il préfèrera se retirer sur la pointe des pieds. Ce sera tout pour la politique.

Dans la France pompidolienne, l'aventure, pour un énarque, c'est l'aventure économique. En 1970, Alain Chevalier a 40 ans, il opte pour le privé et dîne en ville. C'est ainsi qu'il rencontre Robert-Jean de Voguë, patron de Moët et Chandon. Lui vient alors une idée, ou plus exactement une intuition : constituer, à partir du champagne, un groupe où jouerait la synergie des produits de luxe à l'exportation. Aujourd'hui, la chose paraît banale ; il y a vingt ans, le pari était culotté ! De Voguë achète la stratégie et recrute le stratège : Alain Chevalier est nommé directeur général des champagnes Moët. Sa troisième vie commence.

D'une petite affaire tranquille et dorée sur tranche, il va faire une multinationale du luxe pesant 13 milliards de francs de chiffre d'affaires, grâce à des acquisitions successives : cognacs Hennessy, champagne Mercier, parfums Dior, puis, en 1987, Louis Vuitton, qui, outre ses bagages, apporte Givenchy et La Veuve Clicquot. Non sans subir d'ailleurs quelques échecs en cours de route : avec les laboratoires Roc (erreur de stratégie) ; avec les roseraies américaines Armstrong (erreur de personne). En revanche, les *sparkling wines* californiens Chandon seront un grand succès.

Certes, s'il avait fait H.E.C., il aurait sans doute perdu moins de temps, reconnaît-il, mais il vante aussi les vertus de l'E.N.A., qui « développe une arrogance considérable et donne aux gens la capacité de voir l'essentiel, de lire un dossier, de clarifier les choses obscures, d'être autonome... »

Peut-on réussir — ce qui s'appelle réussir ! — dans les affaires si l'on n'est ni un tueur, ni un monomaniaque, mais seulement un homme de qualité, intelligent, curieux de tout, aussi bien de musique que d'Histoire (il a fondé un « grand prix de l'Histoire »), une sorte d'amateur doué, un sceptique de bonne compagnie ? Pendant près de vingt ans, à la tête de Moët-

Hennessy puis de L.V.M.H., Alain Chevalier en a administré la preuve. Mais c'est un patron d'un style bien particulier : efficace comme un Japonais, impulsif et fataliste comme un pied-noir, anticonformiste comme un Anglais, il répugne à paraître passionné, engagé, « mordu ». Dans la vie comme en affaires, il garde son attitude d'esthète : « J'éprouve, avoue-t-il, une certaine incapacité à être complètement concerné. » Il en fait une force : plus porté par son idéal d'harmonie que par la volonté de puissance, il s'ennuie assez vite dans la finance ; il préfère travailler avec des créatifs ou des scientifiques afin d'enrichir son propre jardin.

Passant régulièrement sur son front une main fine de fumeur de Rothman's, il parle d'un ton posé de diplomate, terminant souvent ses phrases par une série de *etc., etc., etc.*, comme s'il craignait d'importuner son auditeur en insistant, ou comme si, une fois l'idée lancée, s'étendre en explications complémentaires l'assommait. Ce qui n'exclut pas une modestie de bon élève — « Je ne suis pas un « pro » du champagne, ni de la couture, ni des parfums. Je n'essaie jamais de diriger les affaires à la place des gens que j'ai nommés pour ça... » — ni une lucidité plutôt désenchantée : avant même d'être chassé de L.V.M.H., il estimait que le système qu'il avait édifié, « fondé sur le rapprochement des familles et sur une grande décentralisation, touchait sans doute à ses limites ».

Il suffit d'interroger ses collaborateurs pour voir se préciser sa personnalité par touches successives : « Disponible..., simple..., économe de ses forces..., le sens du ridicule..., pas obsédé du boulot..., une autorité calme..., du courage quand il en faut. » Il souffre quand il doit licencier (chez Roc, par exemple), mais ne laisse la corvée à personne d'autre : « On est payé pour ça. » Les proches confirment sa tendance au non-attachement : « Alain ? Un solitaire, à la fois acteur et spectateur, qui n'est jamais parvenu à se prendre tout à fait au sérieux... » Cousin de Camus, son pays, en somme.

Une mécanique intellectuelle et morale raffinée n'était guère préparée pour traverser indemne les péripéties frénétiques qu'a connues L.V.M.H. à partir de juillet 1987. Chez Moët-Hennessy, Alain Chevalier se comportait comme peut le faire un bon serviteur de l'État : toute action doit être d'abord profitable pour l'entreprise et pour ses actionnaires, même si elle comporte certains risques pour le manager. C'est ainsi qu'il justifie l'accord conclu avec Vuitton, qui allait lui coûter sa place dix mois plus tard : consolider un capital dispersé entre de nombreuses familles et constituer un groupe suffisamment important pour décourager les O.P.A. Sans compter, ajoute-t-il, que Henry Racamier, patron de Vuitton, se présentait alors comme « un vieux monsieur de 73 ans, qui n'avait pas de successeur et souhaitait mettre son patrimoine à l'abri... ». En termes capitalistiques, le *deal* était excellent pour les propriétaires de Moët-Hennessy . en peu de temps, leurs actions doublèrent de valeur. Pour Alain Chevalier, le risque de perdre sa situation n'entre pas en ligne de compte : « Je me décide sur une espèce de conviction que j'ai à un certain moment. Cela me vient comme ça, c'est ma logique interne... »

Entre les deux hommes, cependant, l'incompatibilité éclate très vite. Le fringant vieillard des bagages Vuitton découvre la cour des « grands » et ne rêve plus que de nouvelles acquisitions. Alain Chevalier préconise au contraire de privilégier le développement de l'outil industriel. Même leurs styles de gestion s'opposent : Chevalier joue le long terme, la confiance, l'autonomie et la responsabilité des filiales ; Racamier fonctionne au jour le jour avec autorité et méfiance, jusqu'à introduire le loup dans la bergerie : Bernard Arnault.

Le mariage L.V.M.H. a bien atteint les objectifs que lui avait assignés Chevalier, mais l'idylle tourne à présent à l'enfer du ménage à trois. Pendant quatre mois, Alain Chevalier cherche des solutions, mais, raconte-t-il, « j'ai eu le sentiment qu'elles étaient inefficaces et que mes efforts ne serviraient à rien. Je n'avais plus le choix qu'entre m'inféoder à Bernard Arnault, me faire en somme l'intendant de quelque chose que j'avais créé, ou consacrer tout mon temps à des bagarres qui, à mes yeux, n'avaient pas beaucoup de sens ». Le jeudi 12, il déclare au directoire : « Mon devoir est de laisser aux actionnaires de L.V.M.H. le soin de me choisir un successeur. » Ceux-ci ne font pas beaucoup d'efforts pour le retenir. *Never complain*...

C'est ainsi qu'au conflit Racamier-Chevalier succède aussitôt une bagarre Racamier-Arnault que ce dernier mène tambour battant avec son éminence grise, qui se trouve être agrégé de droit : Pierre Godé. La banque Lazard, qui fut l'organisatrice de toute cette affaire, se serait, pour une fois, pris les pieds dans le tapis. L'honorable institution du boulevard Haussman a en effet joué successivement le rôle du maire (mariage de Moët-Hennessy et de Louis Vuitton), de l'arbitre (entre Racamier et Chevalier), du prêtre (union de Racamier et d'Arnault) et du fossoyeur (départ de Chevalier), fournissant successivement le virus et le vaccin, la maladie et le remède — et, finalement, la pilule de cyanure. D'un match de ping-pong entre *partners* de Lazard, Alain Chevalier a fait les frais... Un *Dallas* haut de gamme !

Huit jours après son départ, Alain Chevalier crée une petite société de conseil avec une secrétaire et son chauffeur (le seul employé à l'avoir suivi). Pas question de grandes vacances ni d'année sabbatique : « Je n'avais pas été totalement balayé par ce nouvel échec. Il ne m'a pas pris au dépourvu. En fait, j'avais vécu la période de "creux" avant même de quitter

L.V.M.H. Une fois le pas franchi, j'ai senti renaître le désir de me remettre en action. »

C'est neuf mois plus tard, qu'il rachète Balmain (haute couture et parfums) à un groupe canadien. A 58 ans, Alain Chevalier commence ainsi une quatrième vie. Certes, l'esprit de revanche n'est guère son fait ; mais Balmain après Dior... D'autant que Racamier et Arnault, eux aussi sur les rangs, ont essayé de le lui arracher !

Cette nouvelle étape, il l'aborde avec sérénité, sagesse et optimisme, après avoir tiré les leçons de ses épreuves. Il affirme que le personnage du manager, qu'il incarnait, est désormais dépassé : « La gestion a été l'aventure de notre génération, comme à d'autres époques on était ecclésiastique, militaire ou explorateur. Aujourd'hui, on est patron — son propre patron —, avec pour mission de trouver l'équilibre entre capital et création, long terme et court terme. »

Mais la problématique a changé : il ne suffit plus que l'entreprise soit gérée correctement et engendre des profits convenables ; elle vit désormais sous la menace de l'O.P.A. et use ses forces à protéger son capital. Accroître ses parts de marché, grossir pour être moins vulnérable, cette stratégie a néanmoins ses limites. « Riboud affirme qu'il n'y a place en Europe que pour trois grandes entreprises agro-alimentaires. Pourquoi pas une seule ! » s'exclame Alain Chevalier. Pour lui, le capital doit s'en tenir à son rôle propre et renouer « avec les autres valeurs de l'entreprise, les créateurs, les scientifiques, les professionnels, les gens qui ont vraiment quelque chose en mains. Il faut réconcilier la finance et la durée, élément nécessaire au développement industriel. S'ils sont malins, les gens qui ont de l'argent vont devoir inventer un nouveau pacte social ».

« Puisque tous les systèmes totalitaires ont explosé, les problèmes ne sont plus d'ordre idéologique, mais concret. Les gens sont disponibles pour essayer de trouver un nouveau mode de vie. Peut-être assiste-t-on à la naissance d'un nouvel individualisme, à l'éclosion d'un désir de cohérence, d'unité et d'harmonie ? « Pour ma part, dit-il, il faut que je recommence tout. » Humble devant ses propres certitudes, il sait que, pour lui, la politique, c'est fini ; le management sans capital, aussi. « Avec Balmain, j'ai retrouvé un moyen de travailler dans le sens que je souhaitais : entouré d'amis, à l'écoute de goûts nouveaux, avec des créatifs, des gens autonomes et responsables. »

Des amis ? Il sait aujourd'hui qu'il en a. Il sait aussi qu'il avait surestimé sa relation avec l'équipe de L.V.M.H. Quelques hommes qu'il avait choisis et formés se sont aussitôt reconvertis au nouveau style en vigueur. Le roi est mort, vive le roi...

Instinctif et fataliste, il a compris qu'« au moment où les gens me voyaient dans une espèce d'accomplissement, je devais, à l'intérieur de moi-même, préparer autre chose de totalement différent. »

A 58 ans, il se sent consolidé. Son repère ? Regarder les autres, ceux à qui il ressemblait dans ses vies antérieures, et mesurer tout le chemin parcouru en l'espace de deux ans.

Deux ans ? C'est l'âge de Juliette. Son père est cet homme-là pour qui l'essentiel gît dans la volonté de faire en harmonie avec ce que l'on est. C'est ce qu'il a essayé d'inculquer à ses trois fils. Sans doute Juliette, elle, le sait-elle déjà.

JEAN-LUC LAGARDÈRE

Le paysan de l'espace

« J'aime la terre, la nature et les animaux. J'aime les westerns, James Bond et John Wayne. J'aime beaucoup être seul, j'aime skier avec mon fils. J'aime l'ambiance d'un vestiaire sportif. J'aime ce qui reste, ce qui est éternel. J'aime beaucoup les jeunes. J'aime les artistes, les sportifs et les militaires. J'aime ce qui se mérite. J'aime le succès. J'aime la discipline, la rigueur et la loyauté... » Mais ce qu'il aime par-dessus tout : « être patron ».

Dans l'histoire de l'entreprise française, quelques rares noms ont laissé un parfum de légende : Citroën, Dassault, Michelin, de Wendel... Sera-ce un jour le cas de Jean-Luc Lagardère ? Les atouts ne lui manquent pas : le nom lui-même, d'abord, qui claironne ses origines gasconnes et évoque une ribambelle d'aventures romanesques. Mais aussi une personnalité pétaradante et une carrière hors normes qui l'a porté à la tête d'un large empire. A soixante-deux ans, il se donne encore dix ans pour le développer et assurer définitivement sa pérennité. Aujourd'hui, il contrôle personnellement Matra, qu'il a co-créé, et Hachette (fondé il y a 164 ans).

Du Gascon, il a le profil et le tempérament : front bombé, nez aquilin, l'œil et le poil noirs, le sourcil en bataille, mais aussi un sourire lumineux qui vient de temps en temps décrisper la mâchoire. Et quel punch ! Il ne tient pas en place, croise et décroise les jambes, bondit sur le téléphone, répond en anglais avec l'accent du Gers, tape du poing sur le bras du fauteuil, hausse le ton quand il s'emballe, caresse Carla, son berger allemand, puis s'apaise. Il s'enflamme à nouveau quand il raconte la saga de Matra, la romance d'Hachette ou le mélodrame de T.F.1, qu'il n'oublie pas. Puis, avec une pointe d'attendrissement, il en vient à parler de ses chevaux, qui commencent à remporter les grands prix, ou d'Arnaud, son fils (28 ans), qui s'initie aux affaires de Papa dans le saint des saints de la rue de Presbourg, et grâce à qui tout pourrait continuer.

L'empire ? S'agissant d'affaires, il faudrait plutôt dire « groupe », mais le mot lui déplaît : « Je n'aime pas qu'on parle de "groupe Lagardère". » Alors, va pour empire : une sorte d'Autriche-Hongrie du business, d'aigle à deux têtes, Matra d'un côté, Hachette de l'autre, mariage de la carpe et du lapin, des missiles air-air et de la Bibliothèque rose — deux entreprises, deux histoires, deux cultures dont le seul point commun est d'être contrôlées par Jean-Luc

Lagardère à travers un lacis de participations financières dont il serait fastidieux de remonter les méandres. Plus, en guise de couronne, la dernière-née, objet de toutes les sollicitudes : la Banque Arjil (AR comme Arnaud, le fils, et JIL comme Jean-Luc) dirigée par Christian Giacomotto, nouveau talent de la finance.

Malgré cela, Lagardère n'est jamais content de lui : « Personne n'est plus sévère vis-à-vis de Lagardère que Lagardère. » Ce patron qui parle de lui à la troisième personne a la volonté d'un paysan, l'énergie d'une « formule 1 » et le flair d'un animal.

« Tout a commencé un jour de janvier 1963. J'avais 36 ans, j'étais ingénieur chez Dassault depuis dix ans, quand Marcel Chassagny, président de Matra, et son actionnaire principal, Sylvain Floirat, me proposent de prendre la direction de ce qui n'était alors qu'une P.M.E. d'armement. J'ai accepté pour un salaire identique — sou pour sou —, à une seule condition : être le patron. » Et il ajoute : « J'ai ainsi prouvé ma loyauté à Dassault, à Chassagny et à moi-même. » Depuis, il règne en maître absolu grâce à la confiance de Sylvain Floirat, aujourd'hui nonagénaire. « La plus grande chance de ma vie, ce fut de vous avoir rencontré », lui a dit un jour le charron périgourdin. « Non, c'est moi », a répondu Lagardère. Bel exemple de réussite d'un « couple » industriel.

Le patron ? « Quelqu'un qui n'a de comptes à rendre à personne ! » Essentiel pour Lagardère ! Il disposera de deux atouts majeurs pour entreprendre : le temps et la confiance. Il y adjoindra très vite un troisième qui lui donne la sérénité pour réussir : le contrôle de son affaire. Mais c'est bien tout ce qu'il en attend. Pas spéculateur pour un sou : « Jamais, jamais je ne vendrai un titre ! » Et pas mégoteur non plus : « J'aime les chiffres ronds. » La valeur de ses participations personnelles avoisine maintenant le milliard de francs — dans un ensemble, il est vrai, dont la capitalisation boursière atteint 18 milliards et le chiffre d'affaires 45 milliards.

L'interroger sur son métier, c'est déclencher un hymne à l'homme d'action, jalonné de formules percutantes et sans doute bien rodées : « Moi, j'intimide les gens, et même les animaux !... Vous pouvez dire de moi ce que vous voulez, je ne démens jamais !... Comme Reagan, il m'arrive de me demander : qu'est-ce que John Wayne ferait à ma place ?... Je ne suis pas méchant, mais je n'oublie jamais rien... » Autoportrait d'un gagneur mythique.

L'homme qui se cache derrière le mousquetaire des affaires n'est cependant pas tout d'une pièce : « Audace dans l'apparence et prudence dans le fond », estime Yves Sabouret, vice-président-directeur général d'Hachette ; une prudence de paysan qui a un besoin viscéral d'être maître chez soi, de travailler sur le long terme et de privilégier le patrimoine sur le profit. L'important pour lui, c'est ce qui reste une fois qu'on a disparu. « Ce qui m'intéresse, insiste Lagardère, ce n'est pas tant de gagner de l'argent que d'entreprendre... et de laisser. »

Sagesse paysanne, mais aussi discipline et rigueur militaires. On n'a pas impunément fréquenté (comme fournisseur) les grosses têtes de l'armée pendant des dizaines d'années. Il n'est que de voir la façon dont il organise sa vie. Ses journées commencent vers 8 heures par un petit déjeuner de travail à la maison, suivi de douze heures au bureau entrecoupées seulement d'un ou deux sets de tennis à midi et d'un déjeuner pris sur le pouce. Comme de Gaulle — son modèle — il prend des notes quand on lui parle, pour mieux mémoriser et produit 50 à 60 fiches manuscrites par jour pour communiquer avec ses collaborateurs. On le voit aussi dans les réunions — une par semaine chez Matra et chez Hachette, une par mois à Europe 1 — qu'il mène, avoue-t-il, « d'une façon assez vive et assez agressive », montrant une certaine propension à décider de tout : « C'est moi qui dis ! » S'il n'est pas là, on reporte à une autre fois. Bref, il adore bousculer les gens, mais veille en même temps à les protéger : « Un patron, c'est quelqu'un qui rassure. » Et l'homme capable d'intimer à une secrétaire enceinte : « Débrouillez-vous pour accoucher à l'heure du déjeuner ! », ne peut dissimuler, sous la plaisanterie bourrue, un cœur gros comme ça...

Paysan, soldat, sportif enfin. En témoignent sa passion du tennis, du ski et ses deux haras, à Falaise et à Livarot. Son investissement dans le Racing, qui lui a valu bien des déboires. Le soin jaloux qu'il prend de sa forme physique. Son culte de la loyauté. Et un côté beau joueur : il sait perdre avec panache... mais pas toujours sans rancune.

Il faut le voir raconter les séances à la C.N.C.L., au moment de la privatisation de T.F.1 et de sa défaite devant Bouygues. Il a vécu cet épisode comme une offense à sa loyauté, et non comme un simple échec. « Ce jour-là, je devais aller au haras. Je me suis dit : il n'y a pas de raison, je vais au haras ! Sabouret aurait été le patron de T.F.1, c'était clair. J'ai peut-être manqué un peu de conviction... Sur le moment, j'ai été très dur avec moi-même. Je me suis dit : il y a un truc que j'aurais dû faire et que je n'ai pas fait. Mon dossier était moins gros que l'autre. C'est peut-être ça. J'en ai parlé plus tard avec Francis Bouygues. Il m'a dit : "C'est incroyable, vous avez pris ces gens-là au sérieux !...". » Cet échec, et les autres qu'il a connus dans ses activités industrielles (Manurhin, les semi-conducteurs, l'horlogerie...), il en a fait après coup des preuves de son indépendance : « Je travaille sous le seul regard de ma conscience, c'est mon luxe ! » Y compris vis-à-vis des responsables des pouvoirs publics successifs, relations obligées. N'est-ce pas Edith Cresson qui lui a dit un jour : « Toi, au moins, tu n'es pas une araignée de ministère ! » ?

Ah, ce n'est pas un animal à sang froid,

Lagardère ! Il vit au cœur d'un tourbillon émotionnel où les mots confiance, mensonge, loyauté, trahison reviennent sans cesse, soulignés de mises en demeure hyperboliques : « Je vous jure sur l'honneur et sur la tête de mon fils... » Ou bien : « Je vous le fais à un milliard contre un sou ! »... Ou encore : « Je ne suis pas un lâcheur, moi ! », comme s'il avait un jour souffert qu'on ait douté de sa parole ! Pour lui, les gens sont blancs ou noirs ; il les jauge sans appel, à l'intuition : « Celui-là, je ne le *sens* pas. » Il peut être très dur, même s'il affirme trouver toujours des circonstances atténuantes à quelqu'un.

Ce grand affectif ne manque pourtant pas de patience stratégique. Rien ne l'illustre mieux que la façon élaborée, réfléchie, dont il prépare sa succession. Il a commencé par infliger une véritable exsanguino-transfusion à son état-major. Depuis deux ans, il a recruté une quinzaine de quadragénaires de haut vol aux finances, à la stratégie, aux relations humaines, au juridique, etc. Ils les a sélectionnés lui-même : « C'est mon appréciation personnelle qui compte. » Tous des hommes (guère de femmes chez Lagardère) « à l'angle de vision extrêmement évasé ». Il n'en est pas peu fier, de son écurie de cracks : autant que de ses chevaux ! Tous axés — pour l'instant — sur la stratégie, ils sont en relations permanentes avec les dix opérationnels de Matra et d'Hachette. « L'important, dit Lagardère, c'est qu'ils n'étouffent pas les autres. Mais aussi qu'ils sentent la possibilité de se réaliser au sein d'un groupe. Qualités individuelles et capacité de travailler ensemble... C'est comme au foot : il faut savoir quand et à qui passer le ballon. »

Par ailleurs, il a beaucoup réfléchi à ses entreprises hétéroclites. Il y trouve toutes sortes de raisons de croire en l'avenir. Les missiles et les satellites, on n'est pas près de s'en passer. La voiture Espace, qu'il assemble pour Renault au rythme de 180 par jour, c'est « un concept qu'on peut développer jusqu'en 2010 ». Le métro automatique Val, après des débuts longs et difficiles, commence à percer à travers le monde. Pour lui, les technologies de pointe sont un bon cheval. De même que la communication. Hachette, avec ses livres et ses journaux, a doublé son chiffre d'affaires en quelques années et se fait une nouvelle jeunesse en France et à l'étranger. Bref, lui qui affirme : « Quand je ne pourrai plus me projeter à 20 ans, je m'en irai », s'autorise le regard satisfait du paysan qui a planté son arbre.

Une de ses dernières créations : la banque Arjil. Il s'est laissé en fait convaincre par Philippe Camus, président de la holding M.M.B. Car l'univers de Lagardère est l'industrie bien plus que la finance. Mais, homme du long terme, il a toujours pensé que le monde de l'industrie doit recouper et englober le monde de la finance, et réciproquement. Même si, pour lui, ce sont là deux métiers différents. Il assigne donc à Arjil un destin de « banque d'intelligence et de matière grise, une formule qui était jusqu'à présent le monopole de Lazard ».

Arnaud, son fils unique, qu'il a failli perdre naguère dans un terrible accident d'automobile, privilégie, comme son père, le métier d'industriel. Dans la maison depuis sept ans, il s'occupe principalement, avec Philippe Camus, des acquisitions, au niveau de la holding dont il est le directeur général. Aux yeux de Jean-Luc Lagardère, le statut de son fils est sans ambiguïté : « Je n'ai pas dit qu'il sera mon successeur (difficile, au reste, d'imaginer un Lagardère-bis), mais il sera mon héritier. J'ai un fils, c'est bien naturel de le mettre dans une situation telle qu'il puisse garantir la stabilité du groupe, son indépendance, et qu'il se sente investi de l'ardente obligation de le développer. » Arnaud, après une jeunesse difficile, est aujourd'hui ravi de travailler avec « papounet ». Il l'admire sans complexes, mais non sans lucidité : « Mon père, il délègue en téléguidant les réponses ; son truc, c'est de vous faire dire ce qu'il pense. Dominateur ? Oui, parce qu'il croit toujours qu'il a raison... »

Lagardère a d'ailleurs une très bonne relation avec les jeunes. Chaque fois qu'on les interroge sur le « patron-modèle », son nom est cité en tête. Régulièrement invité à les rencontrer — il fait des conférences-débats à Sciences Po et dans les grandes écoles —, son message porte :

« Regarder devant soi, être optimiste, travailler en équipe, être honnête, se sentir bien dans sa peau et... oser ! » Oser, certes, mais avec prudence : « Lagardère, c'est le cadet de Gascogne », résume Yves Sabouret.

C'est sur cette devise qu'il a construit et qu'il développe un groupe puissant, moderne et international. C'est son job, sa raison d'être, sa joie. Ce qui le rend heureux, c'est de faire aboutir quelque chose qui se prépare sur dix ou vingt ans. C'est vrai pour son entreprise, pour son fils, pour ses chevaux. Premier éleveur français, il nous confie avec du soleil plein les yeux : « Gagner le Prix de Diane, c'est le couronnement de vingt ans de travail ! » Il aime ce qui se mérite.

Presque tous les week-ends, il rend visite à ses haras de Normandie. Au volant de sa voiture, accompagné de son garde du corps, il apprécie ces moments de silence au cours desquels il rumine, réfléchit, fait et défait des schémas. Il y a longtemps que Betty, sa femme — une Brésilienne chaleureuse et conviviale —, a renoncé à l'accompagner. Il ne lui adressait guère la parole pendant les deux heures trente de trajet : « Ça énerve beaucoup ma femme, dit-il, elle me trouve trop tendu. » Elle a raison, Betty : on le sent tendu comme la corde d'un arc avant que la flèche ne parte. C'est le type même du patron monomaniaque, avec toute l'efficacité qui en découle. « Pour un entrepreneur, dit-il, sa femme ou sa maîtresse, c'est son entreprise. » Voilà, c'est dit !

Et la chance ? Il y croit, mais sait l'avoir méritée. « C'est un certain nombre de vertus personnelles qui font qu'on attire la chance. » De même que l'intuition : « Elle est liée aux hommes, non aux faits. » Un exemple : « C'est à la façon dont un collaborateur me présente un dossier que je *sens* s'il est sûr de lui ou pas. » Ce qui compte avant tout ici, ce n'est donc pas la connaissance du problème que l'autre lui expose (lui-même ne connaissait rien au papier quand il a pris Hachette en 1980) ; « mais je dois être convaincu de sa conviction ». Ou encore : « Je ne prends jamais une décision si je ne la *sens* pas. » Sauf pour T.F.1...

Rapide, imaginatif, un œil neuf sur tout, du flair et une aptitude à décider qu'il qualifie de naturelle, notre Gascon se définit ainsi : « Je n'ai jamais eu la grosse tête et je ne l'aurai jamais, parce que je suis un paysan. » Mais un paysan, c'est quoi ? « A 80 ans, il se lève à l'automne et il plante son arbre sans se demander s'il le verra un jour. C'est naturel. »

Ainsi parle Lagardère, et Montesquieu lui répond : « J'aime les paysans, ils ne sont pas assez savants pour raisonner de travers. »

ANTOINE RIBOUD

Le buvard et le morpion

Attention, cet homme est contagieux ! Il ne travaille pas, il s'amuse. Un lutin, un farfadet, un feu follet ! Tout rit, tout pétille chez Antoine, tout éclate d'évidence et de bonheur de vivre : le sourire malin, la voix gouailleuse, le cheveu sur la langue, l'œil en vrille derrière les hublots, la mèche tombant sur le front, jusqu'au nez... Ah, le nez d'Antoine ! Un nez-radar, un nez-tendresse, un nez-passion. Il sent tout, sait tout, il flaire, fouine et il trouve. C'est son antenne sur le monde, sa clef de contact. Et, pour Antoine, le contact, c'est sacré !

Toujours bronzé (il pleut moins qu'on ne croit sur les terrains de golf), chemise à carreaux et cravate à fleurs, il suffit de le rencontrer, habillé à la va-comme-je-te-pousse, tout protocole aboli dès la première seconde, pour comprendre qu'un tel homme ne fait pas grand chose comme tout le monde, mais que vous aurez du mal à le faire changer d'avis. Péremptoire et contradictoire, déjà ailleurs quand vous le croyez encore là, il vous submerge d'un discours ébouriffé où les mots prennent un sens à lui, où les faits s'ordonnent docilement à sa dialectique, et l'avenir à sa vision. La « logique », par exemple : c'est fou ce que n'importe quoi devient logique, pour peu qu'Antoine Riboud vous l'explique !

Ou la « religion » : certes, chez les Riboud, solide famille lyonnaise, on est bons catholiques, mais il a détourné le mot ; pour lui, la religion, c'est ce qui est essentiel à l'entreprise (la sienne, bien sûr), ce qui la soulève et l'anime, et dont lui, Antoine, est responsable. La « religion B.S.N. », ne lui en demandez pas une définition précise. C'est comme la foi : inexplicable. Il faut y croire et la vivre avec intensité. Pour plus de détails, il n'est que de le regarder...

Ou encore « le sport ». Rien à voir avec le culte du corps ou la performance. C'est le culte du pourquoi, l'entraînement quotidien d'un muscle capital entre tous : la curiosité.

Comment cela fonctionne, un farfadet ? « Comme un buvard et comme un morpion. Un buvard, c'est quelque chose qui absorbe tout ce qui passe. Moi, j'ai un cerveau-buvard. Je passe ma vie à écouter et je retiens tout ce que j'entends. Et un morpion, c'est quelque chose qui s'accroche. Discret, mais tenace ! » Logique, non ?

De fait, s'il fallait absolument l'enfermer dans une grille de mots, ce seraient bien là —

curiosité et acharnement — les deux versants de sa personnalité, et les clés de sa réussite.

Curiosité, d'abord : « Il veut tout savoir sur tout ce qui bouge », note Jacques Attali à son sujet. Avec, évidemment, des trucs bien à lui : la valise de documents qu'il emporte chaque week-end à la campagne ; les innombrables notes qu'il dicte le lundi matin à Jacqueline Martin, sa secrétaire ; le pense-bête (une feuille bleue, détachée de son bloc Rhodia, pliée en trois) qu'il garde dans sa poche intérieure et où il note, puis raie les choses à faire (exemple : « Envoyer à Giscard une note technique sur les yaourts-bio, et quelques yaourts ») ; les trois Mystère-10 de B.S.N., qu'il utilise 300 heures par an ; et surtout la vive voix : « Je vis par le téléphone. Tout le monde sait qu'on peut m'appeler chez moi à partir de huit heures moins le quart, trois cent soixante-cinq jours par an. » Tout le monde : enfants, collaborateurs ou amis. A ses yeux, d'ailleurs, c'est à peu près la même chose. Et tout le monde sera écouté avec la même attention : « Il ne fait jamais semblant d'avoir compris », note Georges Lecallier, vice-président de B.S.N. Bref, en lisant beaucoup de comptes rendus et de journaux, en voyageant beaucoup, en cultivant beaucoup de liens, il parvient, dit-il, « à n'être ni un spécialiste, ni un ignorant ».

Curiosité et disponibilité impliquent ce corollaire : la mobilité. Le 11 novembre 1989, il était à Berlin, devant le mur, avec son ami Rostropovitch qui jouait du violoncelle pour les Allemands de l'Est enfin libres ! Un farfadet, c'est bien connu, ignore la routine : « Il réinvente tout à chaque fois, y compris les places à table », confie Michèle, sa compagne. Rien n'est figé avec lui, ni les structures, ni les hommes. Ni l'agenda : rester maître de son temps, cela fait partie de la religion. En contrepartie, il n'a pas de vie privée, ou plutôt, vie privée et vie professionnelle ne font qu'un. Sa vie, c'est B.S.N., un point c'est tout.

Cela dit, B.S.N. ne serait pas devenue en vingt ans ce qu'elle est — peut-être pas encore « le Nestlé français », son rêve secret, mais enfin, une bonne approximation — si son patron ne l'avait dotée d'une organisation en béton. Fort simple, du reste. Sur le papier, lui-même dessine trois cercles concentriques (comme les gosses, il dit des « ronds ») : le rond central (quatre personnes, dont Antoine) s'occupe exclusivement de stratégie ; le rond suivant est celui des neuf directeurs de branches (biscuits, bière, eaux minérales, etc.) ; le troisième rond regroupe enfin les quarante-sept directeurs de départements. Avantages de cette struture : d'un cercle à l'autre, il y a un pont pour communiquer, mais le stratégique est clairement séparé de l'opérationnel. « Seul le rond central peut décider où on met de l'argent. » Bref, conclut Antoine, « je décentralise la fierté et je centralise les finances ». C'est la religion !

Au demeurant, tout cela bouge beaucoup, et sans arrêt. « Tous les directeurs sont autonomes, communicants et mobiles », précise Georges Lecallier. Lui-même, spécialiste du marketing venu de Procter & Gamble, a dirigé d'abord chez B.S.N. la branche épicerie, puis Danone, puis les ressources humaines, avant d'accéder au saint des saints, le rond central. La bureaucratie, la dégénérescence en baronnies sclérosées, plaie des multinationales, est une des hantises d'Antoine. C'est pourquoi il veille, réveille, questionne inlassablement, pratiquant une sorte de ping-pong mental qui empêche les gens de s'assoupir. Quand une boîte devient trop grosse, il la casse en deux.

Autre chose : le partage des tâches, c'est sacré. Les réunions du grand cercle, il s'y rend de temps à autre, pour voir ou ranimer la flamme, mais relativement peu : « L'opérationnel, ce n'est pas mon boulot. Il faut que les gens s'amusent, qu'ils gèrent leur affaire comme si c'était leur propre boîte. » Par exemple, ce n'est que rarement qu'il demande à voir d'avance les publicités. « Si ça ne me plaît pas, je le dis après coup, mais ça ne changera rien. Autrement, on deviendrait ingérables. » Morpion, mais pas crampon. Le principe des ronds communicants lui permet de tout savoir sur les marchés, les résultats, le social, etc., mais de garder du temps libre pour mettre la main à la plume (« Je n'ai jamais fait écrire un de mes discours par quelqu'un »), ou, si besoin est, se consacrer entièrement aux grandes manœuvres : « Je peux disparaître un mois pour acheter General Biscuit ou Nabisco Europe ; la maison tourne. » Car sa tâche à lui, la stratégie, il ne la délègue pas : « Les grands choix, les grands équilibres — donner la priorité aux marchés européens ou aux États-Unis, racheter une grosse boîte, défendre B.S.N. contre les O.P.A. — cela ne peut évidemment pas se déléguer. »

Techniquement, le maître-rouage de la gestion, mis en place dès 1970 sur les conseils de McKinsey, c'est, pour chaque département, une réunion annuelle d'une demi-journée, dite d'« objectifs préliminaires ». Autour du directeur de branche et éventuellement de membres du rond central, y participent le patron du département et ses cadres opérationnels. Une cinquantaine de réunions, donc, étalées sur quatre mois, où l'on fait le point sur les forces et les faiblesses du produit et de son marché, et où les opérationnels sont initiés à la stratégie-maison, formulée en général par un plan à trois ans, ou, mieux, à cinq ans. C'est là que s'attrape le « virus B.S.N. ». Pourquoi cinq ans ? Parce que cela oblige à réfléchir plus loin que la routine budgétaire, à ne pas se payer d'illusions avec des chiffres. « Les chiffres, dit Antoine, cela ne parle pas à l'imagination. L'important, ce sont les faits, pas les chiffres ! » S'y ajoutent, tous les mois, un comité de stratégie du groupe (les deux premiers ronds), et, une fois par an, un comité consacré au choix et à la promotion des hommes. Voilà comment on fait tourner une des plus belles machines à profit françaises.

Riboud et B.S.N., c'est l'histoire d'un lanceur de poids qui raterait le podium aux J.O. mais qui, aux jeux suivants, remporterait la médaille d'or du 400 mètres. La chance de sa vie — c'est lui-même qui l'affirme — fut, le 21 décembre 1968, d'échouer dans sa tentative d'O.P.A. sur Saint-Gobain. Souvenez-vous : Antoine Riboud, déjà quinquagénaire, présidait alors aux destinées d'une paisible et plutôt modeste fabrique de verre, Boussois-Souchon-Neuvesel, où l'avait casé sa famille. Et voici que, dans la foulée de l'effervescence soixante-huitarde, il s'attaque sans crier gare à la vieille dame de la profession, tricentenaire et multinationale. A la Bourse, on n'avait jamais vu ça ! Dans l'*establishment* titré et solennel de la banque et de l'industrie françaises d'alors, ce fut un beau scandale, et, bientôt, la mobilisation victorieuse contre l'impudent. Mais Antoine n'était pas homme à revenir pleurer dans son coin. Le verre ne veut pas de lui ? Il va trouver autre chose.

Et il faut bien reconnaître que là, son sens de la logique va faire merveille. Écoutez-le raconter (avec quelle jubilation !) : « Qu'est-ce que je vois ? Que Carrefour et les autres sont en train d'attirer les ménagères à la périphérie des villes. S'ils veulent vendre du liquide, ils vont devoir renoncer au système de la bouteille consignée. Qu'est-ce qu'ils vont faire ? De l'emballage perdu, et ça, c'est bon pour les verriers, ça fait du tonnage ; mais aussi des emballages tous azimuts : plastique, carton, tôle, et là je n'y connais rien ! Je ne vais quand même pas me lancer dans le papier, la sidérurgie et la chimie, où il n'y a que des sous à perdre ! »

C'est alors que jaillit la grande idée : passer du contenant au contenu, de l'industrie lourde du verre aux produits alimentaires de grande consommation. Comme fournisseur, B.S.N. connaissait tous les brasseurs, confituriers, embouteilleurs d'eau minérale de France et de Navarre. Dès 1970, il rachète Kronenbourg, Évian et l'Européenne de Brasserie, puis tout s'enchaîne : Gervais-Danone, la Pie qui Chante, Vandamme, Amora, les Champagnes Lanson et Pommery, Lu, Heudebert, Belin, Blédina, Panzani...

Entre-temps, il se sera débarrassé de l'activité « verre plat », bousculée par le choc pétrolier, et de Boussois, la dernière société verrière du groupe. En vingt ans, la reconversion est totale « du verre à la bouffe ». Difficile d'imaginer changement plus radical, qui fait passer B.S.N. d'une économie de produit à une économie de marché, du très lourd au très mobile, de la technique au marketing.

Tout cela — aux dernières nouvelles, 42 milliards de chiffre d'affaires — est sorti de sa tête, c'est incontestable !

Pour Antoine, l'humanité se partage en deux catégories : ceux qui prennent des douches et ceux qui prennent des bains. C'est ainsi qu'il pense le mieux : dans son bain, et après neuf heures de sommeil. Les dîners en ville, les romans, la télévision : connaît pas. Austère ? Non, pas vraiment : quatre heures de golf le samedi, et autant le dimanche, avec les amis ; huit jours de vacances tous les deux mois, à l'hôtel en Espagne (avec téléfax) ou dans sa maison de Culoz, près du lac du Bourget (il y produit du vin blanc). Écoutez-le raconter (avec quelle gourmandise !) : « J'ai hérité d'un cellier. On m'a dit qu'un vignoble doit faire six hectares pour être rentable. J'ai donc planté six hectares de Chardonnay, le plus cher du monde. J'ai tout imaginé : le marketing, la bouteille, la caisse... Maintenant, j'en fais 50 000 bouteilles par an, j'en vends dans le monde entier ! » Avec sa vigne, il s'amuse autant qu'avec B.S.N., peut-être même plus.

Tout Antoine est là : quand il se donne, c'est à fond et dans la joie. Même dans les négociations d'affaires les plus sérieuses, les plus dures, et Dieu sait s'il en a mené ! Neuf fois sur dix, à Paris, en Italie ou en Amérique, c'est lui qui ouvre le jeu, avec ses gros sabots, parce que « l'instinct, ça ne se délègue pas ». Et après, comment gagner ? « Trouver la logique de l'opération ! Absolument essentiel ! Expliquer que vous saurez développer le marché, que vous avez les hommes pour... Tout le reste, c'est des bricoles ! » Alors le courant passe : « J'y crois fabuleusement, au courant qui passe ! » Et s'il ne passe pas, « ce n'est pas la peine d'insister... ». Des échecs, il en a connu, il les assume : « Il faut accepter à l'avance qu'on puisse perdre. » Et il n'a pas la tête enflée : « Souvent, vous réussissez moins grâce à votre talent que parce que les autres commettent des erreurs... »

Dans son bureau de la rue de Téhéran, spacieux et lumineux, il reçoit toujours autour d'une table ronde modeste et usée. Si elle pouvait parler, cette table, elle raconterait près d'un demi-siècle d'histoire de l'industrie française ! Le lieu est habité plutôt que décoré. Une collection de chopes de bière, divers trophées et coupes, et, sur la table, un petit joueur de golf en argent : Antoine. Au mur, deux tableaux de Michèle, un Fernand Léger, une photo de Chine par son frère Marc, des dessins de Plantu et de Tim. Par terre, deux sacs de voyage prêts pour le départ... L'amour, l'humour, l'amitié, la famille, le travail, tout ce qui fait la vie d'un patron inclassable : méthodique dans son désordre, prudent comme un laboureur et fier comme un Lyonnais, il slalome entre logique et intuition, instinct et réflexion...

Qu'est-ce qui fait courir Antoine ? L'argent ? Sûrement pas. Pour lui, c'est un outil, comme l'avion ou le téléphone. Le pouvoir ? La mégalomanie est radicalement étrangère à sa nature. Le pouvoir, comme l'argent, ça vient en plus, c'est la cerise sur le gâteau. La notoriété ? Peut-être un peu... Il était heureux de passer à

L'Heure de vérité. Une fois de plus, il l'avait si bien préparée (il n'a pensé qu'à ça pendant un mois) qu'il donnait l'impression de s'y amuser. Ni ego, ni mégalo, ce bricolo de génie est satisfait de ce qu'il a accompli. Son frère cadet, Jean, récemment disparu, a fait une carrière éblouissante à la tête de Schlumberger, alors une superbe multinationale. C'était un esthète et un intellectuel. Antoine a prouvé qu'il pouvait faire autrement, et il n'en est pas mécontent, c'est clair. Mais son véritable mobile — telle est l'opinion de sa fille Christine, qui le connaît bien et qui lui ressemble — c'est le plaisir d'agir. « S'amuser en ayant un succès après l'autre. »

Pour les jeunes, qu'il aime bien et auxquels il consacre pas mal de temps, il résume sa philosophie en une question : « Qu'est-ce que tu veux *faire* dans ta vie ? » Pas *être*, mais *faire* : « Patron, tu le deviendras si tu n'as pas l'objectif de l'être. Surtout, pas d'école de *business*, parce que l'excès de formation tue l'instinct, et l'excès de rationnel tue l'imagination. Les gens doivent être heureux dans ce qu'ils font. » Pour lui, c'est clair : « Je ne changerai de peau pour rien au monde. » Sa secrétaire non plus qui a le rythme d'Antoine, le culte d'Antoine, la confiance d'Antoine. « Depuis trois ans, je me suis épanouie. Mes amis m'en parlent... » Contagieux, vous dis-je !

Reste un dernier adversaire, qui ne sera pas le plus facile à vaincre : le temps. Antoine

Riboud a maintenant 72 ans. Il s'est fait donner par son conseil d'administration la possibilité de rester à son poste jusqu'à 80 ans. Il a « bordé » le capital de B.S.N. du mieux qu'il a pu, en y faisant entrer des amis. Il sait que tant qu'il sera là, les prédateurs y regarderont à deux fois : « Si on m'attaque, je peux trouver cinq milliards demain matin en appuyant sur un bouton ! » Mais il ne contrôle personnellement qu'une infime partie du capital, même s'il s'est toujours comporté comme s'il en était le seul propriétaire. Dans l'agro-alimentaire — il est bien placé pour le savoir —, on raisonne en parts de marché, et les parts de marché, ça s'achète (cher !) —, ce qu'il a fait. Car, dit-il, « plus on est gros, moins on est vulnérable ». Pour les super-puissances du secteur, genre Nestlé ou Unilever, B.S.N. n'est pas seulement une proie tentante, c'est l'aboutissement d'un raisonnement logique ! Peut-être leur suffit-il d'attendre ?...

La perspective d'un dépècement possible de son chef-d'œuvre hérisse Antoine : « B.S.N., c'est la cathédrale de Chartres ! Je ne veux pas que cette maison soit découpée en rondelles de saucisson ! Je veux bien devenir européen, mais je ne veux pas qu'on m'achète ! » Le lutin devient presque grave : « Les centres de décision des grandes entreprises françaises doivent être protégés comme faisant partie du patrimoine français, sinon on assistera à une fuite des cerveaux bien plus grave que la fuite des capitaux. Mais savez-vous ce qu'on dit, à Wall Street ? *If you need a friend, buy a dog :* si vous avez besoin d'un ami, achetez un chien... »

Propos pessimiste, qui doit revenir parfois à l'esprit d'Antoine l'optimiste, le matin dans son bain...

ANDRÉ ROUSSELET

Valmont président

A défaut d'être dangereuses, ses liaisons sont multiples, officielles et compatibles : président de Canal Plus, président des taxis G-7, président de la Galerie de France et des chaussures Cobbler. Notre héros a pour métier la séduction, pour éthique l'esthétique, et pour arme la rancune : c'est Valmont dans le *business*.

Quand il ne séduit pas, il s'ennuie. Entre convention et provocation, il balance, fidèle à son signe. Quand il tranche, c'est avec des mots : ça pique, ça coupe, ça tue. Puis l'orage passe et le charme repasse. A ce jeu, il excelle. Il joue, mais ne s'amuse pas. D'un naturel distant, la gentillesse le touche et l'embarrasse ; il cherche alors sa place dans ce fauteuil sur lequel semble avoir poussé quelque cactus. Puis son masque tombe, son regard et son sourire se métamorphosent, la raideur devient rondeur ; il fond.

Avoir créé Canal Plus (en 1984 ; il avait alors 62 ans) dans l'incrédulité générale et présider, cinq ans plus tard, aux destinées de la seule réussite incontestée du paysage audiovisuel français (plus de deux millions et demi d'abonnés, 4,3 milliards de chiffre d'affaires et 618 millions de bénéfices), voilà un exploit qui inspire à tout le moins la curiosité. D'autant qu'il couronne une carrière en zigzags : celle d'un grand bourgeois anticonformiste. On y rencontre successivement une île tropicale, une compagnie de taxis, un siège de député, un président de la République, une galerie de peinture et une agence de publicité...

Curieux destin que celui d'André Rousselet qui, depuis la guerre, promène dans les milieux les plus divers cette imperturbable raideur de juge et ce sourire de séducteur de la Metro-Goldwyn-Mayer ! Né à Nancy, d'un père magistrat et membre de l'Institut, il garde de sa jeunesse des souvenirs de profond ennui dans la maison familiale de Bourgogne, entre un père que ses médiocres études désespèrent et une mère catholique et rigoriste, aux petits soins pour l'autre fils, Jean, qui, lui, réussira brillamment en médecine. André fait néanmoins son droit, Sciences po, passe le concours de chef de cabinet de préfet (un an avant que l'E.N.A. ne soit créée ; il n'est donc pas énarque), et le voici en poste dans des villes aussi excitantes que pouvaient l'être Auch, Troyes ou Condom juste après la Libération. En 1948, pour se changer les idées, il demande Pointe-à-Pitre. Il y restera cinq ans.

Jusqu'alors, ses choix étaient plutôt des mouvements de rejet destinés à secouer son ennui. Mais la chance ne tarde pas à entrer dans son jeu. A la Martinique, il avait eu quelques démêlés avec un élu du crû ; le hasard veut qu'il partage cette inimitié avec le ministre de l'Intérieur de l'époque, lequel, sur ce seul critère, fait du sous-préfet André Rousselet son directeur de cabinet. Le ministre, c'est François Mitterrand. Depuis lors, leur amitié ne s'est jamais démentie. Ils parviennent encore à trouver quelques lundis matin pour jouer au golf ensemble.

Comment le haut fonctionnaire va-t-il se retrouver patron (et propriétaire) d'une entreprise tout ce qu'il y a de privée, la compagnie de taxis G-7 ? A la suite d'une nouvelle crise de rejet. En 1958, De Gaulle arrive au pouvoir ; Mitterrand prend la tête de l'opposition, et Rousselet, qui l'avait suivi dans divers cabinets ministériels, plutôt que de se retrouver sous-préfet à Armentières ou à Bellac, se fait mettre en disponibilité. Le culot et la chance... Grâce aux petites annonces, il trouve un job chez Simca, au service des relations extérieures. Or, Simca était propriétaire de G-7, et c'est là que se révèle le talent de l'homme d'affaires...

L'histoire est classique : G-7 perdait de l'argent et encombrait Simca. Rousselet y flaire une petite poule aux œufs d'or. Il va trouver Pigozzi, le patron de Simca, et le convainc de lui vendre la société pour pas bien cher. Lui qui avait du mal à distinguer un carburateur d'une dynamo la redresse en un clin d'œil.

Bizarrement, son nouveau métier de « garagiste », comme il dit avec le sourire, ne l'ennuie pas du tout, bien au contraire. Il sait prendre son temps pour vous expliquer, avec force détails, la meilleure façon de gérer un stock de pièces détachées ou de ranger des voitures dans un garage...

L'entreprise privée lui plaît. Le séducteur est séduit. Assez pour que, bientôt, il ne se contente pas d'une seule. En 1978, cédant à son penchant pour l'art, il rachète la Galerie de France, que dirige aujourd'hui sa compagne Catherine, ex-conservateur au Musée d'Art moderne. Il a aussi des intérêts dans la chaussure et l'assurance.

1981 : l'ami François est élu président de la République et prend André Rousselet comme directeur de cabinet (il avait également été un éphémère député F.G.D.S. de Toulouse en 1967-68). A l'Élysée, il ne reste qu'un an : « Je m'y ennuyais... La politique, c'est un mode de pensée, une échelle de valeurs qui me sont complètement étrangers. On se fixe sur des détails en oubliant l'ensemble. C'est fou, la modestie du rendement ! La politique, c'est l'anti-entreprise. François Mitterrand me l'a dit un jour : "Vous, Rousselet (quand il est de bonne humeur, il m'appelle André ; ce jour-là, c'était "Rousselet"), vous n'avez pas le sens politique." Pendant des années, le reproche m'a travaillé. Avec le temps, je trouve que c'est plutôt un titre de gloire ! »

On se quitte néanmoins bons amis et Rousselet se recase à la tête de Havas, l'entreprise de publicité nationalisée qui va servir, deux ans plus tard, de rampe de lancement à une idée neuve en France, la télévision à péage. Personne alors n'y croyait, et l'affaire illustre bien le tempérament, la vision, la rapidité de décision et les talents d'initiateur de l'homme : « De nous tous, c'est lui le plus jeune », confie, admiratif, Pierre Lescure, le directeur des programmes, son bras droit. Aujourd'hui, Canal Plus essaime en Europe, investit dans le câble, les satellites et les programmes, bref, a son mot à dire dans la compétition des géants internationaux de l'audiovisuel. Dire qu'il y a cinq ans il n'y connaissait rien !...

Pour autant, il n'a pas délaissé ses anciens chevaux. Né sous le signe de la balance, il a du mal à choisir. Aussi cumule-t-il au prix d'une organisation assez acrobatique : trois demi-journées (en principe) par semaine dans le bureau blanc et lumineux de G-7 à Clichy (décoration Jean-Michel Wilmotte, tableau de Degottex et fusain de François Bouillon), le reste dans son bureau plus sombre et encombré de dossiers de Canal Plus (du même Wilmotte, tableau géant de Matta). Heureusement, deux secrétaires efficaces, Denise Peton côté taxis, Véronique Tylman côté décodeurs, parviennent à compenser son désordre naturel et à synchroniser son agenda de poche Hermès, sans oublier l'approvisionnement indispensable : la boîte de cigares et la carafe d'eau fraîche.

« C'est important pour moi, reconnaît-il, de m'occuper en même temps de la Galerie de France, de G-7 et de Canal Plus. C'est une gymnastique d'avoir à résoudre des problèmes de nature et de dimensions différentes. Il n'y a pas de petits problèmes. Il n'y a que des problèmes que l'on veut bien approfondir. » Il passe d'un niveau à l'autre avec la même implication, la même concentration, le même bonheur, comme le golfeur change de club en fonction du coup qu'il va jouer.

Il travaille beaucoup, mais avec une certaine désinvolture affectée. L'attaché-case qu'il emporte le soir revient souvent sans avoir été ouvert. Il dicte très vite, tard le soir, à sa secrétaire, ou le dimanche à un dictaphone, et écrit fort bien, dit-on. Un déjeuner le lundi à Canal Plus avec quinze ou vingt collaborateurs pour prendre le pouls de la station, un comité de direction le mercredi avec Lescure, les directeurs et les chefs de service concernés. La discussion de groupe lui sert, dit-il, de « bassin de décantation ». Le reste du temps, il rencontre beaucoup de gens et pousse à l'improviste la porte de ses collaborateurs — au moins de ceux qui travaillent au même étage que lui.

Sa façon d'exercer son autorité tient en deux formules complémentaires : le « pouvoir d'évocation » — terme emprunté au droit administratif —, c'est-à-dire la capacité souveraine de s'emparer d'un dossier quel qu'il soit ; la remise en question de la routine et l'« angle d'attaque » : ce qui permet de déterminer une stratégie en dégageant les lignes de bon sens. Ça exige des capacités d'adaptation et de remise en cause, explique-t-il, mais entraîne aussi deux conséquences. D'abord, d'accepter de déléguer tout ce qui se situe au dessous de l'« angle d'attaque » (à Canal Plus, par exemple, les programmes sont totalement entre les mains de Pierre Lescure : « Rien de plus merveilleux qu'un collaborateur qui trouve ce que vous n'avez pas trouvé, qui propose ce que vous n'avez pas proposé... »). Ensuite, d'être sans cesse à l'affût, puisque les dossiers n'atterrissent pas tout seuls sur votre bureau. D'où une atmosphère permanente de remise en cause, de déstabilisation, voire de provocation · « Dites-moi ce qui ne marche pas ! Donnez-moi des informations ! Qu'est-ce qui vous paraît insolite ? Soyez "audit" ! » S'il peut se permettre de négliger le quotidien, c'est parce qu'il fait ainsi sentir constamment son exigence et son impatience : « Quand vous avez un projet, raconte Pierre Lescure, il ne faut pas lui en parler trop tôt, parce qu'il enclenche aussitôt ! » C'est un homme du court terme, pragmatique et peu planificateur. Disponible aux occasions, il se veut d'une grande mobilité.

On aura compris que travailler avec André Rousselet n'est pas de tout repos. Il a le génie de semer autour de lui incertitude et inquiétude, en jouant successivement sur ses registres favoris : séduction et dureté. Au premier abord, ce visage rétracté, tout en longueur, ce front immense, ce regard asymétrique, ces traits fins et une certaine raideur vous tiennent à distance. Puis la machine à charmer se met en marche, il sourit, vous pouvez alors l'approcher, mais c'est lui qui règle la distance. Tout reste sous contrôle, et d'abord sa sensibilité : pas de débordements affectifs, pas de sentimentalisme, surtout pas de familiarité. A Canal Plus, tout le monde l'appelle « Président », et Catherine le vouvoie. « C'est la distance nécessaire pour pouvoir dire les choses », explique-t-elle joliment.

Il a d'ailleurs l'élégance de se traiter lui-même avec la même froideur. Lucide, il entretient avec la mort une relation singulière. Il la provoque en continuant, à 67 ans, de rouler à moto. Il a noué avec elle une relation épistolaire : depuis vingt ans, il prépare des enveloppes intitulées « *Après ma mort* ». Le futur siège de Canal Plus, qu'il fait édifier quai André Citroën par l'architecte américain Richard Meier, sera, dit-il, « la seule chose qui restera de moi dans cinquante ans ». (« Il y a chez lui, dit Pierre Lescure, le sentiment que des risques artistiques peuvent symboliser une action. ») Quant à la préparation de sa succession à Canal Plus, elle est en bonne voie. Ce ne sera pas, semble-t-il, Pierre Lescure seul (il le sait), mais un tandem composé de l'actuel patron des programmes, plutôt charmeur, et d'un brillant conseiller d'État récemment embauché comme directeur général, Marc-André Feffer. Pourquoi ce choix ? « Parce que Lescure est mon complémentaire. Pour me remplacer, il faut donc quelqu'un qui soit mon double, et, tant qu'à faire, en mieux... »

Imprévisibilité, rapidité, calme, détachement : un tempérament de joueur. Il confirme : « C'est un jeu, la vie. Il faut toujours chercher à gagner et savoir accepter de perdre sa mise, pour mieux faire sauter la banque ensuite. » Avec cet état d'esprit, on ne saurait s'attendre à beaucoup de mansuétude de sa part. Rousselet n'a pas son pareil pour « faire le ménage », comme il dit gentiment, c'est-à-dire pour se débarrasser sans ambages de qui ne lui convient plus, « au risque d'être un tout petit peu injuste... ». C'est ainsi qu'un directeur général de Canal Plus — taisons son nom — s'est retrouvé à la porte un mois après ses débuts, et un directeur des programmes avant même de commencer. La façon dont il embaucha Pierre Lescure, alors directeur de la rédaction d'Antenne 2, illustre aussi sa manière expéditive. Il l'invite à déjeuner : « Cela m'intéresse, dit Lescure, mais il faut que j'en parle à mon patron (Pierre Desgraupes). » Après déjeuner, Lescure entreprend sa démarche ; Rousselet avait déjà téléphoné à Desgraupes.

Quand il ne congédie pas, c'est pire. Il faut alors subir sa colère, une colère froide, contrôlée, coupante, humiliante, qui peut être d'une « méchanceté abominable, excessive », dit un proche. La vengeance, il la pratique avec raffinement, et la mise à l'épreuve avec constance, car il a besoin qu'on lui prouve qu'on l'aime ! Pour cela, il pourra se montrer amical, affectueux, paternel même. Et généreux : le système de *stock-options* adopté à Canal Plus a déjà produit pour ses cadres quelques jolies résidences secondaires aux pieds dans l'eau. Cependant, note Pierre Lescure, « il ne joue jamais au copain ». Jamais.

Les négociations aussi, il les mène comme un tueur. « Un tueur tactique », précise-t-il. Quelle tactique ? « Afficher le maximum dès le départ ; mettre toute la pression. Un peu de comédie, une irritation bien contrôlée, cela ne fait pas de mal... Évaluer le point de rupture de l'interlocuteur, le précéder, feindre de se lever, attendre la réaction... Et, surtout, se donner le visage d'un dur, intransigeant et buté. »

Difficile, en fin de compte, d'identifier le mobile profond qui donne son unité à ce mélange complexe de rigueur et de désordre, d'assurance et de méfiance, d'urbanité et de cruauté, de grand bourgeois et d'anticonformiste... Le sentiment du temps qui passe, de l'âge qui vient ? Sans doute. L'argent ? « Il ne doit pas être une fin... Je suis un riche de la première génération, celle qui n'est pas là pour conserver, mais pour dépenser. »

L'art pour l'art, l'esthétique ? C'est vrai, la peinture le touche, et il attache beaucoup d'intérêt au futur siège de Canal Plus (même si l'architecte Richard Meier n'était pas son préféré. Mais il avait confié la décision à un comité souverain). Mais encore ? Fuir l'ennui ? « La potion magique contre l'ennui, c'est l'impondérable, et l'impondérable est le pain quotidien de l'entreprise. » Mais encore ?

Séduire pour être séduit ? Il ne résiste pas à l'intelligence et privilégie la loyauté : « J'ai besoin de pouvoir me regarder dans un miroir. » Éthique ou esthétique ? Lui seul sait si elles peuvent parfois se confondre.

BERNARD TAPIE

Les revanches du miura

Sur lui, on a tout dit, tout raconté, tout écrit — y compris qu'il n'est pas vraiment un patron Tapie, avant tout, c'est une gueule. D'aucuns diraient : une grande gueule. Sa bouche immense nous dit son appétit de vivre de travailler, d'acquérir, de posséder, de provoquer, de communiquer, de gagner. D'être reconnu.

Son cou puissant signe sa race : un *miura*. Le fin du fin pour un toréador qui veut combler son public. Imprévisible, ce taureau arrive là où on ne l'attend pas. Fonceur, culotté, d'une grande mobilité, il passe d'une idée à l'autre, capte, observe, analyse, sélectionne, réalise. Sa disponibilité est totale. Le *miura* n'a d'oreilles que pour le toréador. Le problème, avec Tapie, c'est que le toréador, c'est également lui !

Un imaginaire bouillonnant, un appétit insatiable, un sens aigu du spectacle, une envie forcenée de gagner : il s'amuse. « Je n'aime faire que ce qui est ludique. » Pour jouer, il lui faut des jouets et un public. Des « joujoutes », comme il dit, il en a, mais s'en lasse. Le public, il l'a, mais lui aussi se lasse. *Show* et *business* : Tapie, le roi du *business-show*, est condamné à ne pas se faire oublier. Il ne suffit plus d'avoir le plus grand voilier du monde et de savoir naviguer, encore faut-il battre le record de traversée de l'Atlantique. Il ne suffit plus d'avoir un *jet*, encore faut-il le piloter personnellement. Il ne suffit plus d'animer une émission de télévision, encore faut-il chanter. Il ne suffit plus d'avoir le plus bel hôtel particulier du faubourg Saint-Germain, encore faut-il le garnir de meubles rares et précieux...

A cette escalade de l'avoir succède bientôt l'escalade du pouvoir ; après Tapie et l'Assemblée nationale, Tapie et la mairie de Marseille, et, pourquoi pas, Tapie et l'Élysée. Comment pourrait-il d'ailleurs ne pas rêver à l'Élysée, lui, le petit-gosse-d'ouvrier parti-de-rien-et-qui-s'est-fait-tout-seul-à-la-force-du-poignet ?

Sa vie ? Une longue suite de revanches : sur les riches, sur les puissants, sur les notables. Déterminé à vaincre et à être reconnu, il ne se départira jamais de son impertinence. Il y a même du Coluche en lui, un Coluche qui ne se contente pas de brocarder la société, mais qui veut la conquérir.

Sa chance fut de n'avoir pas débuté au café-théâtre, mais comme conseil à la SEMA. Il y a acquis deux choses : une solide culture comptable et une vision cynique de l'*establishment* : « Les patrons ne nous demandaient pas d'intervenir pour redresser leur boutique. Ils nous demandaient de crédibiliser leur vision des faits, de leur fabriquer un dossier en or pour mieux entourlouper leur banquier ou leur acheteur, jamais pour faire de vraies réformes. D'ailleurs, la première bonne mesure aurait été qu'ils prennent leur retraite, et ça... »

Toute sa stratégie en affaires part de là, sur fond d'une crise qui multiplie les occasions. Ajoutez-y beaucoup d'imagination, une envie folle de gagner et un sens aigu de l'opportunité : racheter pour un franc symbolique des boîtes « pourries », les redresser, y laisser les bénéfices et les revendre en réalisant la plus-value maximum.

Il le reconnaît lui-même : « Je ne suis pas un chef d'entreprise. Je suis un manager. Les affaires ne sont qu'une denrée qu'on achète et qu'on vend. »

En 1986, la holding Tapie comptait 46 sociétés : La Vie Claire, Terraillon, Testut, Look, Wonder, etc. En 1989, elle n'en a plus que six, mais s'est sans doute enrichie de quelques milliards de trésorerie.

Tapie n'est pas un *raider* à la mode du jour ; les montages financiers subtils, ce n'est pas son genre. Plus simplement, c'est un bon acheteur et un bon vendeur (il a d'ailleurs débuté dans la vie en vendant des téléviseurs), doublé d'un excellent comptable et d'un redoutable procédurier : « Je consomme beaucoup d'avocats. Je mets tout sur le même et j'en change souvent.

J'aime bien faire démarrer les gens... » Traduire : j'aime travailler avec les jeunes.

Lui-même reste juvénile ; gosse insatisfait et instable qui réclame sans cesse de nouveaux jouets : « J'aime trop de choses pour mettre toutes mes fibres sur le même sujet, avoue-t-il. De passer d'un truc à l'autre, tu as le sentiment de vivre plus longtemps. » (Bernard Tapie a le tutoiement facile). Il a besoin de flirter avec l'angoisse, le risque, le conflit. Voilà pourquoi, dès que le monde des affaires l'a un peu moins excité, il est allé chercher d'autres sensations dans le football et la politique. Non sans laisser percer — *commediante, tragediante* — une pointe de lassitude : « J'ai de plus en plus de mal à me motiver pour entreprendre... » En fait, ce qu'il aime, c'est étonner — mais plus encore, s'étonner.

Ses méthodes de gestion découlent en droite ligne de sa conception mercantile du *business*. La holding fonctionne comme un cabinet de conseil pour les entreprises dont il est provisoirement propriétaire et qui conservent généralement leurs dirigeants. Au 24, avenue de Friedland, la structure est très légère : dix à douze opérationnels qui passent leur temps à visiter les boîtes et qui n'ont même pas un bureau à eux (seul Tapie et ses trois secrétaires en ont un). Il en a trop vu, à ses débuts, de ces états-majors pléthoriques et inutiles ! « Ils s'installent et n'ont plus qu'une idée : flatter le patron. Ils perdent leur esprit critique. Tu n'as plus autour de toi que des mecs qui pensent ce que tu penses... » Lui, Tapie, n'a pas de directeur général, pas de secrétaire général, pas de directeur financier, seulement un contrôleur de gestion, des experts-comptables et quelques spécialistes (du marketing, de l'informatique, du commercial...). « Comme si c'était une performance d'avoir beaucoup d'employés ! Moi, je n'ai que trente personnes à nourrir, je peux en avoir zéro demain... »

La lourdeur des appareils, il est cependant bien obligé de la retrouver dans ses propres boîtes, et il en parle sans illusions : « Difficile de modifier leur mentalité, ou alors tu ne délègues pas. Les cadres à R 25 avec téléphone, tous les mêmes ! Ils sortent des mêmes écoles, ils ont les mêmes besoins... »

Les patrons, il ne les aime guère non plus (beaucoup le lui rendent bien) : « Ce n'est pas un monde très attachant. Même s'ils sont intelligents, ils ne sont pas très intéressants. A part quelques-uns, ils ressemblent tous à un tiroir-caisse ! »

Que fait-il donc de plus, lui, Tapie, pour redresser des affaires en déroute ? D'abord il établit un diagnostic. Puis il remonte la gestion à un niveau de qualité standard, dans des entreprises « qui n'étaient pas gérées du tout ». Modeste ? Non, lucide. Les produits ? Là, il se reconnaît un certain flair : « Je capte bien ce que les gens ont envie d'avoir ou d'entendre ; je me projette comme consommateur. Pas besoin de génie. Il suffit que le produit procure un bien-être à la fois économique et psychologique. » Mais, de plus en plus, les produits sont définis par les ordinateurs et se ressemblent tous. Ce qui fait la différence, c'est la qualité des hommes. Finalement, c'est leur choix qui requiert le plus de talent et comporte le plus d'aléas : « En changeant un seul dirigeant, Testut est passé de vingt millions de pertes à dix millions de bénéfices. Une entreprise, c'est comme une formule 1, tellement pointue que la qualité du pilote fait toute la différence... »

Mais il maintient qu'il n'y faut aucun génie particulier : « Les gisements d'économies sont partout. Le talent, c'est de n'en négliger aucun. A la tête d'une entreprise, il suffit d'un gestionnaire besogneux qui s'applique. Les génies sortis de l'E.N.A. ou des Mines, ils font maintenant de la finance, ils fabriquent des billets avec des billets, ils ne regardent que le haut du bilan. Il y avait sept candidats au rachat de Wonder, un investissement d'un milliard ; un seul a demandé à voir les usines ! »

Non, décidément, le *business* ne le branche plus tellement : « De toutes mes activités, c'est celle de chef d'entreprise la plus facile, et de loin. On est porteur ou non du gène de la réussite. C'est biologique. Ce n'est pas une question de qualités intellectuelles. » Mais, pour ceux qui ont la chance de l'avoir, encore faut-il le savoir : « On apprend à partir de la connaissance de soi. »

Et le *miura* de foncer sur de nouvelles banderilles, celles du sport et de la politique. Pourquoi ? Pour se lancer un nouveau défi : « Je veux savoir si je n'ai pas que de l'appa rence, si j'ai du fond, de la consistance. Si je ne suis qu'une vedette, je devrai disparaître... » Dominique, sa femme, confirme : « Il s'analyse sans arrêt. Ce don pour la communication qui a fait sa notoriété finit par le desservir en cachant ce qu'il a de solide, et qu'il est décidé à prouver. » L'événement tranchera...

Mais on peut déjà constater qu'il aborde ces nouveaux champs d'action avec le même regard neuf, le même culot, le même activisme qu'il a montrés dans les affaires. Les dirigeants et les joueurs de *l'Olympique* de Marseille en savent quelque chose !

Quant à la politique, le petit gars de banlieue devenu milliardaire l'attaque par le côté pratique. Chez Patrick Sabatier, sur T.F.1, il déclare un jour : « Je ferai quelque chose pour les jeunes chômeurs. » Le lendemain, il reçoit 60 000 appels au secours. La Chambre de Commerce de Béziers lui offre des locaux. La première « école de vente Tapie » était née. Aujourd'hui, il en existe six. Qui a mis au point l'enseignement ? « Moi ! C'est une école de la vie ! Tous, les beaux, les laids, les timides, les insolents se découvrent eux-mêmes ! Les filles n'ont plus d'acné ! J'en ai fait des vendeurs ! 90 % des *Tapie-boys* trouvent du boulot à 10 000 francs par mois ! »

Pour Tapie, voilà la vraie politique : « Mettre un certain savoir-faire au service de l'amélioration des conditions de vie de nos concitoyens. » Démagogie, culture de l'image, diront certains. Les jeunes chômeurs tirés d'affaire ne seront sans doute pas du même avis...

Pour les jeunes, il est en tout cas le symbole de la réussite totale. Ni énarque, ni héritier, il représente l'espoir et la crédibilité.

Pour lui, Tapie, cette sorte d'école est l'occasion de prendre une revanche de plus. Sur la tradition scolaire, cette fois-ci. Là-dessus, il ne ménage pas les sarcasmes : « Rien dans l'enseignement, rien dans l'université ne t'amène à être intelligent. Apprends le Bottin à un gosse de cinq ans et tu le mets dans des conditions idéales pour devenir énarque. Ce qu'on t'enseigne, c'est de l'acquis, mais l'inné disparaît. L'école ampute les cerveaux. Moi, à l'école, je n'étais très bon nulle part, et j'étais bon en tout. Dans une société en mutation, le champion est celui qui est capable de la plus grande faculté d'adaptation... »

Le paradoxe ou l'impertinence ne révèlent pas seulement un tempérament, mais la façon même dont son cerveau fonctionne. Il s'applique soigneusement à ne rien penser comme les autres. On l'a vu à propos de sa conception des affaires : « Mon système consiste à n'être lié à rien. » Tout son discours sur la réussite et l'argent respire encore la provocation. Pourquoi a-t-il voulu être patron ? « Parce que c'est le métier qui rémunère le mieux. » Mais « la possession, c'est le truc dont on se lasse le plus vite ». Alors, quelle est l'utilité de l'argent ? C'est, dit-il, qu'il permet de gagner du temps : « Pour le savoir, pour l'affection, pour la distraction, pour le travail... Si tu as beaucoup de moyens, tu es dans des conditions incomparables pour satisfaire tous tes besoins. Sinon, tu occupes ton temps à bouffer ton temps pour avoir les moyens d'occuper ton temps... »

Tapie a acheté un *jet* avant même d'avoir une maison, parce que « jouir de mon espace-temps me semblait plus important que de respirer l'air de mon appartement ». Pour apprendre à piloter, il a installé un commandant de bord pendant trois ans dans un bureau en face du sien, chargé de lui dispenser une heure de cours par jour. « Combien ça m'a coûté ? Je ne saurais le dire ! »

« Bèze, raconte-t-il encore, a mis trente ans pour devenir président des Girondins. Moi, je peux être président de l'O.M. en n'y consacrant qu'un jour par semaine... » Même performance en politique : « Pour avoir des chances, il faut coller des affiches à partir de l'âge de quinze ans... Moi, d'un seul coup, je me présente à la députation à Marseille ! »

L'argent, pour lui, n'est pas synonyme de pouvoir, mais de liberté. La liberté de changer de lubie, de choisir son stress. Pour ce qui est de la morale... « Je suis brut de décoffrage. On ne m'a jamais donné de modèle, de code de l'honneur. Mon père m'a dit : “Ne fais jamais rien de malhonnête”, mais il ne m'a pas expliqué ce qui était honnête ou malhonnête. Dans ce cas-là, c'est toi qui fais ta règle ! »

Esprit libre, vedette en quête de réassurance, homme d'affaires sans illusions, politicien hors-*establishment*, quelle est au fond la vraie nature de Bernard Tapie ? S'il estime si important d'inculquer aux *Tapie-boys* la règle socratique du « Connais-toi toi-même », ne serait-ce pas que lui-même se cherche encore ?

Saint Bernard aura volé au secours de détresses en tous genres : sociétés en faillite ; épave à Tahiti (devenue le superbe *Phocéa*) ; Marseille la mal-aimée et l'O.M. à la dérive... Il aura sauvé le *business* français de l'ennui ; fait du métier d'entrepreneur un métier à la mode ; incité les patrons à sortir de l'anonymat. Lui qui a connu deux faillites en 1972 et 1977 (avec privation momentanée de ses droits civiques), a fait peau neuve : riche et élu, le voici qui siège à l'Assemblée nationale.

Avec une folle envie de gagner, beaucoup de travail et de stress, peu de sommeil — quatre heures parfois entrecoupées de cauchemars —, il ne renie rien de sa vie de repreneur. « Les entreprises reprises par Tapie savent qu'elles seront tôt ou tard revendues, dit-il, mais pas une seule affaire n'a replongé après avoir été revendue. Parce que je ne m'entête jamais et n'ai pas peur d'être désavoué. »

Pourquoi le sport et la politique ? Parce qu'il

a besoin d'un public et que la finance ne l'intéresse pas. « En stratégie financière, nous sommes nuls. Au surplus, je n'ai pas le profil d'un *raider.* » Les O.P.A., la Bourse, la spéculation ne le passionnent pas. L'argent, il en a suffisamment pour dire : « Si demain je n'ai plus mon avion, mon bateau, mon hôtel particulier, ma maison à Marrakech, ça ne changera rien au fond. Car tout au long de mon existence, j'ai retenu l'essentiel qui m'avait rendu heureux : ma femme Dominique et mes enfants. La famille, c'est sacré ! Quand un mec a des problèmes, sa femme a un rôle capital. C'est elle qui fait du plus dur des problèmes une anecdote. Il faut que je sois heureux pour être en paix. »

Le football et la politique ne sont pas répertoriés comme des oasis de sérénité, mais Tapie n'en est pas à sa première contradiction. Passant du *business* à la politique, il change totalement de registre au point même d'endosser un rôle contre-nature. Aussi veille-t-il avec soin à son quant-à-soi. « Quand on passe du poker au bridge, les rôles ne sont plus les mêmes. »

Ses conseillers, qui sont légion, n'ont pas la tâche aisée, car Tapie n'a pas de « limitateur mental », dit l'un d'eux d'un ton un peu découragé. Il le reconnaît lui-même : « Je suis un *total* à moi tout seul. » Jusqu'à présent, son « créneau » préféré est plutôt la provocation. Ce sans-gêne, porteur du « gène de la réussite », l'est également d'un langage et d'un tempérament qu'il serait illusoire de vouloir changer. Lui qui explique les différences entre individus en déclarant : « C'est biologique », qui pourrait être son pygmalion ? « Quand tu bouffes un steak, dit-il, tu n'en fais pas la même chose que moi. Il y en a qui en font de l'énergie, d'autres de l'acide urique, d'autres du cholestérol, d'autres des kilos... » Lui, avec son énergie, il fait du médiatique. Ayant déjà réussi à en faire avec le *business*, *a fortiori* est-il capable d'en faire avec le football ou la politique ?

« Tapie incarne avec éclat les deux religions du monde moderne : l'argent et le spectacle. Mieux : son talent personnel consiste à les réunir de façon syncrétique en une religion unique, celle de l'argent-spectacle sur la scène des affaires, du sport et de la politique » (Jacques Julliard, *Le Nouvel Observateur*, 2 février 1989).

Quelques jours avant l'introduction en Bourse de B.T. Finance, le 21 novembre 1989, Bernard Tapie révèle au quotidien *Le Monde* sa campagne de publicité à la télévision pour promouvoir l'événement : un morceau d'anthologie !... : « Ça va être exactement la même mise en scène que pour Wonder. C'est-à-dire, j'arrive en roulant des mécaniques, toujours prêt à impressionner l'auditoire. Un commentaire dit : qu'est-ce qu'il fait encore celui-là, il va nous emmerder. Je vais pour parler. Je me mets alors une pince à linge sur la bouche, ce qui fait que j'ai une vraie gueule de canard. Pendant ce temps-là les faits principaux de mes dix ans de carrière défileront sur l'écran avant d'inviter mon cher public à me rejoindre... »

Une chose est sûre, déclare Dominique, sa femme : « C'est rassurant de vivre avec quelqu'un qui n'a peur de rien... sauf de la maladie. » A Marseille, on l'appelle l'*engatseur*, celui qui sème la panique..

GILBERT TRIGANO

L'angoissé du bonheur

Gilbert Trigano avait seize ans quand son père lui rendit un immense service : il lui confia l'approvisionnement de l'épicerie familiale. Or, pour « faire les halles » il fallait se lever à 4 heures du matin. Depuis, Gilbert se satisfait de quelques heures de sommeil ; et le week-end, pour son plus grand plaisir, il continue de se lever à 4 heures. Les autres jours, il fait la grasse matinée : il reste au lit jusqu'à 5 h 30... Calculez le temps gagné quand on approche de soixante-dix ans !

Bientôt septuagénaire, il reste le plus jeune « G.O. » du Club Méditerranée. Enthousiaste, curieux, disponible et mobile, c'est ainsi qu'il cultive sa chance. Son secret ? Tout le monde l'aime. Trop angoissé pour être heureux, il y a chez lui la joie de donner la vie. Il sait ce qui est bon pour l'homme. Il le sent, s'y intéresse, s'interroge chaque matin, aux aurores, en lisant des poèmes, en écoutant de la musique (classique, jusqu'à Mahler), en s'informant et en travaillant.

Ce qui frappe d'emblée, chez ce petit homme à lunettes, c'est sa courtoisie. Sa manière de vous dire bonjour — il penche un peu la tête de côté et vous tend la main en souriant — respire la tendresse et l'amitié. Pas la moindre agressivité, des trésors de délicatesse et de sensibilité, une sorte de pudeur, comme pour s'excuser de n'être pas Gary Cooper... Attentif, fumant une cigarette après l'autre, il abonde dans votre sens avec des « bien sûr », des « tout à fait », et vous raconte méthodiquement l'aventure de sa vie au quotidien : le développement triomphal de la première entreprise de loisirs du monde, « une multinationale fondée sur la générosité, le don de soi et l'amour ».

Faire du bonheur un produit, c'est l'équation génialement simple de l'entreprise. Soumettre à la discipline du management, du marketing et de l'organisation ce qui paraissait s'y prêter le moins, à savoir l'explosion d'hédonisme de la seconde moitié du XXe siècle, fondée sur le loisir, le soleil, le sport, la liberté.

Ne croyez pourtant pas que l'étincelle ait jailli d'un seul coup. Le Club Méditerranée est né deux fois : le bonheur d'abord, l'entreprise douze ans plus tard. C'est pourquoi, sans doute, l'homme qui l'incarne est encore aujourd'hui ce poète au physique de comptable, et non un inspecteur des finances ou un forçat du muscle.

L'embryon fut formé en juin 1950, lorsqu'un premier convoi de vacanciers débarqua dans l'île de Majorque (une île Baléare encore sauvage, non bétonnée, dans la lugubre Espagne franquiste), avec une joie débordante et dans un inconfort absolu. L'organisateur — si l'on peut dire — de cette aventure pleine de convivialité et d'improvisation, et étrangère à toute idée de rentabilité, était un personnage étonnant nommé Gérard Blitz. Un cliveur de diamants anversois, champion de natation, adepte du syndicalisme et du yoga.

Blitz venait de consacrer quelques années à la résurrection de ses camarades de la résistance belge, rescapés des camps de la mort. C'était à Chamonix, au Belvédère, réquisitionné pour la circonstance. Un certain nombre de cadres de cette mission ont été les premiers animateurs du Club Méditerranée. Parmi eux, un certain Dimitri Filipoff, fils du boulanger du tsar, inventeur en 1938 de « L'Ours blanc ». Cette organisation de vacances, née dans l'élan du Front Populaire, serait l'ancêtre du Club dans sa formule initiale : celle d'une association « loi de 1901 ».

Dès le début, c'est la ruée, dans une parfaite anarchie comptable : « La première année, dit Blitz, on a perdu 40 % de notre chiffre d'affaires... On ne savait pas où on en était, on était inquiets, mais on était heureux ! » Pour héberger ses « gentils membres », il a besoin de tentes prélevées sur les surplus américains. Par hasard, il tombe sur Gilbert Trigano qui gère alors pour son père un magasin de bâches et de camping, avenue Jean Jaurès. Militant communiste et comédien contrarié, le jeune Gilbert s'enthousiasme en écoutant Blitz raconter son aventure, et lui fournit en confiance son matériel, avec règlement au fur et à mesure des rentrées des cotisations ! En 1955, il accepte la proposition de Blitz et devient trésorier du Club.

L'affluence est telle que le nouveau trésorier choisit de gérer le succès au lieu de gérer le produit. Moralité : il ouvre un village par an et vend le séjour à un prix qui se révèle être inférieur à son prix de revient. En 1961, il manque un milliard de centimes en caisse. Alarmés mais plus que jamais convaincus, les deux compères doivent se rendre à l'évidence. Entre arrêter dans le déshonneur ou trouver des banquiers, ils choisissent la seconde solution. Edmond de Rothschild, alors âgé de 38 ans et riche héritier, a l'intuition de sa vie : il sent que ces deux « G.O. » — chez qui la gentillesse l'emporte largement sur le sens de l'organisation — viennent d'inventer un produit, un métier et un marché. Trois mois plus tard, il mise sur eux le milliard salvateur. Il n'a jamais eu à le regretter.

Telle fut, en 1961, la première révolution culturelle de Gilbert Trigano : passer d'un univers où l'on paie son apéritif avec des perles en plastique, à celui où les experts épluchent des comptes d'exploitation portant sur des millions de francs. Il y en aura beaucoup d'autres, avant que le Club Med ne devienne ce qu'il est aujourd'hui : une multinationale présente dans toutes les parties du monde, avec plus d'un million de clients par an et six milliards de francs de chiffre d'affaires. Il saura y faire face, voire les provoquer, avec le même succès.

En 1965, Gérard Blitz lui laisse la présidence, et, après être allé implanter le Club aux États-Unis, se retire pour se consacrer à la quête spirituelle. Pour le sage qu'il est, le Club n'aura été qu'une péripétie. Pour Trigano, en revanche, ce sera l'aventure d'une vie.

Gérer une affaire pareille n'est pas simple ! La façon dont il analyse son calendrier donne une idée des exigences du produit. 50 % de son temps (quand il est à Paris, c'est-à-dire une semaine sur deux) vont aux problèmes financiers et de développement relevant directement de sa fonction ; 25 % à tout ce qui, au sens large, touche à la profession : les transports, par exemple, ou bien comment on construit un golf (lui qui n'a jamais tenu une canne entre ses mains !) ; il réserve le dernier quart de son temps à satisfaire sa curiosité et à nourrir son imagination dans les domaines de la santé, de l'éducation, de l'informatique, de l'évolution des mentalités, etc. Tout cela semble à première vue n'avoir qu'un rapport lointain avec l'entreprise ; en fait, il pressent à juste titre que l'évolution constante de son produit et du marché auquel il est destiné dépend de celle des comportements humains.

Pour en mesurer la diversité, il suffit d'énumérer, sans souci de chronologie, quelques-uns des problèmes qu'il a eu à résoudre :

La gestion des cadres

Sur place, parfois à l'autre bout de la planète, le légendaire chef de village est un seigneur tout-puissant. Tout dépend de lui : de la satisfaction des clients aux bons rapports avec les autorités locales. Un tel statut comporte évidemment bien des risques de dérapage, d'autant qu'on ne recrute pas ces gens-là parmi les personnalités inodores ! Systématiquement, les chefs de village sont mutés tous les six mois d'un poste à l'autre. Impossible pour eux de prendre de mauvaises habitudes ! Seuls restent en place pendant deux ou trois ans quelques cadres fonctionnels qui assurent la continuité.

L'évolution du marché et la concurrence

C'est bien beau d'être le premier, mais on est vite imité. Aujourd'hui, on ne peut plus gérer le Club comme à l'époque où les clients faisaient la queue dès 3 heures du matin, le 5 janvier, pour partir en juillet. A cela, deux remèdes : d'abord, se remettre sans cesse en question pour garder son avance, ou, comme dit Gilbert, « être à soi-même son propre révolutionnaire. Ce n'est pas commode, mais mieux vaut s'y mettre en état d'aisance qu'en état d'urgence. Mon rôle, c'est de déclencher le changement, par inquiétude ou par ambition ».

Naguère, explique-t-il par exemple, les revenus des gens augmentaient de 3 % par an, et les deux tiers de ce supplément allaient dans le secteur des loisirs ; « maintenant, les revenus baissent, mais les gens ont de plus en plus de temps disponible et d'exigences... C'est la quadrature du cercle : j'en veux plus, mais j'ai moins d'argent !... »

D'où le second remède : resserrer les boulons. Gilbert Trigano est homme à regarder de près combien on consomme d'eau et d'électricité dans les villages. « Mais dire à mes gars, dans une affaire qui, malgré toutes les sottises quotidiennes, fait 300 millions de bénéfices, qu'il faut éteindre quand on s'en va, ce n'est pas facile ! » C'est pourtant le seul moyen de faire face à la concurrence, leur explique Gilbert : vendre le meilleur produit au meilleur prix, avec la meilleure marge.

Croissance et diversification

On ne grandit pas à un pareil rythme sans beaucoup changer. Aujourd'hui, le groupe Club Med est structuré en quatre secteurs opérationnels correspondant aux grands « bassins » d'activité touristique : Europe-Méditerranée-Afrique, États-Unis-Caraïbes, Japon-Pacifique et Amérique du Sud.

En vingt ans, il a également tué sous lui plusieurs générations d'ordinateurs — fondamental, l'informatique, dans ce métier ! — avec, chaque fois, pour Gilbert, la terreur de faire le mauvais choix d'investissement (il s est beaucoup cultivé en ce domaine !)

Mais, surtout, « un jour, il a fallu que je dise que ce qui allait bien, désormais, ne m'intéressait plus. Il m'a fallu accepter de ne plus tout savoir, et ça, dit Gilbert, c'est déchirant ! »

Enfin, il a dû apprendre à jouer le grand jeu capitaliste international : par l'absorption en 1970, par exemple, du Club européen du Tourisme, alors filiale de Paribas. Un concurrent insupportable, se souvient Gilbert : « J'allais dans un pays ; un mois après, le président du C.E.T. débarquait en disant : "Je vous signe le même contrat que Trigano !" Or, ils avaient 27 % de frais généraux et moi 22 %. Je suis allé voir Jean Reyre, le président de Paribas, et lui ai proposé d'arrêter la plaisanterie, mais il n'a rien voulu savoir. Puis Reyre est parti et j'ai pu conclure avec Jacques de Fouchier. » Et, ajoutons-le, abaisser à 18 % l'ensemble des frais généraux... Autre étape : la pénétration dans Valtour, filiale de l'État italien ; il a alors fallu « baratiner » jusqu'au Président de la République... « C'est pas simple, l'Europe ! » commente Gilbert.

L'expansion ne s'est pas faite non plus sans impasses ni erreurs. Vers 1975, Gilbert Trigano, toujours attentif aux changements socio-culturels, croit découvrir dans la multipropriété et la location de vacances une tendance irréfutable. « J'ai mis longtemps à comprendre que le Français est trop attaché à la possession qu'il veut pouvoir dire : “c'est ma pierre”. Et je n'avais pas pensé à l'évolution des structures familiales : une formule de vacances qui convient aujourd'hui n'ira pas quand les enfants auront dix ans de plus. » L'expérience lui a coûté « la peau du dos » et l'a dégoûté de l'immobilier, « un monde de requins imbéciles ». Il a fallu dix ans pour traverser et surmonter la crise. « Le problème de la diversification, dit-il, ne peut se traiter que sous l'autorité de quelqu'un qui a cette culture-là. »

Distribution et transports

Dans l'hôtellerie comme dans le transport aérien (le Club, c'est la somme des deux), le taux de remplissage est la clé de la rentabilité. Donc, de la stratégie. Là, Gilbert a quelque chose à trouver et à offrir. Son impératif, c'est la stimulation permanente et le contrôle des ventes : « Tout notre métier dépend de la distribution. » Si Agadir est complet, l'agent de voyage saura-t-il persuader le monsieur ou la dame que Marrakech, ce n'est pas mal non plus ? Son atout, c'est sa formidable consommation de kilomètres-passagers : « Nous sommes un acheteur potentiel de deux millions de places d'avion ! » Avec un pareil portefeuille, on peut négocier serré. Le Club Med remplit ses charters à 82 %, contre 60 % (au mieux) chez les grandes compagnies. Il est vrai que les tour-operators anglais, eux, chargent leurs avions à 98 % !...

La finance

La dernière révolution culturelle de Gilbert Trigano est intervenue avec l'introduction de sa filiale américaine à Wall Street, qui l'oblige à sortir des résultats comptables tous les trimestres (avec des villages dans le monde entier !...) Ne croyez pas que l'auteur d'une *Anthologie des poèmes du voyage* se sente perdu dans les chiffres. Gilbert calcule de tête et dans toutes les monnaies aussi vite qu'un Chinois avec son boulier. Mais, pour les cadres du Club, se convertir à la logique des audits a été un fameux choc, tout comme pour Trigano la découverte de ce nouveau continent intellectuel : celui des taux de change, des taux d'intérêt, des mouvements de trésorerie et des grandes dérives financières. « Aujourd'hui, explique-t-il par exemple, la grande question que je me pose, c'est : approchons-nous de la fin du cycle actuel, caractérisé par l'argent cher et l'inflation faible ? » Cet esprit épris de vastes réflexions à long terme a dû replonger le nez sinon dans le quotidien, du moins dans le moyen terme. Il s'y est mis sans trop de peine : « Peut-être un effet de l'âge », dit-il avec un certain étonnement. Ultime métamorphose du petit marchand communiste de l'avenue Jean Jaurès en financier international !

La succession

Il la prépare. Le successeur : Serge, directeur général du Club Med depuis mai 1988. Serge

Trigano n'a jamais eu qu'un employeur : son père. Il a été successivement G.O., chef de village, directeur des opérations, responsable commercial pour l'Amérique ; aujourd'hui, il est pleinement en charge des hommes, du commercial et des opérations — « le fond de commerce du Club », dit Gilbert —, mais il n'a pas tout à fait la haute main sur l'administratif, le juridique et le financier : « Nous nous chevauchons encore un peu. » Aucun problème apparent, cependant. « Au Club, tout le monde trouve naturel que Serge succède à Gilbert », dit-on dans l'entourage du président. Mais que diront, le jour venu, les actionnaires ?

Une des batailles délicates que Serge a remportée à ce jour est celle d'Allemagne : « Dans ce pays, dit Gilbert, nos concurrents allemands ont pris la place du Club à cause d'une faute gigantesque que j'ai commise : la communication humaine ne peut exister que dans la langue du pays. Or, l'antenne du Club était tenue par trois G.O. qui baragouinaient l'allemand. Ils n'avaient ni le mental, ni le palais, ni l'œil allemands. » C'est Serge qui a débloqué la situation. Sur ce marché, le Club est passé de 20 000 à 70 000 clients. « Du coup, ajoute Gilbert, les concurrents se posent des questions, car s'ils sont de langue allemande, ils n'ont pas le vrai produit. »

Le vrai produit, c'est la dynamique des « G.O. ». Là est le capital du Club. Gilbert et Serge y veillent personnellement.

Une vie de manager bien remplie : elle est conduite de façon ultra classique, méthodiquement, avec l'aide d'Anne-Marie qui prépare tous les soirs une petite fiche grise portant les rendez-vous des deux prochains jours et quelques pense-bête. Gilbert ne regarde son agenda qu'une fois par semaine, le week-end, et, fait exceptionnel, il en communique copie à tous ses principaux collaborateurs, en France et à l'étranger, afin que ceux-ci puissent le joindre quand il est disponible.

Informer, communiquer, telle est la préoccupation permanente de Gilbert. C'est un père, un maître, un exemple pour son entourage. Son métier, ou plus exactement les métiers successifs qu'il a eu à exercer au sein du Club, il n'y était guère préparé. Tantôt il a appris, tantôt il a inventé, guidé par son tempérament : « un mélange de chance, de pugnacité et de talent dans la stratégie », nous confie un de ses anciens collaborateurs. Le Club ressemble autant à Gilbert que *Guernica* à Picasso. C'est son chef-d'œuvre. Oscar Wilde disait : « Le sculpteur ne cherche pas à traduire en marbre sa pensée, il pense marbre. » Gilbert pense Club.

Précise et méthodique, sa pensée est construite : il n'ouvre jamais une parenthèse sans la fermer et retrouve naturellement le fil de ses pensées. Efficace, sa politesse consiste à respecter le temps des autres ; méthode à toute épreuve pour vous convier à prendre en compte le sien. « Parfois, au bout de dix minutes que le gars se trouve en face de moi, je me dis : imbécile que tu es, tu as encore perdu ton temps ; mais n'étant pas totalement impoli, et ayant prévu de lui consacrer une demi-heure, je vais quand même lui accorder vingt minutes et lui en voler sept ou huit... » Gagner du temps ou en perdre le moins possible, c'est sa religion. En son nom, c'est lui qui se déplace pour les rendez-vous : « Je me sens mieux en quémandeur qu'en receveur », dit-il, l'œil malin.

« Gilbert, nous dit son fils Serge, est un visionnaire optimiste sur le long terme et un gestionnaire angoissé au quotidien. L'angoisse, c'est son moteur. » D'autres nous disent que c'est le pouvoir et le fantasme d'immortalité qui l'accompagnent. Mais peu importe le moteur : l'essentiel, c'est l'énergie et la foi.

Pour préserver son énergie et sa vie de famille — sacrée entre toutes ! —, il ne sort que rarement le soir : quelques concerts ou pièces de théâtre. Le cinéma, il n'y est pas allé depuis trois ans. Quelquefois, Simone, sa femme, lui sélectionne une cassette. C'est encore pour lui une occasion d'étudier le monde contemporain. C'est ainsi qu'il a regardé *Trois hommes et un couffin* (les deux versions : la française et l'américaine) pour mieux comprendre les différences de cultures, comment il faut vendre aux uns et aux autres, dans cette tour de Babel qu'est le Club Med.

Le pari de Gilbert est d'ordre philosophique

avant d'être un défi industriel. Il gère en fonction du devenir des cultures. Cet humaniste a misé sur les convergences entre les êtres, même si, l'individualisme aidant, il doit aujourd'hui tenir compte aussi des différences. « Dès que les conditions d'agressivité de la vie quotidienne tombent et que l'on peut accéder à la jouissance — c'est-à-dire à la liberté, à la curiosité et au droit de créer —, il y a des points communs essentiels chez les hommes. » Ce dénominateur commun, ce ressort universel, il pense l'avoir trouvé depuis longtemps : « *Qu'est-ce qui est bon pour l'homme ?* » Aimer, jouer, manger, disait la campagne de publicité imaginée par Synergie dans les années 80.

Il a su garder son âme d'adolescent, sa curiosité, sa fraîcheur, son imagination : « J'essaie toujours de faire comme si je n'avais pas mon âge » Avec la sagesse en plus... Son tempérament profond, c'est lui qui nous le livre : « Je suis soit euphorique, soit désespéré. 99 % du temps euphorique, et 1 % désespéré. » Cette fois-là, c'est Simone qui le remonte...

La taille des Empires
(chiffres 1988 en milliards de FF)

Carlo De Benedetti	70
Francis Bouygues	56
Jean-Luc Lagardère	45
Antoine Riboud	42
Bernard Arnault	25,40
Vincent Bolloré	17
Gilbert Trigano	6,30
André Rousselet	4,30
Bernard Tapie	3,90
Alain Chevalier	0,15

Index

Composition réalisée par C.M.L., Montrouge
Achevé d'imprimer en janvier 1990
sur presse CAMERON
dans les ateliers de la S.E.P.C.
à Saint-Amand-Montrond (Cher)
pour le compte de la librairie Arthème Fayard
75, rue des Saints-Pères – 75006 Paris

Dépôt légal : janvier 1990.
N° d'Édition : 6411. N° d'Impression : 027.

35-57-8210-02

ISBN 2.213.02438.3

Imprimé en France

35-8210-3